고전 문학과 징벌의 상상력

## 신재홍 申載弘

현재 가천대학교 인문대학 한국어문학과 교수
1962년 강원도 정선 출생
서울대학교 사범대학 국어교육과 졸업
서울대학교 대학원 국어국문학과 박사

**저서**

한국 몽유소설 연구(보고사, 1994/수정증보판: 역락, 2012)
향가의 해석(집문당, 2000)
향가의 미학(집문당, 2006)
화랑세기 역주(태학사, 2009)
고전 소설과 삶의 문제(역락, 2012)
고전 소설의 착한 주인공들(태학사, 2012)
'영랑전' 역주(태학사, 2013)
고전 소설의 당돌한 여주인공(월인, 2016)
향가 서정 여행(월인, 2016)
향가의 연구(집문당, 2017)

## 고전 문학과 징벌의 상상력

**초판 인쇄** 2020년 12월 1일
**초판 발행** 2020년 12월 10일

**지은이** 신재홍
**펴낸이** 박찬익
**편집장** 한병순
**책임편집** 조아현

**펴낸곳** ㈜박이정 **주소** 경기도 하남시 조정대로45 미사센텀비즈 7층 F749호
**전화** 031)792-1193, 1195 | **팩스** 02)928-4683 | **홈페이지** www.pjbook.com
**이메일** pijbook@naver.com | **블로그** blog.naver.com/pijbook
**유튜브** www.youtube.com/yourpjbook | **페이스북** @YourPjbook | **인스타그램** @pij_press
**등록** 2014년 8월 22일 제2020-000029호

ISBN 979-11-5848-510-8  93810

* 이 저서는 2020년도 가천대학교 교내연구비 지원에 의한 결과임. (GCU-2020-01030001)

* 책값은 뒤표지에 있습니다.

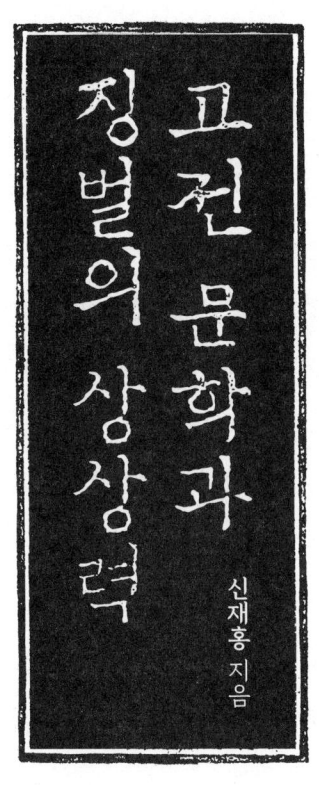

# 고전 문학과 징벌의 상상력

신재홍 지음

(주)박이정

## 머리말

　고전 문학을 공부하면서 옛것이 갖는 역사성과 가치를 연구하는 한편으로, 그것에 그려진 인간의 삶이 지닌 현재적 의의에 대해 많은 생각을 하였다. 교단에서 학생을 가르치는 선생이기에 교육 대상 및 내용이 오늘을 살아가는 학생들에게 재미와 의미가 있는 것이어야 한다는 점을 끊임없이 되새겨야 했다. 가르치는 내가 재미있지 않다면 배우는 학생도 재미를 못 느낄 것이라 생각하고 매 학기 강의에서 학생들의 흥미를 끌기 위해 노력하였다. 때로는 나 혼자 흥분하고 감격하면서 교단 위에서 쇼를 벌이는 것처럼 느껴지기도 했으나, 강의 중 반응이나 학기 말 강의 평가에서 학생들로부터 그렇게까지 외면당하지는 않았던 것 같다.

　고전 문학을 공부하고 가르치는 사람으로서 그것이 갖는 보편적인 의의를 오늘의 독자에게 전달하고 싶었다. 전공 관련 연구서를 내는 틈틈이 고전 소설을 대상으로 『고전 소설의 착한 주인공들』, 『고전 소설의 당돌한 여주인공』을, 내가 이해한 향가를 가지고는 『향가 서정 여행』을 교양서로 집필, 출간하였다. 고전 문학에 관심을 가진 분들에게 그것이 지닌 문학성, 주제와 의미, 역사적 의의 등을 드러내는 내 나름의 읽기 방식을 보여 주고자 한 것이다. 이 책은 그러한 교양서 집필의 연장선상에 있다.

고전 소설이나 향가라는 단일 장르에 국한하지 않고 고전 문학의 여러 장르에서 공통으로 찾을 수 있는 주제를 택하여 작품을 해석하고 의의를 드러내고자 하였다.

이 책의 주제로 하필 징벌의 상상력을 택한 것은 고전 문학에 대하여 내가 지녀 온 관점에 따른 것이다. 고전 문학의 보편성과 현재성은 그것이 담지하고 있는 인간의 삶에 대한 관심, 그중에서도 어떻게 사는 것이 잘 사는 것인지에 대한 물음과 대답에 있다고 생각한다. 작품을 쓴 사람도 읽는 사람도 작품 속에 살아 움직이는 인간의 내면과 행위에서 공감, 위로, 희망을 얻고자 한다. 사람들의 이해를 이끌어 내는 힘은 작품이 보여 주는 인간다움의 깊이와 넓이에서 나온다. 인간이기에 겪는 시련과 고뇌, 그럼에도 인간으로서 마땅히 가야 할 길을 작품이 보여 줄 때, 우리는 문학이 주는 감화와 소통의 힘을 느낀다.

죄와 벌은 인간의 삶에서 피할 수 없는 문제이다. 고난 많은 세상에 존재하는 것 자체가 실존의 과제를 제기하는 것이고, 사회 속에 사는 이상 너와 나의 욕망과 의지가 조정, 절충되는 경계선이 있기 마련이다. 이것이 법이 제정된 이유이자 더불어 사는 데 필요한 삶의 방식이다. 죄를 지으면 벌을 받는다는 것과 법 없이도 잘 산다는 말은 동전의 앞뒤와 같다. 스스로 죄 없이 산다고 할 사람이 누가 있겠는가. 사람들과 부대끼다 보면 크고 작은 갈등을 겪게 되고 그러는 중에 말과 행동에서 잘못이나 죄를 저지른다. 살면서 안 좋은 일을 당하면 혹시 내가 지은 죄로 인해 벌을 받고 있는 것이 아닌지 반성하게 된다. 이렇게 죄와 벌의 문제 속에 살아가는 것이 우리의 일상적인 모습이고, 이는 우리의 선조들도 마찬가지였다.

고전 문학에서 다룬 죄와 벌의 주제는 당대의 역사성과 함께 지금의 우리에게도 적용되는 보편성을 지니고 있다. 이 책에서 살펴본 작품들은 한 편 한 편이 그 주제와 관련하여 음미해 볼 만한 것들이다. 우리가 그 문제로 고민하며 살고 있듯이 선조들도 죄와 벌에 대해 고민하고 그 경험을 문학 작품으로 써서 남겼다. 책의 체제와 논점에 맞추어 가급적 널리 알려진 고전 작품을 선정하고자 하였다. 각 작품의 내용에 국한하여 논의했으므로 죄와 벌이라는 주제가 갖는 드넓은 세계를 조망하지 못했다. 이러한 한계에서나마 고전 문학을 통해 죄와 벌의 문제를 사색하는 데에 이 책이 작은 보탬이 되었으면 좋겠다.

어느덧 나도 이순(耳順)의 나이를 눈앞에 두고 있다. 내가 선 자리에서 최선을 다하고자 하였으나 스스로 생각해도 여전히 부끄럽고 어리석은 모습이다. 젊은 날의 치기어린 불만과 투정은 다소 진정되었지만 나이가 들수록 찾아오는 나태와 오만, 번번이 잘못을 저지르면서도 떳떳한 척하는 취약과 위선 등은 늘 반성의 재료가 된다. 이 책을 쓴 것은 이쯤에서 스스로를 되돌아보기 위해서이기도 하다.

코로나19 사태로 힘든 시기에 출간을 수락해 주신 박찬익 사장님께 감사를 드린다. 이렇게 번듯한 책으로 만들어 주신 한병순 편집장님과 조아현 님께도 감사드린다. 아무쪼록 이 책이 독자에게 고전 문학을 두고 찬찬히 생각할 거리를 제공할 수 있다면 다행이겠다.

2020년 11월 5일
신 재 홍

차례

머리말　4

## 1장 징벌의 문학적 형상화　11

## 2장 죄인의 몸　25
1. 구운몽　27
2. 숙향전　44
3. 영립(咏笠)　59
4. 여자탄식가　69

## 3장 벌받는 나　81
1. 정과정　83
2. 이상곡　95
3. 이 몸이 죽어 가셔　104
4. 철령 노픈 봉에　110
5. 만언사　116
6. 북천가　132

## 4장 벌받을 사람들　　　　　　　　　　147

　1. 처용가　　　　　　　　　　　　　149
　2. 남염부주지　　　　　　　　　　　159
　3. 진기경과 원혼의 복수(어우야담)　　170
　4. 집안 잔치에서 못된 아이가 염병을 퍼뜨리다(천예록)　178
　5. 옥갑야화 제1화　　　　　　　　　186
　6. 춘향전　　　　　　　　　　　　　195
　7. 흥부전　　　　　　　　　　　　　211
　8. 장화홍련전　　　　　　　　　　　227
　9. 변강쇠가　　　　　　　　　　　　242

## 5장 용서는 어디로부터?　　　　　　257

　1. 우적가　　　　　　　　　　　　　259
　2. 바리공주　　　　　　　　　　　　268
　3. 창선감의록　　　　　　　　　　　285
　4. 박문수와 돈 많은 백정　　　　　　301
　5. 은애전　　　　　　　　　　　　　313

참고 문헌　324

1장
징벌의 문학적 형상화

우리는 어릴 적부터 어른들에게서 '죄짓고는 못 산다.'는 말을 많이 들었다. 무엇인가 도리에 어긋나는 말을 했을 때 '벼락 맞을 소리를 한다.'며 꾸중을 듣기도 하였다. 인간 사회의 한 구성원으로 살면서 죄를 짓거나 잘못을 하게 되면 법과 규율에 의해 벌이나 제재를 받게 되고 스스로도 양심의 가책을 느끼는 것이 삶의 기본적인 조건이다. 그래서 '죄 있는 놈 겁부터 먹는다.'라는 양심의 두려움, '남의 눈에 눈물 내면 제 눈에 피눈물이 난다.', '죄는 지은 데로 가고 물은 트는 데로 간다.'라는 죄의 대가성이나 사필귀정의 원리를 강조하는 속담이 널리 공감을 얻는다.

아무리 착한 사람이라도 죄나 잘못을 저지르지 않고 온전히 선하게만 살기는 어렵다. 사회적 관계와 생존을 위한 노력 속에서 끊임없이 욕구와 갈망이 일어나고 그것에 이끌리다 보면 죄지을 위험에 처하게 된다. 인간은 욕망과 이득에 아주 취약한 존재인 만큼 죄의 유혹에서 벗어나기 힘든 것이다. 이러한 죄의 문제는 인간의 본질에 대한 물음을 던지는 것이라서 동서고금에 수많은 철학자, 문학가, 법률가 들의 숙고와 성찰이 있었다.

죄짓는 것이 인간의 필연적인 문제이듯이 죄를 지으면 벌을 받아야 한다는 생각이 인간 사회에서 당연한 것으로 여겨진다. 사회 체제와 질서를 유지하기 위한 기능적인 면뿐 아니라 한 사람이 인간적인 성숙을 이루는 데에 징벌의 방법이 필요한 것이다. 어린아이가 자라서 사회의 어엿한 일원이 되는 중에 잘못과 훈계가 반복되는 과정을 거치며 성장하기 마련이다. 한 사회가 정한 법적 테두리에서 벗어난 죄를 저지른 자에 대해서는 재판을 통해 그 죄의 경중에 따라 벌을 준다. 사회에서 격리 또는 추방을 하거나 강제로 노역을 시키기도 하고 아예 목숨을 빼앗는 최고형을 가하기도 한다. 사회의 체제 및 질서의 유지와 인간의 도덕성 함양을 위해 징벌은 반드시 있어야 할 것이 되었다.

공공의 선을 위한 징벌이 필요한 것만큼이나 죄를 따져 벌하는 데에 공평의 기준에 맞추어 사회 정의를 실현하는 것이 중요하다. 유전 무죄, 무전 유죄의 냉소적인 말이 통용하는 것은 사회의 정의롭지 못한 면을 반영한 것이다. 법에 따라 재판이 공정하게 이루어지고 형벌이 정당하게 매겨지기를 바라는 것은 사회 구성원의 공통된 희망이다. 이러한 바람과 달리 실제로는 돈과 권력을 가진 자가 죄를 지어도 법망을 요리조리 빠져나가는 일이 벌어진다. 그들만의 리그 속에 범죄의 카르텔을 구성하여 죄와 비리를 저지르고도 이권을 맞바꾸어 서로를 감싸주면서 형벌을 피한다. 그러한 이들의 행태는 양심을 지키며 법질서 안에서 성실히 살아가는 대다수의 사회 구성원에게 심한 모욕감과 박탈감을 느끼게 한다.

벌을 주어 죄지은 자를 응징하지만 어떤 조건에서는 용서하기도 한다. 대개 자신의 죄를 고백하고 죄지은 자를 용서하라는 종교적인 가르침에 따라 사람들은 사랑, 자비, 인(仁) 등의 덕목으로써 죄에 대한 용서를 실천하고자 한다. 이러한 덕목이 인간이 추구하는 최고의 가치이기는 하나 실제 생활에서 그것을 실천하며 살기는 상당히 힘들다. 내게 악한 짓을 하고 해를 끼친 자에 대해 나 자신의 피해와 상처를 추스르는 것도 힘든데 그의 처지를 이해하고 용서하는 데까지 나아가기가 무척 힘든 것이다. 그렇지만 이리저리 얽힌 관계 속에 살아가는 인간은 크든 작든 서로에게 잘못이나 죄를 짓게 되는 것도 사실이다. 죄에서 완전히 벗어난 인간이 있을 수 없기에 역지사지(易地思之)의 입장에서 용서의 문제 역시 피할 수 없다. 서로에게 잘못을 저지르고 또 서로에게 용서를 구하며 사는 것이 인간 삶의 보편적인 모습이다.

이처럼 죄와 벌, 그리고 용서의 문제는 우리의 삶에 본질적인, 존재론적 의미와 사회적 가치를 지닌 주제이다. 이는 인간이 사회를 이루어 살게 된 먼 옛날부터 지금까지 이어져 온 문제이기도 하다. 이 땅의 선조도 법을 정하여 죄인을 다스림으로써 사회의 안녕과 인간의 도덕성을 지키고 발전시켜 나갔다. 때로는 교조적인 이념을 묵수하여 경직되고 편향된 법질서를 만들어 사회 구성원을 억압하기도 하였고, 정치적인 다툼이 치열할 때는 상대 정파에 죄를 뒤집어씌워 온갖 형벌을 가하고 권력의 장에서 쫓아내기도 하였다. 중세 사회의 법은 계층적, 성적, 사상적 장벽 아래 지배 계층의 이념과 권익에 맞추어 마련되었기에 민주적인 절차와 합의에 의해 수립된 법 체제 속에 있는 지금의 안목에서 보자면 부조리한 면이 많이 있다. 그렇지만 중세를 살아간 선조들은 당대의 사회 체제 및 시대정신 아래에서 죄와 벌의 문제에 부딪혔고 그에 대해 성찰, 숙고하여 문학으로 표현하였음을 이해해야 한다. 오늘날의 시각을 유지하되 당대의 상황과 관점에 대한 이해와 수용이 필요한 것이다.

죄와 벌의 문제는 철학과 법학이 주로 논하는 것이지만 문학도 중요하게 다루는 주제이다. 인간의 삶을 표현하는 문학은 인간에게 보편적이고 본질적인 문제를 다룰 수밖에 없기 때문이다. 문학은 이 문제를 논리나 재판을 통해서보다는 인간 및 인간 사회의 움직임을 통해 바라본다. 사회에 속한 인간이 여러 가지 방식으로 사건을 겪는 중에 보이는 태도와 행동, 정서와 의식 등을 그려 냄으로써 이 문제가 갖는 의미와 지향을 드러낸다. 삶의 맥락에서 죄와 벌의 문제를 조망하는 것이다. 그리하여 인간의 내적, 외적 방면에서 두루 경험된 이 문제를 정서적 표출이나 인물 및 사건 구성을 통해 형상화한다. 실제로 겪은 사건을 소재로 하기도 하지만 관념과 상상을 동원하여 표현하기도 한다. 형상화의 방식은 작가, 장르, 작품에 따라 다양하므로 그로부터 나오는 문학 작품도 다양한 양상을 보인다. 문학 작품에 그려진 죄와 벌의 문제는 인간의 삶을 형상화하는 과정을 거쳤다는 점에서 좀 더 섬세하고 다층적인 접근이 요구된다.

고전 문학에는 징벌의 문제를 다룬 작품이 많이 있다. 이천여 년 전 삼국의 건국 신화에서부터 근대에 접근한 19세기의 소설이나 가사 작품까지, 개인의 징벌 체험을 기록한 것부터 윤리적, 이념적 관점에서 이루어진 악인형 인물 형상까지 시대도 오래고 내용도 풍부하다. 비록 근대 민요이긴 하지만 우리에게 익숙한 〈본조아리랑〉에서 '십 리도 못 가서 발병 난다.'는 노랫말은 죄와 벌에 대한 고전적 의식과 정서를 압축하고 있는 듯이 느껴진다. 사랑하는 님이 자신을 떠나 버린 잘못 혹은 죄를 범한 것에 대해 하늘이 벌을 주어 발병이 났으면 좋겠다고 저주의 말을 한다. 되돌아오기를 바라는 마음을 이렇게 표현한 것이지만, 소극적인 태도로써 죄에 대한 벌을 상정하였고 하늘의 도움으로 잘못된 것이 시정되기 바라는 호소의 마음이 담겨 있다.

고전 문학은 그것이 산출된 중세의 시대 상황을 고려하면서 이해할 필요가 있다. 고전 문학에 나타난 중세적 특성 중 하나로 적강(謫降) 모티프를 들 수 있다. 당나라 시인 이백을 적선(謫仙)이라 부르면서 전생에 하늘의 신선이었다가 죄를 지어 인간 세상에 귀양 온 사람이라고 하여 그의 탈속한 성품과 천부적인 재능을 칭송한 예가 있다. 이러한 적강 모티프는 동아시아 문학에 중요한 하나의 형상을 창출해 내어 오랜 시간 동안 문학계에 널리 회자되고 꾸준히 계승되었다. 적강 이야기는 천상과 지상의 두 세계를 설정하여 전자는 죄가 없는 깨끗하고 순수한 세계, 후자는 무수한 죄에 물들어 있는 더럽고 불순한 세계로 이분해 놓았다. 이러한 관념에는 세상에서 억울한 일을 당하거나 불운으로 인해 고통받아 죽은, 재능 있고 훌륭한 인물을 위로하고 추모하는 의미가 담겨 있다.

또 다른 특성으로 천벌(天罰)의 효용과 가치에 대한 믿음이 있다. 벼락 맞을 거라는 말의 벼락으로 상징되는 천벌은 인간의 죄에 대해 하늘에서 벌을 내리는 것이다. 하늘은 온 세상을 망라하는 이치를 뜻하는바, 죄에 대한 가장 포괄적이고 궁극적인 심판자로서 인간이 어디에도 죄를 감추거나 숨길 수 없게 만드는 존재이다. 이는 인간 내면의 양심과 조응하여 우주를 질서 있게 운행하는 섭리로 작용한다. 그러므로 하찮은 인간으로서는 아주 작은 죄라도 하늘에 들키지 않을 수 없다. 어디로 빠져나갈 구멍이 없으니 하늘의 벌을 피할 길이 없다. 이러한 하늘의 존재는 벌을 받아 마땅한 죄인이 법망을 교묘히 빠져나가는 인간 사회의 부조리를 바로 잡아 주는 합리와 정의의 궁극적인 원리가 된다. 천벌을 의식함으로써 개개의 인간은 생각과 행동을 반성하여 올바른 데로 나아가도록 노력할 수 있다. 오늘날의 우리에게도 이러한 의식이 있으나 중세 사회에서는 더욱 분명하고 확고한 가치와 효용을 가지고 사람들에게 영향을 끼쳤다.

한 가지 더 든다면, 신분제 사회에서 사면(赦免)의 권한이 왕에게 집중되어 있다는 점이다. 죄를 지으면 벌을 받는 것이 당연하지만, 어떤 경우는 죄를 지을 수밖에 없는 피치 못할 사정이 있었거나 다른 사람에게 무고를 당하여 죄를 뒤집어썼을 수 있다. 또한 나름대로 죄 값을 치렀으므로 지나친 형벌에 대해 억울하다고 생각할 수도 있다. 이럴 때 죄인은 억울함을 호소하면서 사면을 요구하게 된다. 중세 신분제 사회에서 사면의 권한은 체제의 정점에 있는 왕에게 있다. 그러므로 죄지은 자로서는 왕에게 자신의 억울함을 호소하고 사면의 은혜를 간구해야 한다. 왕이 최상의 자리에 있지만 신분제의 계층 관계상 윗사람이 아랫사람에게 형벌을 가하고 아랫사람이 윗사람에게 사면을 비는 것이 중세 사회 전반에 걸친 행동 양식이다. 국가, 사회, 가정 등 각 단위에서 상전이 하인에 대해 벌을 내리기도, 벌을 면하기도 하는 권한을 갖는다. 그리하여 죄에 연루된 자는 자신의 상전에게 사면을 호소하는 방식을 취하고 그런 식으로 계층이 올라가 최종적으로 왕에게까지 이른다. 이러한 사면이 사적인 이해관계에 따라 처리될 경우에는 불합리한 결과를 초래할 수도 있다.

이와 같이 고전 문학에서 다룬 죄와 벌, 용서의 문제는 중세 체제에서 형성된 시대적 특성을 지니고 있다. 그리하여 오늘날의 시점에서 본다면 불합리하여 이해하기 어려운 면모도 보여 준다. 그렇지만 고전 문학을 의미 있게 감상하기 위해서는 현재의 시각과 당대의 관점을 서로 견주면서 보편적이고도 특수한 양상을 살펴가며 이해할 필요가 있다.

이 책은 죄와 벌, 그리고 용서의 주제를 가지고 고전 문학을 분석하여 이해하고 감상한 것이다. 시와 산문을 가리지 않고 이 주제가 잘 드러난 작품을 여러 장르에서 추려 내어 살펴보았다. 좀 더 체계적인 논의를 위해 전체 5장으로 구성해 보았다. 제1장은 여기에 서술한 내용으로서 이 책의 서론에 해당한다.

제2장은 죄에 대한 실존적 관념이 나타난 작품을 대상으로 삼았다. 〈구운몽〉과 〈숙향전〉은 앞에서 말한 적강 모티프가 수용된 소설이다. 남악 형산의 수도승 성진이 육관대사에게 죄를 얻어 인간 세상에 양소유의 몸으로 환생하는 것, 숙향과 이선이 전세에 천상의 선관 선녀로서 옥황상제에게 죄를 입어 환생하는 것이 그러하다. 인간의 원초적인 죄를 전세의 천상에서 구하고 현세의 부귀영화나 고난이 이미 예정된 것이라는 의식이 나타난다. 19세기 방랑시인 김병연의 〈영립〉은 죄의식이 토로된 한시이다. 죄인으로 자처하며 세상을 떠도는 삶에 대한 소회가 드러나 있다. 규방 가사 〈여자탄식가〉는 여성들의 화전놀이에서 불린 노래이다. 여자로 태어난 것 자체가 죄라는 인식과 여성의 고달픈 삶이 그려져 있다. 사회 구조적으로 고착된 성적 차별과 억압이 여성의 내면에 죄의식으로 침투한 양상을 볼 수 있다.

이 작품들은 적강한 인물, 불효의 죄인, 여자의 몸 등 인간 존재 자체를 죄의 소산으로 보고 그러한 존재론적 조건하에 삶의 의미를 찾고 있다. 여기서 드러나는 죄의식 및 죄에 대한 관념을 통해 중세 사회의 이념과 성적, 계층적 관계 속에 살아간 선조들의 삶에서 죄와 벌이 어떤 의미를 지녔고 어떤 기능을 하였는지를 생각해 볼 수 있다.

제3장은 징벌을 직접 체험하여 문학적으로 표현해 낸 작품을 살펴보았다. 고전 문학에는 유독 유배의 체험을 형상화한 작품이 많아 유배 문학이라는 갈래를 설정할 정도이다. 본인이 직접 체험한 것을 표현했기 때문에 허구적 서사보다는 서정시로 쓰인 작품이 많다. 고려 가요 〈정과정〉은 정쟁에 휩쓸려 고향으로 귀양 간 작자가 자신의 억울함을 님에게 호소하는 내용이다. 〈이상곡〉은 여성 화자가 불륜으로 맺은 님을 그리워하면서도 죄의식에 시달리는 모습이다. 두 작품 간의 편폭으로 보아 고려 가요의 주제적, 형상적 다양성을 짐작할 수 있다. 조선 초·중기의 성삼문, 이항복의 시조는 정치적 사건에 휘말려 죽임을 당하거나 유배를 가게 된 심정이 피력되었다. 사대부에게 가장 중요한 절의와 충성의 이념을 지키려는 의지가 담겨 있다. 조선 후기에 나온 안조환의 〈만언사〉와 김진형의 〈북천가〉는 유배 가사인데 작자의 신분과 경험, 작품의 주제 등에서 대비되는 성격을 지녔다. 징벌 경험의 차이에서 비롯한 문학적 형상화의 다양성을 보여 준다.

이렇듯 이 장에서 살펴보는 작품들은 징벌의 체험을 바탕으로 화자의 정서와 의식이 표출되었다. 정치적인 다툼 속에 유배의 형벌을 받고 그 경험을 시로 표현한 것이 많지만 불륜 관계로 인한 죄의식을 토로한 것도 있다. 징벌 자체가 극한적인 경험이기 때문에 작품에 그려진 정서는 아주 절실하고 호소력이 강하다.

제4장은 죄로 인해 벌을 받아야 할 인물이 그려진 작품을 논하였다. 자신의 체험을 표현한 제3장의 작품이 주로 서정시인 데 비해 악인형의 인

물 형상이 나오는 이들 작품은 서사인 경우가 대부분이다. 향가 〈처용가〉는 서정시이지만 배경 기사와 함께 살피면 역신의 형상을 중요하게 거론할 수밖에 없다. 역병을 불륜과 등치한 것에서 죄에 대한 인식의 한 면을 보여 준다. 조선 전기의 전기 소설(傳奇小說)인 〈남염부주지〉는 『금오신화』 중 한 편인데 죄지은 자들의 사후 세계인 염부의 형상을 그렸다. 조선 중·후기의 야담집 『어우야담』, 『천예록』에서 각 한 편씩 뽑은 단편 서사는 원혼, 역신 등 귀신에 의한 징벌을 그리고 있다. 『열하일기』에 수록된 〈옥갑야화〉 중 제1화 역시 죄와 벌의 문제에 인간을 초월한 힘이 작용하여 비극을 초래하는 내용이다. 조선 후기의 소설 〈춘향전〉, 〈흥부전〉, 〈장화홍련전〉, 〈변강쇠가〉는 각각의 줄거리에 서로 다른 징벌의 주제를 담고 있다. 중세의 신분제, 가부장제 사회의 모순이나 유랑민의 고난상 등이 반영되었고 죄짓는 자와 벌하는 자도 작품별로 특징을 보인다. 이들 작품에 그려진 징벌의 주제를 통해 당대 소설 향유층의 사회적 문제의식과 지향성을 살펴볼 수 있다.

이 장에서 논의한 작품들은 죄와 벌의 문제가 당대의 사회 문제와 관련된 양상을 보인다. 서사 문학이기에 인물과 사건 전개에 따라 주제가 표현되었는데, 어떤 인물이 징벌의 대상이 되는지 드러난다. 권선징악의 도덕적 관점이 개재해 있기도 하고 전염병과 같은 재앙을 천벌로 인식한 면모도 나타난다.

제5장은 죄에 대한 용서의 주제를 드러내는 작품을 논하였다. 죄의 문제는 징벌과 더불어 용서의 주제로 접근함으로써 좀 더 깊이 있게 이해할 수 있다. 향가 〈우적가〉는 은둔하러 가던 영재가 도적을 만나 의연한

자세로 훈계하는 내용이다. 자기를 해치려는 상대에 대한 설득과 용서의 태도가 돋보인다. 무속 신화인 〈바리공주〉는 버려진 자식이 부모를 살리는 이야기이다. 자기를 버린 부모를 용서하고 구원하는 과정을 통해 바리공주는 신성성을 획득한다. 17세기 말의 소설 〈창선감의록〉은 가문 내에서 장자와 차자의 갈등을 중심으로 사건이 전개된다. 어리석고 악한 장자와 그의 친모가 주변 인물의 감화로 개과천선하는 과정이 나타나 있다. 조선 후기의 인물 박문수를 소재로 한 설화에서는 자기를 빙자하여 양반으로 행세하는 노비 출신의 한 부자를 용서하는 이야기이다. 도망 노비의 성품과 인덕에 감화를 받아 용서하게 된다. 18세기 말 전계 소설(傳系小說)인 〈은애전〉은 억울하게 모함을 당한 여성이 치욕을 씻고자 살인까지 한 사건을 서술하였다. 사건의 전모와 정조의 명으로 사면을 받는 것까지 사실적으로 그려져 있다.

　이러한 내용의 이 책은 고전 문학이 오늘의 독자에게 의미 있는 읽을거리로 다가가기를 희망하는 마음으로 집필되었다. 주제에 맞추어 작품을 선정해 새로 쓴 것이 많지만 그중에는 필자가 발표한 논문에 서술된 내용도 포함되어 있다. 교양서로 읽히기 바라는 취지에 따라 논문 내용을 수정, 보완하여 가독성을 높이고자 하였다. 그러한 서술 중에는 중등 교육 과정을 이수한 독자라면 익히 알고 있는 작품의 내용과 상당히 다른 설명도 있다. 특히, 향가 〈처용가〉와 〈우적가〉, 고려 가요 〈정과정〉과 〈이상곡〉에 대한 해석은 교과서적인 설명에서 많이 벗어나 있다. 향가와 고려 가요에 대한 필자의 연구에 기반하여 서술했기 때문에 나타난 현상이다. 기존의 설명에 따른 이해와 비교하면서 이 책의 서술 내용을 비판적으로 수용해 주기를 바란다. 그리하여 서로 다른 관점과 해석을 통해 고전 문학에 대한 이해와 감상이 더욱 깊어질 수 있으면 좋겠다.

2장
# 죄인의 몸

## 1. 구운몽

〈구운몽(九雲夢)〉은 김만중(金萬重, 1637-1692)이 1687년 선천 유배지에서 서울의 어머니를 위로하기 위해 지은 작품이다. 수도자 성진이 꿈을 꾸어 양소유로 환생하여 여덟 여성과 결연하고 온갖 부귀영화를 누린 후 꿈을 깨어 성진으로 돌아와 득도한다는 내용이다. 그래서 대부분의 작품 설명에서 '현실-꿈-현실'의 몽유 구조로 이루어진 작품, 또는 현실의 외부 액자가 꿈의 내부 액자를 감싸고 있는 액자 소설이라고 하였다. 그런데 징벌의 주제로 해석하고자 할 때는 작품의 내용을 이와는 조금 달리 요약할 필요가 있다. 곧, 성진이 불교의 계율을 어겨 스승인 육관 대사에게 벌을 받고 징벌의 과정을 거친 후 득도에 이른다는 내용이다. 말하자면, '범계(犯戒)-징벌-득도(得道)'라는 3단의 서사 전개로 파악하는 것이다. 그중 처음과 끝 부분은 성진의 세계이고 중간 부분인 징벌의 과정이 양소유의 인생 역정에 해당한다.

    서사 전개를 범계-징벌-득도의 3단으로 파악하는 것은 외부 액자인 성진의 세계에 중점을 둔 것이다. 이러한 시각에서는 내부 액자인 양소유의 세계도 외부 액자와의 관계 속에 조명될 것이다. 그리하여 작품에 전개된 사건들은 '성진이 팔선녀를 만남-그로 인한 징벌-양소유로 환생하여 여덟 여성과 결연, 부귀영화 향유-각몽 후 득도'라는 전개를 통해 외부 액자와 내부 액자가 연결되는 양상을 드러낸다. 성진이 팔선녀를 만난 한 번의 사건이 징벌을 가져와 꿈에서 양소유로 환생하여 여덟 여성을 차례로 만나는 여러 번의 사건으로 전개되고 꿈을 깬 후 꿈속 경험에 대한 성찰을 통해 득도하게 되는 것이다.

먼저, 성진이 징벌을 받게 되는 계기를 살펴보기로 한다. 남악 형산 연화봉에서 불법(佛法)을 강설하던 육관 대사 앞에 동정 용왕이 백의 노인의 모습으로 여러 번 참예하였다. 이에 사례하고자 대사가 수제자 성진을 용궁으로 보낸다. 그 사이에 위 부인의 시녀인 여덟 명의 선녀가 대사에게 와 부인의 안부를 전하며 폐백을 드린다. 일을 마친 팔선녀는 돌아가는 길에 연화봉의 경치를 완상한다. 이 분위기는 '이때 정히 춘삼월에 온갖 꽃이 골짜기에 가득하였으니 붉은 안개 낀 듯하고 새 짐승의 백 가지 소리 생황을 주하는 듯하니 봄기운이 사람의 마음을 태탕(駘蕩)케 하더라.'[1] 라고 그려져 있다. 여기서 주목할 것은 '태탕'이라는 단어인데 넓고 크다는 뜻과 함께 봄 날씨가 화창하다는 의미도 지녔다. 이것은 성진이 용궁에 들어가자 용왕이 그에게 술을 권하면서 '궁중에서 쓰는 술은 인간 광약과 달라 다만 사람의 기운을 화창(和暢)케 하고 마음이 미란치 아니하나이다.'라는 데 나온 '화창'과 연결된다. 두 말에는 사람의 마음과 기운을 넓히고 통하게 한다는 뜻이 있다.

---

[1] 김만중 원작, 김병국 교주·역, 『구운몽』, 서울대출판문화원, 2009, 15면 이하에서 인용 면수의 표시는 생략한다.

이렇듯 팔선녀가 봄 경치를 완상하고 성진이 술을 받아 마시는 중에 마음과 기운이 태탕하고 화창하게 된 데에서 사건이 발단하였다. 성진과 팔선녀는 모두 스승을 모시고 수도를 하는 사람들인데 봄 경치, 술과 같은 외물(外物)의 자극에 내면의 자세가 흐트러지기 시작한 것이다. 봄 경치가 팔선녀에게 다가온 것은 '온갖 꽃, 붉은 안개, 새 짐승의 백 가지 소리' 등 눈과 귀에 주는 자극을 통해서였다. 용왕의 권유로 마신 술은 성진에게 코와 혀로 느끼는 맛으로 전해졌을 것이다. 이처럼 인간의 감각에 끼치는 외물의 자극이 바야흐로 수도의 자세를 깨트리는 계기로 작용한다.

용궁을 나와 연화봉으로 돌아오던 성진은 얼굴이 화끈거리자 스승을 뵙기가 민망하여 세수를 하러 냇가로 간다. 그때 '웃옷을 벗고 두 손으로 물을 움키어 낯을 씻더니 홀연 기이한 내 코를 거슬러 향로 기운도 아니요 화초 향내도 아니로되 사람의 골속에 사무쳐 정신이 진탕(震盪)하여 가히 형언치 못할' 정도이다. 앞서 본 태탕, 화창에 이어 여기에 '진탕'이란 단어가 나오는데 몹시 울려서 뒤흔들린다는 뜻이다. 태탕에서 화창으로, 나아가 진탕으로 진행된 마음은 드디어 동요하는 지경에 이른다. 성진의 마음을 진탕하게 만든 것 역시 코로 느낀 기이한 냄새로서 외적인 자극이었다.

성진은 냄새의 근원을 찾아 상류로 올라가 석교 위에서 봄 경치를 완상하던 팔선녀와 만난다. 성진과 팔선녀의 석교상 만남이 그들의 운명을 결정지었고 작품 전체의 사건 전개에 핵심적인 계기를 마련하였다. 징벌의 관점에서 본다면, 이 사건은 성진과 팔선녀의 죄가 되고 그들이 징벌을 받는 이유가 된다. 봄날 연화봉 계곡의 석교 위에서 한 남자와 여덟 여자가 만나 몇 마디를 주고받은 아름답고 낭만적인 광경이 청정한 수도의 세계를 더럽힌 죄가 된 것이다. 그리하여 석교의 만남은 남녀 간 낭만적인 사랑의 모습과 함께 도를 닦는 데 장해를 가져오는 죄의 모습을 지님으로써 모순적인 의미를 지닌 한 폭의 그림으로 남게 되었다.

연화 도량으로 돌아온 성진은 스승을 뵌 후 자신의 선방에서 이런저런 생각에 빠진다.

성진이 여덟 선녀를 본 후에 정신이 자못 황홀하여 마음에 생각하되, '남아가 세상에 나 어려서 공맹의 글을 읽고, 자라 요순 같은 임금을 만나, 나면 장수 되고 들면 정승이 되어 비단옷을 입고 옥대를 띠고 옥궐에 조회하고 눈에 고운 빛을 보고 귀에 좋은 소리를 듣고 은택이 백성에게 미치고 공명이 후세에 드리움이 또한 대장부의 일이라. 우리 부처의 법문은 한 바리 밥과 한 병 물과 두어 권 경문과 일백여덟 낱 염주뿐이라. 도덕이 비록 높고 아름다우나 적막하기 심하도다.'

출장입상, 부귀영화, 공명을 추구하는 유교적 세속주의와 경문 공부와 수도에 정진하는 불교적 초월주의 사이의 날카로운 대립 속에서 성진의 마음이 방황하는 모습을 잘 보여 준다. 인용문 속에서 '눈에 고운 빛을 보고 귀에 좋은 소리를 듣고'라는 구절은 바로 이 앞까지 전개된 사건과 동질적인 의미를 지니고 있다. 석교의 만남을 계기로 성진은 세속의 온갖 감각적 쾌락을 만끽하고 싶은 마음에 빠진 것이다. 이러한 세속적 욕망에 빠지고 보니 마음은 걷잡을 수 없이 치달려 나간다. 밤 깊도록 고민하는 중에 문득 눈앞에 팔선녀가 나타나기도 한다. 이제 수도자 성진은 극심한 번뇌에 들게 된 것이다. 정신을 차려 향불을 피우고 포단(蒲團)에 앉아 염불을 외어 보지만 한번 흔들린 마음은 좀처럼 진정되지 않는다.

이때 육관 대사가 성진을 부른다. 조용히 부른 것이 아니라 문하의 모든 제자를 모으고 절 안에 등불을 환하게 밝힌 채 불렀다. 성진은 수도의 도량에서 큰일이 벌어졌음을 직감한다. 스승 앞에 나아가 들은 첫마디는 '성진아, 네 죄를 아느냐?'였다. 성진의 행동과 마음을 지켜본 스승의 한마디로써 이제까지 그가 한 모든 것들이 죄로 규정되는 순간이다. 이에 성진이 무슨 이유인지 모르겠다고 하자 대사는 다음과 같이 말한다.

중의 공부가 세 가지 행실이 있으니 몸과 말씀과 뜻이라. 네 용궁에 가 술을 취하고 석교에서 여자를 만나 언어를 수작하고 꽃을 던져 희롱한 후에 돌아와 오히려 미색을 권련하여 세상 부귀를 흠모하고 불가의 적막함을 싫이 여기니, 이는 세 가지 행실을 일시에 무너뜨림이라.

몸과 말씀과 뜻의 삼업을 조심하고 단속하는 것이 수도자의 기본인데 성진은 이를 어겼다는 것이다. 술에 취하여 신업(身業)을 삼가지 못했고 여자와 수작하여 구업(口業)을 함부로 하였으며 속세에 뜻을 두어 의업(意業)을 그르쳤다는 것이다.

이러한 스승의 꾸짖음에 대해 성진은 용왕이 한사코 권해서 술을 마셨고 길을 지나가려고 선녀에게 말을 걸었을 뿐이고 선방에 돌아와 잠시

방황했으나 곧바로 마음을 바로잡았다고 하면서 항변한다. 그리고 열두 살에 집을 나와 스승에게 의탁하여 스무 살이 된 지금까지 수도에만 정진하였는데 이제 내쳐지면 갈 데가 어디 있겠느냐며 호소한다. 이에 대해 대사는 다음과 같이 답변한다.

네 스스로 가고자 하기에 가라 함이니 네 만일 있고자 하면 뉘 능히 가라 하리오? 네 또 이르되 어디로 가리요 하니 너의 가고자 하는 곳이 너의 갈 곳이라.

작품의 주제를 함축하고 있는 이 말에서 몇 가지 의미를 추출해 낼 수 있다. 첫째, '스스로'에서 드러나듯이 죄는 본인의 자발적인 선택의 결과라는 점이다. 둘째, '~하고자 함'으로 표현하였듯이 삼업 중에서 가장 무거운 죄로 이끄는 것이 뜻의 업, 즉 의업이라는 점이다. 셋째, 죄에 대한 벌을 받고 가야 할 곳은 뜻이 지향한 곳, 다시 말해 욕망하는 대상이 있는 곳이라는 점이다. 결국 자기 안에 있는 욕망을 추구하였기 때문에, 달리 말해 욕망을 제어하지 못했기 때문에 죄를 짓고 벌을 받게 된 것이다.

스승의 단호한 질책에 성진은 아난존자가 마둥가녀에게 유혹당한 예를 들어 다시 한 번 간청한다. 이에 대해 대사는 '아난존자는 요술을 제어치 못하여 창녀를 더불어 친근하나 마음은 어지럽지 않은지라. 너는 진세의 부귀를 흠모하는 뜻을 내었으니 어이 한번 윤회의 괴롭기를 면하리오?'라고 말한다. 수도자로서 마음공부가 부족하여 부귀영화에 대한 욕망을 내었으므로 벌하지 않을 수 없다는 것이다. 그러면서 징벌의 내용은 바로 '윤회의 괴로움'이라는 점을 분명히 하였다.

이렇게 하여 성진은 황건역사에게 잡혀 풍도의 염라왕에게 끌려간다. 염왕은 다시 지장보살에게 아뢰어 처분을 기다린다. 보살은 '수행하는 사람의 오고 가기는 저의 원대로 할 것이니 어이 구태여 물으리오?'라는 처분을 내린다. 앞서 육관 대사가 성진을 꾸짖은 말과 마찬가지로 죄의 자발성, 의업의 중요성, 욕망의 지향성 등을 함축한 말이다. 그때 팔선녀도 황건역사에게 잡혀 와 염왕이 연유를 물으니, '대사가 우리에게 부처의 깨끗한 땅을 더럽혔다 하여 우리 부중에 공문을 보내어 첩등을 잡아 이리로 보내어 계시니'라고 답한다. 세속적 욕망으로써 청정한 도량을 더럽힌 것이 죄목이 되었다. 그리하여 성진과 팔선녀는 그들이 욕망한 곳으로 가 환생하게 된다.

작품에서 중요한 문제는, 징벌의 내용이 윤회의 괴로움이라고 했음에도 불구하고 성진의 환생인 양소유의 삶은 유교적 세속주의의 성공을 온전히 실현한 것이라서 과연 이것이 징벌일 수 있는가 하는 점이다. 외부 액자에서 징벌이라고 규정해 놓은 내부 액자의 서사 세계가 오히려 누구나 바라는 욕망 성취의 결정판이 된 것이다. 한쪽은 징벌이고 한쪽은 욕망 성취라는 두 가지 관점의 대립은 이미 성진의 고뇌 속에 표현된 바 있다. 내부 액자에 그려진 부귀영화는 불교적 초월주의의 관점에서 징벌일 수 있는 반면 유교적 세속주의의 시각에서는 성공일 수 있음이 모순된 의미 그대로 작품화된 것이다. 징벌의 주제로 해석하는 이 책의 입장에서는 모순 속에서도 정합적인 논리를 찾아 작품을 이해할 필요가 있다. 이때 주목할 수 있는 것이 외부 액자의 내부 액자에 대한 개입의 양상이다.

외부 액자의 관점은 여러 차례 내부 액자에 개입하고 있다. 서술자는 양소유가 자라나며 수려한 용모와 뛰어난 재능이 날로 빛나는 모습을 말하면서, '진실로 전생 여러 대부터 수행하는 사람이라 세상 속자에 비할 바가 아니더라.'라고 하여 양소유의 전생을 환기한다. 이 진술은 사건 전개상 외부 액자에서 내부 액자로 넘어온 지 얼마 안 되는 지점에서 나온 것인데, 작품 후반부에서 이것과 대칭이 되는 지점에서 여덟 부인이 한마음으로 발원하기 직전 그들의 화목함을 강조하는 중에 비슷한 진술이 나온다. 곧, '이후로 두 부인과 육 낭자가 서로 친애함이 수족 같고 승상의 은정이 피차가 없어 한결같으니 여러 사람의 덕성도 아름답거니와 진실로 당초 남악에서 아홉 사람의 발원이 이러하였더라.'라고 한 것이다. 외부 액자에서 내부 액자로 들어가고 얼마 후, 내부 액자에서 외부 액자로 나오기 얼마 전에 서술자는 의도적으로 외부 액자의 관점을 개입하고 있다.

그리고 작품 전체의 줄거리에서 중간을 조금 넘긴 부분에서 양소유가 남악 형산을 방문하는 사건이 서술되었는데 여기에도 외부 액자의 개입이 있다. 남해 태자를 격파하고 용궁에 가 잔치한 후 돌아오는 길에 들른 형산에서 양소유는 육관 대사를 잠깐 만난다. 이때 대사는 다음과 같이 말한다.

산야 사람이 귀와 눈이 없어 대원수 오시는 줄 알지 못하여 멀리 맞지 못하니 죄를 사하소서. 원수가 이번은 돌아올 때 아니거니와 이미 왔으니 전상에 올라 예불하소서.

이로써 이제까지 전개된 내부 액자의 사건들이 외부 액자의 힘에 이끌려 왔음이 암시된다. 양소유가 현생에서 겪고 있는 일들은 성진으로 있던 전생의 업보에 따른 것임이 상기되는 것이다.

그런데 대사를 만나기 전에 양소유는 형산의 경치를 보면서, '어느 날 공을 이루고 물러나 물외에 한가한 사람이 될꼬?'라며 탄식한 바 있다. 물외한인(物外閑人)이 되고자 하는 욕망이 생겨났다는 것은 양소유의 인생에 무엇으로도 채울 수 없는 빈 구석이 있음을 시사한다. 이 점은 이전에도 여러 차례 나타난 바 있다. 양소유가 구사량의 난을 피해 남전산에 들어가 도인을 만나 거문고와 통소로 옛 곡조를 배운 후 신선 세계에 머물겠다는 뜻을 말하였다. '소자의 선생 만남은 벅벅이 부친의 지교하심이로다. 원컨대 궤장을 모셔 제자가 되어지이다.'라고 한 것이다. 이에 대해 도인은 양소유의 인간 부귀는 피할 수 없고 또 그의 귀의처는 자기네 무리가 아니라고 대답한다. 이후 양소유는 정경패와 혼약을 맺고 그 집에서 지내는데 어느 날 정십삼의 권유로 종남산의 그윽한 곳에 가 노닐며, '이 사이에 반드시 무릉도원이 있으리다.'고 하면서 신선의 자취를 찾으러 나선다. 그리고 산속에 들어가 선녀로 분장한 가춘운을 만나게 된다. 풍류를 즐기는 양소유의 성격에서 나온 신선 추구의 양상이지만 여기서도 속세를 벗어나고자 하는 뜻은 이어지고 있다. 이러한 사건을 겪은 다음에 앞에서 살핀 것처럼 형산을 방문하여 육관 대사를 만나는 장면이 나온다. 이와 같이 양소유는 현세의 삶에서 여러 차례 초월 의지를 드러내었던 것이다.

평소에 지닌 양소유의 뜻은 부귀영화를 다 누린 후 조정에서 물러나겠다는 상소를 올림으로써 분명히 드러난다. 그리고 상소에 대한 천자의 허락을 얻음으로써 그 뜻은 실현된다. 이에 대해 서술자는 다음과 같이 말하고 있다.

　승상이 일개 서생으로 지기의 임금을 만나 무는 화란을 평정하고 문은 태평을 이루니 공명부귀 곽분왕으로 더불어 제명하되 분왕은 바야흐로 육십에 장상을 하였고 소유는 이십에 승상을 하여 전후 상위 누리기 분왕의 이십사고(二十四考)에 지나고 군신이 한가지로 태평을 누리니 복록의 완전함이 진실로 천고에 없는 바더라. 승상이 상위에 있은 지 오래고 너무 성만(盛滿)하다 하고 상소하여 벼슬을 돌려드리고 퇴조하여지이다 하니

'너무 성만하다'는 말 속에 최상의 부귀영화를 누린 삶 속에 깃든 지나침에 대한 우려와 함께 그러한 삶으로도 채워질 수 없는 빈 구석을 또 다시 드러내고 있다. 아마도 이 어름에 부귀영화에 어려 있는 죄의 흔적이 있지 않을까 싶다.
　내부 액자에 대한 외부 액자의 개입 현상과 더불어 생각해 볼 것이 양소유의 여성 편력이다. 고향을 떠나 과거 길에 오른 양소유는 화음현에서 진채봉을 만나 인연을 맺는다. 이듬해에 다시 집을 나서 낙양 천진교에서 계섬월을 만나 관계를 맺고 정경패를 추천받는다. 장안에 들어가 여장을 하고 정경패와 대면하고 과거에 급제한 후에는 정 사도 집에 거한다. 그러던 중에 종남산의 좋은 경치를 유람하다가 선녀로 분장한 가춘운과 결연한다. 연왕을 회유하러 산동에 갔다가 돌아오는 길에 소년 복장의 적경

홍을 만나 낙양 계섬월의 집에서 관계를 맺는다. 천자의 여동생 이소화와 혼인시키려는 황태후의 늑혼 압력을 거절하여 옥에 갇힌다. 토번이 쳐들어오자 정벌에 나서서 진군하던 중 자객으로 온 심요연, 꿈속에 구원을 청한 백능파와 인연을 맺는다. 한편, 늑혼 문제를 해결하고자 이소화가 직접 나서서 정경패를 만나 본 후 둘이 함께 양소유의 아내가 되기로 한다. 이와 같이 양소유와 여덟 여성은 차례로 만나 결연하여 나중에 양소유가 구축한 양부에 모두 모이게 된다.

이러한 전개에서 두 정실부인인 정경패와 이소화는 남전산 도인이 양소유에게 준 거문고와 통소가 매개가 되어 만남이 이루어졌다. 기생인 계섬월과 적경홍은 자신들을 알아주는 남자를 함께 모시기로 예전부터 약속한 사이이다. 심요연은 타국을 떠돌면서도 양소유와의 인연을 위해 살생을 하지 않았고, 백능파도 전세의 인연을 알고 나서 양소유에게 구원을 청하였다. 진채봉과 가춘운은 이소화와 정경패를 주인으로 모신 궁녀와 시녀의 신분에서 주인을 따라 양소유의 잉첩이 되었다. 이렇듯 양소유와 여덟 여성은 거문고와 통소 같은 매개물, 이인을 통한 전생의 확인, 지기에 대한 갈망, 노주(奴主)의 의기상합 등의 계기로 서로 인연을 맺었다. 맺어지는 과정과 매개물, 결연의 동기는 다르지만 이 모든 것이 전생의 인연이 현세에서 실현되는 과정인 점은 마찬가지이다.

양소유와 결연하는 여덟 여성은 각각 자기만의 개성과 매력을 지니고 있으면서 하나같이 양소유와 어울리는 배필이었다. 양소유로서는 천하의 미인을 처와 첩으로 삼아 감각적 쾌락을 즐겼으니 미색과 함께하는 화려한 인생을 누린 것이다. 그런데 이러한 인생은 이미 외부 액자에 그려진 성진과 팔선녀의 만남에서 예견되어 있었다. 석교상의 만남 부분에 대해서는 앞에서 죄와 벌의 관점에서 분석한 바 있는데 여기서는 사건을 둘러싼 분위기를 위주로 요약해 보기로 한다.

육관 대사에게 위 부인의 인사를 전한 팔선녀는 화창한 봄날에 연화봉 아래 폭포와 계곡을 완상하다가 석교에 이르러 맑은 못에 비친 자신들의 모습을 미인도처럼 바라보며 즐기고 있었다. 이때 동정 용궁을 다녀오던 성진이 세수를 하려다가 계곡물에 물든 향내를 좇아 상류로 올라와 석교 위의 팔선녀와 만난다. 성진은 길을 빌려 달라면서 말을 걸고 이에 팔선녀도 응대한다. 성진이 도화 가지를 꺾어 던지자 꽃송이가 여덟 구슬이 되니 팔선녀가 하나씩 들고 하늘로 올라가 버린다.

이렇듯 성진과 팔선녀는 연화봉 석교 위에서 정취와 유머가 넘치는 화기애애한 분위기 속에 낭만적인 만남을 가졌다. 이러한 만남의 분위기가 내부 액자에서 양소유과 여덟 여성의 만남에 투영되어 있다. 외부 액자에서 성진과 팔선녀의 한 번의 만남이 내부 액자에서는 양소유와 여덟 여성의 여러 번에 걸친 만남으로 확장된 것이다. 결연의 과정에서 여성들은 각자의 개성과 매력을 발산하였고 남녀가 만나는 사건 또한 아기자기한 재미를 갖추고 있다. 이러한 개성과 흥취는 각각의 만남을 특징짓는 것이면서도 외부 액자에서 성진과 팔선녀가 만났을 때의 낭만적인 분위기가 다양한 색채로 확산된 것이기도 하다.

그런데 외부 액자에서 육관 대사는 성진과 팔선녀의 만남을 죄로 규정하고 그들을 인간 세상에 환생시켜 윤회의 괴로움을 겪도록 벌을 내렸다. 성진과 팔선녀의 만남이 양소유와 여덟 여성의 만남으로 확장되었다고 한다면, 결연에 따르는 욕정과 희락의 분위기는 이미 죄의 성격을 지닌 것이라 할 수 있다. 굳이 외부 액자의 관점이 아니더라도 남녀의 사랑을 이끄는 정욕은 인간이 죄를 범할 수 있는 위험성을 지니고 있다. 욕망의 문제에서 벗어날 수 없는 현세의 인간에게 남녀의 결연 자체가 업을 쌓는 일이 되는 것이다. 현세에서 이루어진 양소유와 여덟 여성의 결연은 이제 전세의 죄업에 현세의 죄업이 더해진 모양새가 되었다.

이러한 죄의 위험에서 벗어나고자 여덟 여성과 양소유는 불교에 귀의한다. 처첩의 구분이 뚜렷한 여덟 여성은 신분의 차이를 넘어서 한마음 한뜻으로 불교에 귀의할 것을 발원한다. 일체 악업의 뿌리를 제거하고 현세에 지은 업이 내세에 선한 과보를 얻을 수 있기를 기원한 것이다. 그렇더라도 남녀 정욕의 즐거움은 이미 업을 만들었고, 앞서 본 양소유의 부귀영화에서도 그랬듯이 여기에는 죄의 흔적이 남겨져 있다. 부귀영화와 남녀 정욕이 아무리 즐겁고 행복한 것이라 할지라도 그 속에는 죄성이 내재되어 있는 것이다. 이러한 점에서 부귀와 정욕을 다 누린 양소유가 내부 액자에서 벗어나 불교에 귀의하는 과정은 징벌의 주제를 부각하는 역할을 한다.

양소유는 현직에서 물러나 천자가 하사한 취미궁에 거하며 한가하게 세월을 보낸다. 그의 생일을 맞아 모든 자녀가 모여 잔치를 베푼 후, 가을이 되어 등고(登高)할 때가 왔다. 양소유는 여덟 부인을 데리고 높은 대(臺)에 올라 머리에 국화를 꽂고 가을 경치를 감상하는데 진기한 음식도 맛이 없고 음악 소리도 싫증이 났다. 국화주를 마신 후 스스로 통소를 내어 부는데 그 소리가 오열하는 듯이 슬프다. 두 부인이 까닭을 물으니 양소유가 대답한다. 아래에 물음과 대답을 나란히 인용해 본다.

승상이 공을 이미 이루고 부귀 극하여 만인이 부러워하고 천고에 듣지 못한 바라. 좋은 날을 당하여 풍경을 희롱하며 꽃다운 술은 잔에 가득하며 사랑하는 사람이 곁에 있으니 이 또한 인생에 즐거운 일이거늘 통소 소리 이러하니 오늘 통소는 옛날 통소가 아니로소이다.

소유는 본디 하남 땅 베옷 입은 선비라. 성천자 은혜를 입어 벼슬이 장상에 이르고 여러 낭자가 서로 좇아 은정이 백년이 하루 같으니 만일 전생 숙연으로 모여 인연이 다하면 각각 돌아감은 천지에 떳떳한 일이라. 우리 백년 후 높은 대 무너지고 굽은 못이 이미 메이고 가무하던 땅이 이미 변하여 거친 산과 시든 풀이 되었는데 초부와 목동이 오르내리며 탄식하여 가로되 '이것이 양 승상이 여러 낭자로 더불어 놀던 곳이라. 승상의 부귀 풍류와 여러 낭자의 옥용화태 이제 어디 갔느뇨?' 하리니 어이 인생이 덧없지 않으리오.

등고하여 양소유가 분 통소는 예전에 이소화와 인연을 맺을 때 썼던 그것이다. 거문고와 함께 남전산 도인이 준 것으로 전세의 인연을 현세에서 맺게 해 준 것이었다. 남녀 결연과 욕망의 성취를 이루게 한 통소가 이제 그 역할이 급변하여 삶의 허무함을 표현하는 데 쓰이고 있다. 모든 것을 다 누린 후에 오는 허무감을 표현하는 도구가 된 것이다. 통소 소리를 듣는 사람들은 새삼스레 이제까지 겪어 온 인생을 되돌아본다. 그리고 보면 이러한 허무 의식은 양소유의 내면에서 끊임없이 흐르고 있다가 이제

지층을 뚫고 위로 솟구쳐 오른 것이라 할 수 있다. 앞에서 말한 부귀영화와 남녀 정욕에 깃든 죄성이 결국 이와 같은 인간의 유한성, 인생의 허무함에 기반한 것임을 깨닫게 된다.

위의 대답에 이어서 양소유는 세상에는 유불선(儒佛仙)의 세 가지 도가 높지만 자신은 불도와 인연이 있다고 말한다. 사실 양소유의 삶에서 간간히 보인 초월 의지는 신선 세계에 대한 지향과 공을 세운 후 물러나 한가롭게 지내려는 유교적 처세관 두 가지가 다 포함되어 있었다. 그러다가 인생의 마지막에 와서 꿈을 꿀 때면 포단 위에서 참선하는 자신의 모습을 본다면서 불교의 인연으로 귀결한다. 독자는 이미 알고 있는 양소유의 운명이지만 작중 인물인 그로서는 꿈을 통해 자신의 전생과 내생을 알게 된 것이다. 이로써 수도자 성진의 외부 액자와 양소유의 인생 역정인 내부 액자가 접점에 이르고, 양소유의 초월 의지가 외부 액자의 관점에서 꿈을 통해 확인됨으로써 작품은 대단원에 이르게 된다.

양소유가 깊은 허무감에 빠져 있을 때 육관 대사가 나타나 지팡이로 난간을 치자 높은 대와 많은 집, 여덟 여성이 모두 사라져 버린다. 그리고 양소유는 성진으로 바뀌어 머리를 갓 깎고 포단에 앉은 모습이 된다. 외부 액자의 세계로 돌아온 성진은 스스로 다음과 같이 생각한다.

처음에 스승에게 수책하여 풍도로 가고 인세에 환도하여 양가의 아들 되어 장원급제 한림학사 하고 출장입상하여 공명신퇴하고 두 공주와 여섯 낭자로 더불어 즐기던 것이 다 하룻밤 꿈이라. …… 이 필연 사부가 나의 염려를 그릇함을 알고 나로 하여금 이 꿈을 꾸어 인간 부귀와 남녀 정욕이 다 허사인 줄 알게 함이로다.

　인생의 부귀영화가 다 '하룻밤 꿈'이라는 인식이다. 그리고 방장에 나아가자 육관 대사가 '성진아, 인간 부귀를 지내니 과연 어떠하더뇨?'라고 묻는다. 이는 애초에 '성진아, 네 죄를 아느냐?'와 대를 이루는 질문으로서 성진의 죄에 대한 징벌의 내용이 인간 부귀임을 확인해 준다. 이에 대해 성진은 앞서 생각했던 것처럼 하룻밤 꿈으로 깨닫게 하여 감사하다고 대답한다. 그러자 대사는 다음과 같이 말한다.

　네 승흥하여 갔다가 흥진하여 돌아왔으니 내 무슨 간예함이 있으리오? 네 또 이르되 인세에 윤회할 것을 꿈을 꾸었다 하니 이는 인세와 꿈을 다르다 함이니 네 오히려 꿈을 채 깨지 못하였도다. 장주가 꿈에 나비 되었다가 나비 장주가 되니 어느 것이 거짓 것이요 어느 것이 참된 것인 줄 분변치 못하나니 어제 성진과 소유가 어느 것이 정말 꿈이요 어느 것이 꿈이 아니뇨?

　인세와 꿈, 장주와 나비를 나누는 인식으로는 진리를 깨우치지 못한다는 것이다. 인간 세상에 윤회한 것이 현실인지 꿈인지를 분간하는 것은 별로 의미가 없다. 중요한 것은 진리 자체인데 그것은 『금강경』의 사구게(四句偈)로 요약되는 내용을 담고 있다.

　　일체유위법(一切有爲法)
　　여몽환포영(如夢幻泡影)

여로역여전(如露亦如電)

응작여시관(應作如是觀)

일체의 것이 꿈, 허깨비, 거품, 그림자, 이슬, 번개와 같다는 것이다. 징벌의 관점에서 본다면, 존재 자체에 내재한 허무가 곧 죄성의 근원임을 말한 것으로 볼 수 있다. 성진의 징벌은 인간에게 있는 죄성에 대한 것이고 그것은 모든 존재가 처한 허무의 현실로부터 말미암는다. 인간이 겪는 필연적인 업보의 과정에서 부귀영화든 남녀 정욕이든 그것을 아무리 최상으로 누린다고 하여도 결국 존재 자체는 무(無)로 돌아갈 수밖에 없다. 허무한 인생 자체가 죄인 것이다. 결국 작품에 발휘된 죄와 벌의 상상력은 존재의 허무에 대한 투철한 인식에서 발현된 것이라고 하겠다.

## 2. 숙향전

〈숙향전(淑香傳)〉은 작자 미상이지만 늦어도 17세기 말에는 창작, 유통된 한글 소설이다. 임진왜란 이후의 사회 변동을 배경으로 숙종대(肅宗代, 1674-1720)에 와서 한글 소설이 발흥하였는데, 여러 소설 중에서도 문학사적 의의가 두드러진 작품이다. 이 작품의 인물과 사건, 주제와 구성 등이 후대 소설에 많은 영향을 주었고 20세기 초에 이르기까지 지속적으로 널리 읽혔다. 작품의 내용을 간략히 요약한다면, 주인공 숙향이 하늘에서 정한 다섯 번의 죽을 액을 겪고 마침내 천정연분인 이선과 결연하여 행복하게 산다는 것이다. 이 세상에서 겪는 다섯 번 죽을 액은 전생에서 숙향이 월궁 선녀 소아였을 때 옥황상제에게 죄를 지었기 때문에 얻게 된 운명이다. 전생의 죄로 인해 현세에서 액운을 견뎌 내는 이야기인 점에서 징벌의 상상력이 서사 전개의 중심축을 이루고 있다.

작품의 줄거리는 숙향의 초년 고행, 숙향과 이선의 결연, 이선의 구약 여행 등 세 부분으로 나눌 수 있다. 각 부분의 줄거리를 정리해 나가면서[1]

---

[1] 「숙향전」,『한국고대소설총서』1, 이화여대 한국문화연구원, 1958;황패강 역주,『숙향전·숙영낭자전·옥단춘전』, 고려대 민족문화연구소, 1993 참조.

징벌의 관점에서 작품을 해석해 보기로 한다.

가난한 선비 김전이 친구를 전송하러 가던 중 반하수에서 어부에게 잡힌 거북을 구해 준다. 그 후 다리를 건너다가 거센 물결에 휩쓸리니 거북이 그를 업어 건네주고 수(壽)와 복(福) 자가 새겨진 구슬 두 개를 주었다. 부자인 장회의 딸과 혼인할 때 그 구슬을 폐백으로 삼아 옥가락지 한 쌍을 만들어 간직했다. 그 부부에게서 숙향이 태어났는데 선녀가 내려와 축복해 주었다. 왕균에게 아이의 점을 쳐 보았더니 다섯 번 죽을 액을 겪고 나서 정렬부인이 되어 잘 살다가 칠십에 승천하리라 하였다.

숙향이 다섯 살 때 난리가 나 가족이 도적에게 쫓기게 되었다. 도망하다가 힘에 부친 김전과 장씨는 숙향을 바위틈에 숨기고 다음날 찾으러 오겠다고 하였다. 뒤쫓아 온 도적들이 숙향을 죽이려 하자 한 늙은 도적이 보호하여 마을 어귀에 내려놓고 갔다. 길 위에서 울다 지친 숙향을 청학이 내려와 감싸고 대추를 먹여 주었다. 헤매어 다니던 숙향이 파랑새의 인도로 저승의 후토부인에게 이르렀다. 경액을 먹고 전생의 일을 알게 된 숙향이 앞날을 묻자 부인도 다섯 번 죽을 액을 말하였다.

숙향은 저승을 떠나 사슴을 타고 장 승상 집 뒷동산에 이른 후 모란꽃 아래에서 졸았다. 꿈에 계시를 받은 장 승상이 숙향을 발견하고 수양딸로 삼아 길렀다. 승상 댁 집안일을 도맡아 하던 사향은 숙향이 들어와 자기가 밀려난 것에 앙심을 품었다. 숙향이 열다섯이 되었을 때 사향이 장 승상 부인의 금봉채와 옥장도를 훔쳐 숙향의 함 속에 감추었다가 그것이 탄로 나게 꾸몄다. 장 승상 부인은 숙향의 무고함을 짐작했으나 승상의 진노를 가라앉히려고 시간을 끄는 중에 사향이 거짓말을 전하여 숙향을 내쫓는다.

쫓겨난 숙향은 표진강에 투신하였는데 용녀가 업어 선녀의 연엽주에 실어 구해 준다. 선녀가 주는 차를 마시고 전생에 월연단(月緣丹)을 훔쳐 태을선군에게 준 죄로 옥황상제의 노여움을 받고 인간에 귀양 온 것을 알게 되었다. 헤어질 때 선녀가 준 동정귤 같은 것을 먹으니 전생을 잊어버린다. 한 눈 멀고 한 다리 저는 모습으로 길을 헤매던 숙향은 날이 저물어 갈대밭에서 잠을 잤다. 갑자기 불이 일어나 위태로웠는데 화덕진군이 그녀를 업어 불 속에서 건져 주었다. 다시 길을 가다가 만난 마고할미가 낙양 동촌 이화정의 자기 집으로 숙향을 데려가 함께 지낸다. 할미는 술을 팔고 숙향은 수를 놓아 생계를 꾸려 간다.

숙향의 초년 고행은 점쟁이 왕균이 예언하였고 후토부인이 재차 확인하였듯이, 다섯 번 죽을 액으로 인한 것이다. 그 액은 숙향이 전생에 죄를 지었기 때문인데 죄의 내용은 비교적 간단하다. 선녀가 준 차를 마시고 되살아난 기억에 따르면, 월궁의 선녀인 소아였을 때 옥황상제 앞에서 태을선군과 글을 지어 화답하고 월연단을 훔쳐서 그에게 준 죄이다. 이러한 내용의 죄목에서 몇 가지 요소를 추출할 수 있다. 첫째, 천체의 달과 별이 인격화된 신들이 인간의 전생으로 인식된다는 것, 둘째, 옥황상제가 죄의 유무를 판단하여 당사자들을 인간으로 환생시킨다는 것, 셋째, 천상에서 남녀 간에 글로 화답하거나 인연 맺는 알약을 전하는 행동이 죄가 된다는 것 등이다. 옥황상제가 지배하는 천상의 세계에서 남성과 여성의 신격이 서로 애정을 표하는 것은 신성한 천상을 어지럽히는 일로 간주되고,

애정의 표현으로 글을 주고받고 알약을 훔쳐 전하는 행위는 범죄에 해당한다.

이러한 죄로 인해 인간 세상에 귀양 온 숙향은 필연적으로 다섯 번 죽을 액을 겪어야 한다. 난리 통에 도적에게 쫓겨 잡혀 죽을 액, 죽은 자의 세계인 후토부에 들어갈 액, 사향의 모함으로 장 승상 집에서 쫓겨나 표진강에 빠져 죽을 액, 갈대밭에서 화재를 당해 죽을 액, 낙양 부사가 된 아버지 김전에게 곤장 맞아 죽을 액 등이다. 이러한 다섯 가지 액은 동아시아의 전통적인 오행 사상을 바탕으로 설정되었다. 도적의 창칼, 지하의 저승, 강물에 투신함, 불에 타 죽음, 형틀에 묶여 곤장 맞음 등의 사건 및 사물에서 환기되는 이미지는 금, 토, 수, 화, 목의 오행에 상응한다. 다섯 번의 죽을 액이 오행의 각 항목에 의도적으로 배치된 것이라 하겠다. 이는 다섯 살 때 숙향의 고난이 시작되었고 열다섯 살에 할미를 만나 생활의 안정을 얻은 사건 전개 속의 5라는 숫자에도 함축된 것이다. 이렇듯 숙향의 초년 고행은 오행 사상에 따라 설정된 다섯 번의 죽을 액에 따라 전개되었다.

이를 인간 숙향의 관점에서 보자면, 오행으로 구성된 이 세상의 온갖 일을 하나씩 다 겪어 본다는 의미로 읽힌다. 인간인 우리는 이 세상에서 쇠의 성질을 갖는 일, 흙의 성질을 갖는 일, 물, 불, 나무의 성질을 갖는 일들을 겪으며 한평생 살아가게 되어 있다. 그 일들이 고난과 재앙의 모진 운명으로 다가오는 것이 액인데, 그러한 일을 당할 때면 어떤 죄로 인해 받는 벌이 아닐까 하는 생각이 들기도 한다. 우리의 어느 생에선가 죄를 지어 지금 이곳에서 이러한 액을 당한다고 느끼는 것이다. 인간으로서 어쩔 수 없이 가지게 되는 이러한 죄의식을 숙향의 인생 역정을 통해 서사화한 것이 이 작품일 듯싶다.

숙향은 태을선군과 수작하고 알약을 훔쳐 전했다는 비교적 단순한 이유로 하나하나가 죽음에 이를 정도의 액을 다섯 번이나 겪어야 했다. 단순한 죄에 대해 생사의 갈림길에 놓이는 징벌이 내려진 것이니 천상에서 사소한 일이 지상에서는 엄청난 사건이 된다는 인식이 깔려 있다. 존엄하고 신성한 천상 세계와 보잘것없고 누추한 지상 세계의 대비적 구도에서 숙향이 겪는 액은 천상의 질서를 어지럽힌 죄의 결과이자 지상에서의 고난과 갈등을 온몸으로 겪어 내야 하는 필연적인 과정이다. 그러나 숙향은 다섯 번의 액을 겪으며 죽을 고비를 넘은 후 결국에는 천상 세계에 복귀한다. 이러한 점에서 작품의 성격은 지상의 세속성을 넘어서 천상의 신성성을 지향하는 것이라 하겠다.

생사를 오갈 만큼 중대한 고난인 다섯 번의 액을 숙향은 그럭저럭 잘 견뎌 낸다. 연약한 아이로서는 어찌해 볼 도리가 없지만 후토부인, 화덕진군, 용왕, 마고할미 등의 신들이 현신하여 그녀를 구해 주기에 가능한 일이다. 신뿐만 아니라 청학, 원숭이, 황새, 파랑새, 사슴, 까치, 삽살개 등 신의 사자(使者)들도 숙향의 몸을 보호하고 길을 인도한다. 그리고 늙은 도적, 장 승상 부부 등 인간도 숙향의 생존에 큰 도움을 준다. 이렇듯 초라하고 나약한 인간 숙향은 여러 신, 동물, 인간의 도움을 받아 다섯 번 죽을 액을 무사히 넘긴다.

이러한 사건 전개는 인간이라면 여러 존재의 도움을 받으며 살아갈 수밖에 없다는 사실을 일깨우는 것이다. 징벌의 관점에서 보자면, 숙향이 벌을 받아 죄 값을 치르는 데에는 그녀 혼자로는 어림도 없고 여러 존재의 도움을 받아야만 가능하다는 뜻이다. 지은 죄에 대해 벌을 받아 죽을 만큼 힘든 삶을 살아가지만, 그래도 고난의 형벌을 견뎌 낼 수 있는 것은 현실의 인간뿐 아니라 미지의 신들의 원조와 구원 덕분이다. 고난 속에서도 인생을 살아갈 힘을 얻는 것은 함께하는 인간과 신의 도움 때문이라는 점을 분명히 드러낸 것이다. 이는 인간의 실존적 문제에 대해 작자와 향유층이 지닌 의식이 반영된 결과라고 할 수 있다.

두 번째 단락의 줄거리는 다음과 같다.

어느 날 숙향이 꿈에 서왕모의 요지연(瑤池宴)에 모인 무수한 선관과 부처를 보고 옥황상제의 명으로 태을선군에게 복숭아와 계화를 주려다가 깨어난다. 그 광경을 수로 놓아 시장에 내다 파니 조장이란 사람이 사 간다. 한편, 낙양 북촌의 이 상서에게는 대성사 부처의 점지로 태어난 이선이란 아들이 있었다. 이선도 요지연의 꿈을 꾸었는데 복숭아와 계화를 받을 때 소아의 얼굴을 살짝 쳐다본 후 깨어났다. 이후로 공명에 뜻이 없고 오직 꿈에 본 소아를 만날 생각만 하던 차에 조장에게서 수놓은 요지연 그림을 얻고는 이화정을 찾아간다.

소아의 행방을 묻자 할미는 장애로 인해 추해진 소아를 왜 찾느냐며 거절한다. 거듭 부탁하니 김전을 찾아가 보라고 하여 남양 땅 김전의 집에 간다. 주인은 못 만나고 하인에게서 어릴 때 숙향을 잃었다는 이야기를 듣는다. 다시 남군 땅 장 승상 집에서 숙향이 쫓겨난 사연을 알게 된다. 표진강 가에서 만난 동자의 인도로 화덕진군에게 가서 정성을 보인 후에 숙향이 할미 집에 있음을 알아낸다. 낙양에 돌아온 이선은 꿈에서 얻은 신표인 진주를 할미에게 주어 숙향이 받도록 한다. 천정연분임을 확인한 후 이선의 고모 여 부인의 주관으로 두 사람은 혼인한다.

이 일을 안 이 상서는 낙양 부사 김전에게 숙향을 죽이라고 명한다. 숙향을 잡아들여 곤장을 치려 하니 매가 들리지 않고, 마침 장 부인이 꿈을 꾸고 나와 남편을 말려 숙향은 낙양 감옥에 갇힌다. 숙향이 편지를 써서 파랑새에게 부쳐 전하니 이선이 알고 여 부인을 찾아가 호소한다. 여 부인의 꾸짖음에 이 상서가 마지못해 숙향을 풀어 주라고 한다. 집을 옮긴 마고할미는 인연이 끝났다고 떠나 버리고 삽살개가 도와주어 숙향과 이선이 소식을 통하였다. 도적이 닥칠 것을 염려한 숙향은 삽살개를 따라 할미의 무덤에 가서 통곡하였는데 그곳은 이 상서 댁 근처의 동산이었다. 우는 소리를 들은 이 상서 부인이 숙향을 데려와 이선이 태어날 때의 기록으로 천정연분임을 알고 상서의 허락을 받아 집에서 살도록 하였다. 숙향이 이 상서의 관대와 흉배를 새로 지었는데, 그것을 본 황제가 지은 이의 외로움을 말하여 이 상서가 숙향을 아끼게 되었다. 이선이 과거에 급제하여 낙양 집으로 돌아와 숙향과 다시 만나 함께 산다.

이때 형초 지역이 어지러워 이선이 형주 자사로 부임한다. 정렬부인 숙향은 남편을 뒤따라가는 도중 갈대밭에서 화덕진군, 표진강에서 용왕에게 제사하여 은혜에 보답하였다. 남군에 이르러 장 승상 부부를 만나 회포를 푼 후 계양 태수로 있는 김전을 만나고자 했으나 그는 그곳에 없었다. 김전은 반하수 가에서 용왕을 만나 정성을 다해 빈 후에야 숙향의 내력과 자기가 딸을 죽일 뻔한 일을 알게 된다. 숙향은 마고할미의 지시로 양양으로 가 그곳 태수가 된 김전과 부인 장씨를 만나 옥가락지와 생월일시의 단자를 확인하고 부모와 상봉한다. 이 소식을 들은 황제가 김전과 장 승상에게 벼슬을 높여 서울로 불러들이고 이선에게도 초공을 제수한다.

숙향과 이선의 결연은 두 사람이 동시에 서왕모의 요지연을 꿈꾼 데에서 시작되었다. 수많은 선관 선녀와 함께 옥황상제, 석가모니 등 도교, 불교의 신들이 모인 자리에서 소아와 태을선군이 만나는 것이다. 옥황상제는 두 선관 선녀에게 인간 세상의 재미가 어떻더냐고 묻고 소아더러 복숭아와 계화를 태을에게 전하라고 명한다. 천상에서 죄를 지어 적강(謫降)한 두 신선에게 인간의 재미를 묻는 것은 일견 모순된 것도 같다. 숙향이 겪은 다섯 번의 액이 모두 생사를 넘나드는 고난의 길이었는데 천상의 신에게는 한바탕 웃고 넘길 정도의 재미난 소동에 지나지 않는다. 이러한 양상은 뒤에 나오는 이선의 구약 여행에서 신들이 취하는 태도에도 나타난다.

옥황상제에게는 그렇게 여겨지더라도 지상 세계의 숙향과 이선은 꿈을 통해 알게 된 천정연분을 실현하려는 일념으로 고난과 희생의 길을 걷는다. 이선은 숙향이 이제까지 겪은 네 번의 죽을 액을 하나하나 추체험하고 나서야 비로소 숙향과 혼인할 수 있었다. 그러나 그 혼인은 이 상서의 허락을 받지 못했기에 결함이 있는 것이었다. 온전한 혼인은 숙향에게 주어진 마지막 액을 겪고 나서야 가능하였다. 다섯 번의 죽을 액 중에서 가장 고통스럽고 기가 막힌 것으로서 숙향이 자기의 아버지 김전에게 곤장 맞아 죽을 액을 거쳐야 했던 것이다. 이 액은 다섯 번 죽을 액의 순서상 마지막에 놓인 것인데, 숙향과 이선의 결연 과정에서 가장 치명적인 것이라 할 수 있다.

　여기서 숙향은 이제까지와는 달리 신들에게서 직접적인 도움을 받지 는 못한다. 마고할미는 파랑새를 보내어 이선에게 편지를 전하게 할 뿐 직접 나서서 낙양 옥중의 숙향을 구출하지 않는다. 숙향은 이선에게 편지 를 전하고 이선은 혼인을 주관한 여 부인에게 호소하고 여 부인이 이 상 서를 질책하고 이 상서가 명하여 숙향을 풀어 준다. 숙향에게 극한의 고 난을 안긴 액은 인간들 사이의 소통과 권고, 질책과 반성 속에서 이겨 낼 수 있었다. 이 세상에서 인간이 받는 극한의 액은 신의 손길이 미치지 못 하는 경우일지라도 인간끼리 서로 돕고 은덕을 베풀며 함께 견뎌 내야 한다는 의미를 전하고 있다.

　숙향이 풀려나기는 했으나 아직 이선과의 결연이 온전하게 이루어진 것은 아니다. 마고할미도 떠났기에 의지할 것은 삽살개뿐이었다. 혼자가 된 숙향은 신변의 위협을 느껴 삽살개의 인도로 마고할미의 유품을 매장 한 동산에 가서 통곡한다. 통곡 소리를 들은 이 상서 부인이 숙향을 맞이 함으로써 그 혼인의 결핍 부분을 채울 계기를 얻는다. 이선의 부모인 이 상서 부부가 천정연분의 기록을 기억해 낸 다음 숙향을 받아들였고, 그 후 숙향이 수놓은 관대와 흉배를 보고 황제가 감동함으로써 이 상서는 그녀를 더욱 아끼게 되었다. 과거에 급제한 이선이 귀가하여 숙향과 다시 만남으로써 그들의 결연은 마무리된다. 이제 숙향에게는 다섯 번 죽을 액 을 통한 징벌의 시간이 끝나고 이선과의 행복한 삶이 펼쳐지게 되었다. 죄의 값을 다 치른 다음에 온 이 행복은 작품 서두에서 거북이 보은의 징표로 준 두 구슬에 쓰인 글자 수(壽)와 복(福)이 실현된 모습이다. 인간의 수복은 그저 오는 것이 아니라 예전에 어떤 존재에게 베푼 은혜에 대한 보답으로서 오행으로 상징된 세상의 모든 액을 겪은 후에야 비로소 얻는 것이라고 말하고 있다.

그러므로 결연 이후 숙향이 행하는 것은 도움을 받은 존재들에게 보답하는 일이다. 남편 이선이 형주자사로 부임하자 뒤미쳐 가는 도중에 자기를 구해 준 신과 동물들에게 보답한다. 이 보은의 여정에서 열다섯 살 때 사향의 모함으로 헤어진 장 승상 부부를 다시 만나고, 다섯 살 때 전란 중에 이별하여 평생을 그리워하던 부모와 상봉한다. 숙향의 아버지 김전은 숙향과 결연하려던 이선과 마찬가지로 그녀의 고난을 추체험한 후에야 비로소 딸과 만날 수 있었다. 숙향의 고난이 이선과 김전에게 전이되는 추체험은 숙향의 다섯 번 죽을 액을 다른 인물이 겪어 봄으로써 그것이 모든 인생의 기본 경로임을 깨닫게 해 준다. 숙향의 액은 그녀만의 것이 아니라 이선과 김전을 포함한 주변 인물, 그리고 숙향의 이야기를 따라가는 독자, 나아가 숙향으로 대변되는 인간들 모두의 보편적인 운명이기도 함을 상기시킨다.

우리는 모두 숙향처럼 다섯 번 죽을 액을 견디며 살아가고 있다. 그 액은 누군가에게 은혜를 베풀기도 하고 받기도 하고, 또 신의 도움을 얻기도 하면서 극복해 나갈 수 있다. 죄에 대한 징벌로서 이 세상의 고난을 여러 존재의 도움을 받아 이겨 낼 수 있었으니, 그 은혜에 보답하며 사는 것이 인간이 취할 삶의 기본자세라는 것이다.

세 번째 단락의 줄거리는 다음과 같다.

황제의 아우 양왕에게 매향이라는 외동딸이 있었는데 애초에 이선과 정혼했다가 그가 숙향과 혼인하는 바람에 파혼을 당했다. 매향이 다른 데로는 절대 시집가지 않으려 하니 황제가 알고 이선의 둘째 부인을 삼게 하려고 부르자 이선은 병을 핑계로 나가지 않았다. 마침 황태후가 죽을병이 들었는데 도사의 말이 봉래산 개언초, 천태산 벽이용, 서해 용궁의 계안주를 얻어야 살 수 있다고 한다. 이에 이선이 약을 구하러 이계로 떠난다.

　배로 바다를 건너다가 남해 용왕에게 잡혀갔으나 김전의 도움을 기억한 용왕이 용자(龍子)를 동행하게 하였다. 이선은 용자와 함께 회회국, 함밀국, 유리국을 통과하고 교위국의 구리성에 갇혔다가 일광로의 구원을 받고 우오국에서는 잡혀 먹히려다가 부적으로 벗어난다. 가는 길에 신선인 여동빈, 이적선, 왕자 균을 만나 그들의 여러 가지 요구로 곤욕을 당하였으나 두목지의 변호와 인도로 봉래산에 이른다. 산꼭대기에서 구루선을 만나 매향이 전생에 설중매였는데 태을선군과 부부였다가 소아 때문에 사이가 멀어진 이야기를 듣게 된다. 구루선에게 환혼수, 개언초, 회환단을 얻고 다시 대성사 부처의 인도로 천태산에서 마고선녀를 만나 벽이용을 구한다. 용자가 서해 용궁에 가 계안주를 구하고자 했으나 이미 김전의 집에 그 구슬이 있다고 하였다.

　용자의 도움으로 순식간에 황성에 이른 이선은 죽은 지 스무 날이 지난 황태후에게 약을 써서 회생시킨다. 이로써 이선은 초왕이 되고 전생의 인연을 알게 된 까닭에 매향과의 혼사를 받아들인다. 이선과 숙향, 매향은 자식을 낳고 태평세월을 보냈다. 숙향의 아들이 전쟁에 나가 사로잡은 늙은 도적이 예전에 숙향을 도와주었던 사람임을 알고 보답한다. 세월이 흘러 일흔이 되자 이선과 숙향은 구루선이 준 회환단을 먹고 하늘로 올라갔다.

이선의 구약 여행은 황태후의 병을 고치기 위해 이계(異界)의 약을 구하려는 목적인데, 그 이면에는 황제의 늑혼(勒婚) 문제를 해결하려는 의도가 깔려 있다. 서사 전개상으로는 그러하지만, '태을이 천상에서 죄를 지어 인간 세상에 내려가 고행을 겪게 하셨으며 태을을 봉래산으로 가게 한 것도 속죄하도록 하기 위한 것'이라는 일광로의 말처럼, 이 여행의 일차적인 의미는 속죄에 있다.

이 단락에서 구루선이 준 차를 마시고 이선이 알게 된 전생의 사실은 첫 번째 단락에서 알려진 숙향의 전생담에 덧붙여진 내용이다. 태을선군이 인간 세상에 귀양 와 숙향과 혼인하였는데 옥황상제에게 말미를 얻어 봉래산에 가 놀다가 능허선의 딸 설중매와도 부부가 되었다. 그런데 태을은 소아 때문에 설중매를 소중히 여기지 않아 능허선이 소아를 원망하였다. 설중매는 인간 세상에 내려가 태을을 만나 보려고 약수에 빠져 죽어서 후생에 양왕의 딸로 태어났다. 이러한 전생담이 태을, 소아, 설중매의 삼각관계를 말한 것은 분명한데, 태을이 소아를 놔두고 봉래산에 간 이유, 설중매와 혼인하는 동기와 과정, 태을이 다시 소아에게 간 이유, 설중매가 자살하는 과정 등이 생략되어 있어서 이야기의 전체적인 맥락을 파악하기가 어렵다.

그렇더라도 중간의 빈 곳을 놓아둔 채 숙향, 이선, 매향의 전생을 엮어 보면 이렇다. 소아가 태을선군에게 알약을 전한 것이 죄가 되어 둘은 인간 세상에 귀양 왔다. 태을선군이 말미를 얻어 봉래산에 갔다가 설중매와 혼인하였는데 소아가 그리워 다시 인간 세상으로 내려왔다. 설중매는 그를 만나려고 약수에 빠져 죽었다가 재생하여 양왕의 딸이 되었다. 이렇게 엮더라도 능허선이 소아를 원망하였기에 현생에서 숙향의 아버지 김전으로 환생하여 숙향 때문에 속을 썩이도록 했다는 것에서는 전생과 현생의 시간대가 착종된 면도 나타난다. 이러한 점을 감안하면서 세 인물의 전생담이 갖는 의미와 기능을 살펴보기로 한다.

숙향과 이선의 전생만 놓고 보면, 그들의 전생담은 현세에서 숙향이 왜 다섯 번 죽을 액을 겪어야 하는지에 대한 설명이라 할 수 있다. 하지만 매향까지 더해지면 현생에서 1부 2처의 인연이 이미 전생에서 맺어져 있었다는 의미를 지니게 되어 전생담의 작품 내적 기능이 다소 변질된다. 전생담이 징벌의 원인을 설명하는 것에서 새로운 인연을 확인하는 것으로 역할이 바뀌는 것이다. 따라서 이선의 구약 여행에서 매향과의 전생 인연을 확인하는 부분은 징벌의 주제와는 거리가 있다.

이에 비해 속죄로서의 구약 여행이 징벌의 주제를 지속하는 역할을 한다. 표진강에 빠졌다가 선녀에게 구출되었을 때 숙향은, '똑같은 일로 죄를 지어 인간 세상에 귀양 왔다고 했는데 나는 어찌 이렇듯 고행을 겪게 하고 선군은 호화롭게 지내게 했는고?'라고 묻자, 선녀는 '천상에 계실 때 낭자께서 먼저 선군을 희롱했기에 낭자의 죄가 더 무겁나이다. 선군은 상제께서 가장 사랑하시어 잠시도 곁을 떠나지 못하게 했으나 항아께서 선군도 벌을 주어야 한다고 요청한 까닭에 상제께서 마지못해 선군을 인간 세상에 귀양 보냈나이다. 그러나 선군을 너무 사랑하시어 인간 세상에서도 부귀영화를 누리게 했나이다.'라고 대답한다. 이러한 징벌의 불균형을 해소하는 차원에서 이선이 이계를 전전하며 고생하여 약을 구하는 이야기가 설정된 것이라 할 수 있다. 그리하여 이선의 구약 여행은 다섯 번 죽을 액을 겪은 숙향에 대한 속죄의 의미를 갖는다.

작품 내적으로는 그러하지만, 원래 구약 여행의 화소는 서사무가 〈바리공주〉에도 있는 것이다. 황(태)후의 병듦, 개언초·벽이용·계안주 등의 선약, 구약 과정의 고난과 신들의 구원, 죽은 자의 재생 등이 두 작품에 공통된다. 그렇지만 용자의 동행, 여동빈 등 신선들의 농락, 설중매와의 전생 인연 확인 등은 〈숙향전〉에서 부연한 내용이다. 〈바리공주〉가 죽은 자의 영혼을 천도하는 굿에서 주신이 되는 바리공주의 내력을 풀어낸 이야기라는 점을 생각할 때, 그 화소를 가져온 〈숙향전〉의 주제도 징벌의 의미에다가 해원과 천도의 의미를 더한 것으로 볼 수 있다. 천상에서 죄를 지어 벌을 받고 이 세상에 내려와 갖은 고난을 다 겪은 인간에게, 현세의 복락을 누리고 죽은 후에 그 영혼이 좋은 세상에 이르기를 기원하는 뜻이라 할 것이다. 그리하여 숙향의 징벌 후에는 수와 복의 보답이, 이선의 속죄 후에는 해원과 천도의 소망이 제시되었다고 하겠다.

이와 같이 〈숙향전〉은 전생의 죄로 인해 현세에서 액을 겪어 내는 인간의 이야기가 중심을 이룬다. 여기에 천정연분을 이루려는 남녀의 결연 과정, 1부 2처의 예정된 혼인 관계를 현세에서 실현하는 과정이 이어진다. 이 세상에서 겪는 인간의 고난이 전생에서부터 예정되어 있다는 것, 그 액을 넘어서는 데는 여러 신들의 도움과 인간 사이의 소통과 보살핌이 필요하다는 것을 말하였다. 고난을 극복한 다음에는 은혜를 베풀었던 존재들에 대해 보답하는 것이 인간의 도리라는 점도 강조하였다. 나아가 죄의 값을 치른 후에 오는 수와 복의 보답, 그렇게 살고 난 후 영혼의 해원과 천도까지 그려 내었다. 사건을 펼쳐 나가는 중에 신들의 활약상이 두드러져 보이고 그것에 대비되어 인간의 누추하고 왜소한 모습이 잘 그려져 있다. 한국 서사 문학의 원형을 간직한 이 작품 속에 징벌의 상상력이 인간 삶의 근원적인 문제를 다루는 데 깊이 관여하고 있다.

## 3. 영립(詠笠)

浮浮我笠等虛舟 一着平生四十秋

牧竪輕裝隨野犢 漁翁本色伴白鷗

醉來脫掛看花樹 興到携登翫月樓

俗子衣冠皆外飾 滿天風雨獨無愁

삿갓을 읊음.

떠돌아다니는 내 삿갓 빈 배와 같아

한번 쓰니 어느덧 사십 평생일러라.

소 치는 더벅머리 목동 들로 갈 때 차림이고

갈매기 벗 삼아 고기 잡는 늙은이 그대로일세.

취하면 벗어 나무에 걸고 꽃구경하고

흥 일면 손에 들고 누각에 올라 달구경이네.

속인의 의관이야 겉을 꾸민 것이지만

내 삿갓은 하늘 가득 비바람 몰아쳐도 홀로 근심 없다네.[1]

이 한시는 김삿갓이란 별명으로 유명한 김병연(金炳淵, 1807-1863)의 작품이다. 그가 평생 쓰고 다녔던 삿갓을 소재로 하여 지은 것이다. 삿갓이라 하면 보통 햇빛이나 비를 막기 위해 머리에 쓰는 일상 용품이므로, 이것을 소재로 시를 쓴다면 일상적인 감흥의 표출에 치중할 가능성이 높다. 이 작품에서도 삿갓이 더벅머리 목동이나 고기 잡는 늙은이가 일상적으로 사용하는 물건임을 말하고 있다. 그런데 수구(首句)의 '한번 쓰니 어느덧 사십 평생일러라.'라는 구절은 삿갓이 일상적 의미를 넘어서 작자의 평생에 관련된 상징적 의미를 지닌 소재라는 점을 드러낸다. 작자의 생애에 늘 붙어 다닌 물건이므로 그것은 한 사람의 인생 이야기를 담고 있는 소재가 된다. 그런데 작자가 애초에 삿갓을 쓰게 된 계기는 죄와 벌의 문제에 있었다. 그리하여 비록 문면에는 드러나 있지 않지만 이 작품에는 징벌의 주제가 담겨 있다. 이에 징벌의 상상력이라는 관점에서 작품을 해석할 필요가 있다.

강원도 영월에서 자라난 김병연은 그 지방의 과거 시험에 응시하여 '논정가산충절사탄김익순죄통우천(論鄭嘉山忠節死嘆金益淳罪通于天)'이라는 제목의 시를 써서 급제하였다. 그런데 그가 통렬히 질타한 김익순이 자신의 할아버지라는 사실을 알게 된 후 집을 나가 전국 각지를 떠돌아다니며 살다가 생을 마쳤다. 그 시의 후반부를 보이면 다음과 같다.

---

[1] 김병연, 황병국 옮김, 『김삿갓 시집』, 범우사, 1987, 53면.

西來消息慨然多 問是誰家食祿臣

家聲壯洞甲族金 名字長安行列淳

家門如許聖恩重 百萬兵前義不下

淸川江水洗兵波 鐵瓮山樹掛弓枝

吾王庭下進退膝 背向西域凶賊跪

魂飛莫向九泉去 地下猶存先大王

忘君是日又忘親 一死猶輕萬死宜

春秋筆法爾知否 此事流傳東國史


서쪽에서 매우 슬픈 소식 들려오나니

묻건대 너는 누구의 녹을 먹는 신하더뇨?

가문은 으뜸가는 장동 김씨요

이름은 장안에서도 떨치는 순 자 항렬이구나.

너희 가문이 이처럼 성은을 중히 입었으니

백만 대군 앞이라도 의를 저버려선 안 되리라.

청천강 물결에 무기를 씻고

철옹산 나무로 만든 활을 메고서는,

임금의 어전에 나아가 무릎 꿇듯이

서성의 흉악한 도적에게 무릎 꿇었구나.

네 혼은 황천에도 가지 못할 것이고

땅에 묻히려도 선왕들께서 허락지 않으리라.

이제 임금의 은혜를 저버리고 육친을 버렸으니

한 번은 오히려 가벼우니 만 번 죽어야 마땅하리.

춘추필법을 너는 아느냐?

너의 일 동국사에 기록하여 천추만대에 전하리라.[2]


1811년 홍경래의 난이 일어났을 때 가산 군수 정시(鄭蓍)가 순절하고 선천 부사 김익순이 투항한 사실을 다룬 과시(科詩)이다. 김익순의 죄를 준엄하게 꾸짖는 내용에서 주목할 점은 '장동 김씨', '순 자 항렬'이라는 가문과 친족 관계를 지적한 다음 '임금의 은혜를 저버리고 육친을 버렸으니'처럼 불충불효의 죄를 물었다는 것이다. 적군에 투항하여 임금의 은혜를 저버린 죄를 가문과 조상을 욕보인 죄와 묶어서 엄하게 질책한 것이다.

그런데 어머니에게서 김익순이 자신의 할아버지이고 그의 죄로 온 집안이 폐족이 된 사실을 알게 되었다. 그러고 나니 위의 시에서 김익순에게 '육친을 버렸'(忘親)다고 한 죄책이 고스란히 작자 자신에게 돌아오게 되었다. 충효라는 유교의 절대적 가치를 근거로 불충불효의 대상을 준절히 꾸짖었는데 정작 자신이 조상을 욕보여 불효의 죄를 지은 꼴이 되었으니 인생의 아이러니를 절감하지 않을 수 없었으리라. 더욱이 그가 시에서 한 말이 하나도 틀린 것이 없다는 점과 혈연관계는 하늘이 정한 천륜이므로 거기서 벗어날 도리가 없다는 사실이 서로 맞물려 심한 부조리를 드러내었다.

시를 쓸 당시인 20대 초반까지 부지런히 갈고닦은 실력을 가지고 바야

---

2   위의 책, 136-137면.

호로 세상에 나가 큰 뜻을 펼쳐 보려던 작자에게 이러한 모순과 부조리는 엄청난 충격으로 다가왔을 것이다. 이에 그는 불효의 죄를 스스로 짊어지고 집을 떠나 방랑의 길에 나선다. 하늘을 쳐다볼 면목이 없어 삿갓을 쓰고 정처 없이 떠돌아다니는 것이다. 과시에서 말한 '네 혼은 황천에도 가지 못할 것이고', '너의 일 동국사에 기록하여 천추만대에 전하리라.'라는 악담을 온몸으로 감당한 채 평생을 살아간다.

이처럼 삿갓은 죄의 표징이자 스스로에게 내린 징벌의 의미를 지닌 상징적 물건이다. 이 점에 주의하여 〈영립〉을 살펴보면 겉으로 드러난 것보다 훨씬 심각한 주제가 들어 있음을 알 수 있다. 평범한 사람이 일상적으로 쓰는 삿갓을 읊은 것이라면 이 작품은 목동과 어옹, 취흥, 화조월석 등의 조합을 통한 한가롭고 느긋한 시적 분위기로 다가오지만, 삿갓이 죄와 벌의 상징임을 염두에 둔다면 그 시어들과 소재 사이의 괴리와 부조화에서 오는 슬프고 허전한 분위기가 느껴진다.

작품의 첫머리는 '떠돌아다니는 내 삿갓 빈 배와 같아'이고 마지막은 '홀로 근심 없다네.'이다. '비다'(虛)로 시작하여 '없다'(無)로 끝났으니 부정어로 작품의 처음과 끝을 장식한 것이다. 부정어의 뒤와 앞에 각각 '한번 쓰니 어느덧 사십 평생일러라.'와 '하늘 가득 비바람 몰아쳐도'가 붙었는데, 이 구절들은 부정어가 구성하는 의미의 배경적 요인으로 작용한다. 삿갓을 한번 쓴 후 사십 평생을 헛되게 보냈다는 것에서 출발하여 하늘 가득 비바람이 몰아쳐도 삿갓을 쓰고 있으니 홀로 근심이 없다는 것으로 시상을 맺음으로써, 평생 동안 떠돌이 생활을 하며 비바람 몰아치는 고난을 겪은 인생 역정이 시의 배경으로 자리 잡은 것이다. 스스로에게 지운 징벌의 상징인 삿갓을 쓰고, 스스로 선택한 방랑과 고난의 길을 가는 화자의 삶이 배경이 되었으므로 시적 분위기는 겉보기와 달리 상당히 무겁게 다가오는 것이다.

처음과 끝의 이러한 의미 연관 속에 끼어들어 간 듯이 보이는 것이 가운데 두 구이다. 함구(頷句)의 '소 치는 더벅머리 목동 들로 갈 때 차림이고 / 갈매기 벗 삼아 고기 잡는 늙은이 그대로일세.'는 화자의 삿갓 차림이 목동과 어옹의 그것과 같은 모양임을 표현하였다. 그런데 목동은 소를 칠 때, 어옹은 고기 잡을 때 쓰는 것인 데 비해, 앞의 수구에서 나온 것처럼 화자는 평생을 쓰고 다닌다는 점에서 차이가 있다. 삿갓을 쓰는 시간만큼의 큰 차이가 나는 것인데도 화자는 자신의 차림을 목동, 어옹과 같다고 말한다. 의도적으로 삿갓을 쓰게 된 사연을 감추고 겉으로 드러난 모양만으로 자신을 그들에게 견준 것이다.

목동과 어옹은 작품 속 인물이지만 전원생활이나 은둔 생활을 상징하는 소재이기도 하다. 사대부가 벼슬살이를 떠나 시골에 묻혀 살게 되면 소 치는 목동이나 고기 잡는 어옹과 어울려 생활하는 처지가 된다. 삿갓 쓴 차림이 꼭 그와 같은 모습이기에 다른 사람이 보면 벼슬살이에서 물러나 한가롭게 노니는 것처럼 보일 터이다. 그러나 내력을 감춘 상태에서 겉모습만 비슷한 것이므로 겉만 같고 속은 다른 줄을 알지 못한다. 화자는 이 점을 의도적으로 활용하여 함구에서 유유자적한 전원생활 또는 벼슬살이를 떠난 은둔 생활의 분위기를 풍기도록 표현하였다. 그러나 수구에서 평생 삿갓을 쓰고 다녔다고 한 말이 함구의 이와 같은 한가로운 분위기와 내적인 긴장 관계를 만들어 내고 있다.

경구(頸句)는 목동, 어옹을 끌어오지 않고 화자 자신의 모습을 그려 함구보다 더욱 한가롭고 풍류스러운 분위기를 연출하였다. '취하면 벗어 나무에 걸고 꽃구경하고 / 흥 일면 손에 들고 누각에 올라 달구경이네.'에서 화자는 술을 마셔 취하고 흥이 일어 노니는 모습으로 그려졌다. 이는 화조월석에 음풍영월의 풍류를 누리는 문인 사대부의 면모에 다름 아니다. 넉넉하고 안정된 집안에서 여유롭게 경치를 감상하고 흥취에 젖는 사대부의 일상적인 모습이라고 할 수 있다. 그렇지만 수구에 내포된 의미가 여기까지 미침으로써 이러한 일상적 모습의 이면이 조명될 수밖에 없다. 그리하여 술을 마셔 취하고 흥이 일어 노니는 화자의 모습에서 뭔지 모를 슬픔과 한스러움이 묻어난다. 이러한 정서와 분위기를 자아내는 데 중요한 역할을 하는 것이 삿갓을 가지고 하는 행동에 대한 묘사이다.

화자는 술에 취하면 삿갓을 벗어 나무에 걸고 흥이 일어나면 삿갓을 손에 들고 누각에 오른다고 표현하였다. 삿갓이 스스로에게 내린 징벌이고 평생을 짊어지고 사는 죄의식이라고 할 때, 그것을 벗거나 들거나 하는 것은 잠시 징벌을 내려놓고 죄의식에서 벗어난다는 의미를 함축한다. 마냥 술에 취하고 흥에 겨워할 수 있는 처지가 아니기에 화자가 꽃구경, 달구경할 때의 흥겨운 심정에는 슬픔과 우수, 자책과 원망의 감정이 깃들어 있다. 늘 쓰고 다니던 삿갓을 잠시 내려놓고 꽃이나 달을 감상하는 모습에서 삿갓에 담긴 죄와 벌의 의미가 더욱 안타깝게 느껴지는 것이다.

이렇게 함구와 경구에서 전원생활을 하는 평범한 인물인 듯, 여유와 풍류를 즐기는 문인 사대부의 일상인 듯이 그려 낸 정서는 그 이면에 표현 그대로 받아들일 수 없는 슬픔과 한스러움을 간직하고 있다. 그리하여 미구(尾句)에 이르러 '속인의 의관이야 겉을 꾸민 것이지만 / 내 삿갓은 하늘 가득 비바람 몰아쳐도 홀로 근심 없다네.'라면서 자신을 속인과 비교하는 데에서 화자의 속마음이 드러난다. 화자가 자신은 속인과 다르다고 한 것은 표면적으로는 전원생활과 취흥에 젖은 문인 사대부로서 구별되기 때문이다. 취흥에 젖어 꽃과 달을 완상하며 즐길 줄 하는 고고한 취향과 문식을 갖추었기에 속인이 아니라는 것이다. 그런데 이러한 구별의 심층에는 삿갓을 쓰고 떠돌아다니는 인생이 어딘가에 정착하여 생계를 위해 애쓰는 속인의 그것과 다르다는 뜻이 들어 있다. 어디에도 얽매이지 않고 돌아다닐 수 있는 존재이기에 보통 사람과 다른 것이다.

이러한 비교 우위에서 화자는 속인이 의관을 차리는 것은 겉을 꾸미기 위해서라고 말한다. 의관은 사람의 겉모습을 치장하여 그의 사회 경제적 지위를 드러내는 것이니 화자와 같이 말하는 것은 당연하다. 그런데 작자의 내력을 상기해 보면, 그가 스스로에게 벌을 가하기 전에는 그러한 의관을 취하려고 노력하였다. 관직에 올라 의관을 차려 입고 다니는 자신의 모습을 그렸었는데, 이제 그러한 희망은 모두 포기한 채 삿갓 하나 쓰고 떠돌아다니는 신세가 되었다. 그러기에 이것은 속인에 대한 경멸이면서도 예전의 자신에 대한 연민이 담긴 말이라 할 수 있다. 그러한 연민은 더 나아가 하늘 가득 비바람이 몰아치는 고난을 당하여도 별다른 염려 없이 헤쳐 나갈 수 있다는 자부심으로 확장된다. 세찬 비바람에 몸과 마음이 시달리기보다는 그것에 초연한 자세로 제 갈 길을 가는 자신을 위로하고 있다.

이렇게 태연하고 여유 있는 모습을 보이지만, '하늘 가득 비바람 몰아쳐도'(滿天風雨)라는 구절은 작품 첫머리부터 줄곧 속뜻으로 이어져 온 화자의 인생과 관련되어 시적 분위기를 반전하고 있다. 일찍이 온몸으로 비바람을 맞아본 경험을 해 보았기 때문에 화자는 그럴 경우의 심정이 어떠한지 잘 안다. 지금 속세를 초탈하여 의연하게 사는 듯하지만 마음속에 맺힌 고통과 죄의식은 죽을 때까지 벗어날 수 없다. 이 구절에 쓰인 '하늘'이란 말에서 화자가 애초에 삿갓을 쓴 이유를 상기하게 된다. '하늘 가득'(滿天)은 비바람이 온 세상에 가득 차 하늘을 가려 버린 상태를 가리키는데 그러한 때에는 하늘을 바라볼 수 없다. 삿갓을 쓴 이유가 하늘을 우러러볼 면목이 없기 때문이므로, 여기에서 하늘 가득이란 말은 화자의 인생과 겹쳐지는 표현이다. 하늘 가득 비바람이 몰아치는 것에 대해 아무 걱정 없다고 말하고는 있지만, 마음속에 품은 슬픔과 원한은 오히려 이 구절에 한가득 담겨 있다. 그러므로 삿갓을 썼기에 근심이 없다는 말은 화자가 짐짓 능청을 떨면서 자신의 심정을 반어적으로 표현한 것이다. 하늘 가득 비바람 몰아치는 상황과 아무 근심이 없다는 반어적 표현이 화자의 인생을 상기하기에 작품의 마지막 구는 깊은 여운을 남긴다.

〈영립〉은 스스로에게 내린 징벌을 평생 짊어지고 전국을 방랑하며 살다 간 작자가 자신의 인생을 돌아보며 지은 시이다. 그러기에 겉으로 보이는 한가함과 풍류스러움을 그대로 받아들이기 어렵다. 시상의 저변에 깔려 있는 슬픔, 한스러움과 표면에 드러난 멋, 풍류 사이에서 정서상, 의미상 부조화를 느낄 수 있다. 시적 표현의 겉과 속이 맺는 이러한 긴장 관계를 통해서 죄와 벌의 주제가 형상화된 것이다. 이 작품은 일상의 소재나 생활을 다룬 사물 시 또는 풍류 시로 포장하여, 스스로에게 벌준 방랑의 삶에서 나온 슬픈 정서를 드러냄으로써 깊은 울림을 주는 서정시라 하겠다.

## 4. 여자탄식가

규방 가사인 〈여자탄식가(女子嘆息歌)〉는 같은 제목의 작품이 몇 편 전하는데[1] 작자와 내용이 서로 다르다. 여기서는 작자가 김순자이고 경북 금릉군(현 김천시 소속)에서 수집된 작품을 대상으로 논하고자 한다. 이 작품은 전통 사회 여성의 일상적 삶이 잘 그려져 있고 여성이 겪는 제약과 차별에 대한 저항 의식이 담겨 있어 일반적인 신세 한탄의 주제를 넘어선다. 사대부 남성의 삶을 부러워하기도 하고 흉보기도 하는 한편, 여성의 삶을 옥죄는 질곡들에 분노하기도 하고 감내하기도 하는 작자의 의식과 정서로 인해 긴장감 있는 시상의 전개를 보이고 있다. 그렇게 진행되는 중에 여자로 태어난 것 자체가 죄라는 의식을 드러낸 점에서 이 작품은 징벌의 주제와 관련된다. 여성의 신세 한탄에 흔히 등장하는 '여자인 죄'라는 말이 상투적인 의미를 지닐 수도 있으나 작품의 전반적인 내용을 이와 관련하여 살펴보면 생각보다 훨씬 풍성한 의미를 찾을 수 있다.

---

1  최정여 외 편, 「여자탄식가」, 『규방가사』 I, 한국정신문화연구원, 1979 ; 권영철 편, 「여자탄식가」, 『규방가사 - 신변탄식류』, 효성여대출판부, 1985 ; 단국대 율곡기념 도서관, 「여자탄식가」, 『한국가사자료집성』 3, 태학사, 1997.

작품은 크게 다섯 단락으로 나누어진다. 서사에 해당하는 첫 단락은 '어와 우리 동유(同類)들아 여자 튼식 드러 보소'[2]로 시작하여 음양의 구분과 배합으로 남녀가 생겨난 후 유교의 성현들에 의해 문물과 예의가 갖추어지고 삼강오륜, 그중에 남녀유별의 법이 마련되었다고 하였다. 천지개벽 이후 유교 문명의 전개를 요령 있게 서술한 대목이지만 그 귀결을 남녀유별의 법에 둔 것에 화자의 의도가 있다. 이 유교적 규범이야말로 화자가 현재 당하고 있는 고통의 원인이 됨을 암시하기 때문이다. '남자 길너 취부(娶婦)ᄒᆞ고 여자 길너 출가(出稼)ᄒᆞ이 / 싱남싱여 세상 스람 인간 자미(滋味) 죷컨마난'과 같이 남녀가 혼인하여 인간 세상의 재미를 누리는 것이 사람들의 보편적인 희망임을 말하였지만, 다음 단락으로 넘어가서는 그러한 희망이 여지없이 무너진 현실을 그려 내며 통탄하고 있다.

둘째 단락은 '여ᄌᆞ 된 이닉 마음 암암ᄉᆞ지(暗暗思之) 싱각ᄒᆞ니 / 남ᄌᆞ의 죠흔 팔차 익달코도 부럽드라'로 시작한다. 이 구절에서 여자인 화자가 남자의 좋은 팔자를 부러워하는 것보다 더욱 주목할 것은 여자 된 자신의 처지를 곰곰이 생각해 보는 자세이다. 뒤에서 세 차례 더 이러한 표현이 나오는데 그때마다 여자로 태어난 것에 대해 원통과 분노를 표출하고 있다. 여자가 처한 현실의 상황에 대한 고민과 사색, 그에 따른 정서적 반응이 작품을 통해 표현된 것이다.

여자로서 남자가 부러운 것이 세 가지라고 하였다. 첫째, 과거 급제하여 벼슬살이하고 호사를 누리는 것, 둘째, 호걸스럽게 오입도 하고 명승

---

2  최정여 외 편, 앞의 책, 105면. 앞으로 인용 면수 표시는 생략한다.

지를 유람하는 것, 셋째, 동네 친구와 어울려 술 마시고 노름하며 노는 것이다. 세 가지는 제일 좋은 첫째에서 그보다 덜한 둘째, 그 다음 셋째까지 등급을 나누어 남자의 삶을 인식한 여성의 시각을 반영하고 있다. 그러면서 소단락마다 '남주 몸이 되엿드면 긴들 안이 죠흘손가.'라는 구절을 덧붙여 어느 등급의 것이든지 부럽다는 마음을 거듭 밝혀 놓았다. 이러한 남자의 처지에 반해 여자는 '아모리 여주라도 죠흔 줄 알건마는 / 알고도 못 호오니 수람갑셰 가돈 말기 / 보고도 못 호오니 눈 쓴 소경 안닐넌가 / 무용(無用)훈 우리 여주 익달호고 가련호다.'라는 한탄이 절로 나온다. 여자도 세상에서 좋은 것이 무엇인지 잘 알지만 전혀 그런 것을 해 볼 수 없는 처지이기에 눈 뜬 소경이자 사람값에 못 미치는 존재라는 것이다.

셋째 단락은 여자로 생장하여 혼인에 이르는 과정과 혼인으로 인해 친정과 고향을 떠나 살아야 하는 신세를 그려 내었다. 남자의 삶을 선망한 둘째 단락에 이어서 이 단락은, '당쵸에 우리 부모 우리 나혀 기를 젹에 / 쳔윤(天倫)으로 타난 자식 남주 여주 드를손가 / 익지즁지 호신 마음 츄호라도 간격 업셔'라 하며 시작한다. 앞서 남자를 부러워했던 심정에는 남녀 차별에 대한 인식이 깔려 있는데, 여자로 태어나 자랄 때에는 그러한 차별이 없었음을 강조하고 있다. 부모 자식 관계는 천륜이므로 남녀의 구분이 있을 수 없다는 점, 부모가 자식을 애지중지하는 마음은 남녀 간에 조금도 차이가 없다는 점을 상기한 것이다. 화자가 지닌 여성 차별에 대한 불만과 거부는 이러한 인식을 바탕으로 형성된 것으로 보인다. 남녀 차별의 분위기가 비교적 적은 가정에서 부모의 사랑을 많이 받고 자랐으므로 혼인의 과정과 그 후의 결혼 생활이 어렸을 때와 대비되어 더욱 부조리하게 여겨졌을 것이다.

화자의 말에 따르면, 7, 8세에 철이 들고 10세에 내외하는 것을 알아 그때부터 차차 여자의 일을 배워 나갔다고 한다. 15, 16세에 이르러 중매가 들어와 혼담이 오간 끝에 안동 권씨 집에 시집갔다. 신랑과는 천생연분이라 생각하고 동방화촉을 밝히고 첫날밤을 잘 보냈으나, '녹슈 원앙 죠흔 잠이 일평싱익 흔쩔너라'라고 한탄하는 데서 보듯이 신혼의 꿈은 잠시뿐이었다. 복숭아꽃 만발한 봄날에 시댁으로 신행을 가는 데서부터 시집살이라는 부조리한 현실에 직면한다.

> 옛 법이 고이ᄒ다 여필종부(女必從夫) 무삼일고.
> 만복지원(萬福之源) 혼인 되ᄉ 출가외인 되돈 말고
> 싱부모의 양육 은혜 버린 드시 썰쳐 주고
> 동싱 삼촌 오륙촌을 남 본 드시 이별ᄒ고

여필종부, 출가외인의 사회 규범으로 인해 부모 친척과 이별하게 되었다. 인륜지대사인 혼인은 만복의 근원이어야 하거늘 오히려 지금까지 함께 살아온 사람들을 멀리 떠나 홀로 떨어져서 시집살이를 해야 하는 것이다. '옛 법이 고이ᄒ다.'라는 말에는 여필종부, 출가외인 등 여성을 옭아맨 유교적 사회 규범에 대한 화자의 반감이 서려 있다. 백여 리 길을 한번 떠나면 언제 다시 만나게 될지, 편지를 써서 소식은 자주 전할 수 있을지 불안한 마음이 생긴다. 그런 중에 '철들고 쇠 든 마음 암암ᄉ지 싱각ᄒ니 / 여자 된 우리 팔즈 원통ᄒ고 이달ᄒ랴'고 느낀다. 스스로 곰곰이 생각하면 할수록 여자로 태어난 운명이 원통하고 애달픈 것이다.

이에 화자는 다시 한 번 남자의 삶을 부러워하면서 남자로 태어났으면 가능했을 일을 떠올린다. '우리도 남자르면 의셩 김씨 문즁에 / 죵자죵손(宗子宗孫) 항열 쏘라 지ᄌ지숀(支子支孫) 이름 지여 / 션ᄉ당에 졔ᄉ 참ᄉ(參祀) 셰덕ᄉ(歲德祀)에 축문 지임(在臨) / 쳔츄 만셰 지ᄂ도록 자손 힝ᄉ(行祀) ᄒ올 거살'이라고 하는 것이다. 종손이든 지손이든 의셩 김씨 문중의 일원으로서 제사에 참여하고 축문에 이름을 넣고 자손만대로 제삿밥을 받아먹을 수 있는 남자의 권리를 말하고 있다. 여자에게는 이러한 권리가 전혀 없고, 시집을 가면 친정과는 남처럼 되어 버린다. 그리하여 '친당(親堂) 일은 둘ㅈ 치고 시딕 소즁 놉히 알아 / 츄풍에 낙엽체로 ᄉ지ᄉ방 헛터지어 / 유졍ᄒ다 우리 동유 언ㅈ 드시 만ᄂ 볼고'라는 탄식이 나온다. 시집살이로 인해 친정 부모를 섬기는 일은 멀어지고 가을바람에 떨어지는 낙엽처럼 사방으로 흩어져 친구들도 다시 보기 어렵게 되었다.

넷째 단락은 시집간 후 규방의 여자로 살아가는 모습이 그려졌는데 징벌의 주제는 여기에 집중적으로 나타난다. '통분(痛憤)ᄒ다 우리 여ᄌ 시시(時時)이 싱각ᄒ니 / 열 가지예 ᄒ 가지도 흔흔 셰계 못 볼너라'처럼 세상에 흔한 것을 열에 하나도 해 볼 수 없는 여자 신세에 통분한 심정을 드러내었다. 그리고 규중의 생활을 다음과 같이 서술하였다.

깁고 깁흔 이 규중(閨中)에 여ᄌ 도리 싹자 ᄒ니
빙옥 갓흔 [나]이 졀을 유슌키만 쥬장ᄒ고
션당(萱堂)에 늘근 부모 지셩으로 효도ᄒ고

동기간 모든 형제 우이ᄒ고 화슌ᄒ여

이리면 흉 날셰라 져리면 말 날시라

ᄉ랑에 오난 손임 문틈으로 잠관 보고

이웃집에 가난 양반 든장(短牆) 우에 엿보라고

눈 맛치며 뭇자 홀 제 츈분(衝忿) 쥬니 쏘겨 오니

이목구비 바로 쓰고 오장육부 갓치 삼겨

ᄃ 갓치 ᄉ람으로 무삼 죄가 지즁ᄒ와

고양 압히 쥐가 되고 미계 쪼긴 꿩이 되여

운빈화용 고운 틱(態)로 팔ᄌ 아미 슈구리고

ᄉ창을 구지 닷고 슈물(繡物) 즁(重)질 뭇츠는다

여ᄌ 몸이 되여 나서 긴들 안이 원통ᄒ가

    시집에서 화자의 생활은 여성의 공간인 규중에서 이루어진다. 유순, 효도, 우애, 화순 등 여자의 덕목을 일상에서 실천하고, 자신의 행동에 대해 흠잡히거나 말이 나지 않도록 극도로 조심한다. 규중을 벗어난 외부 세계와 접촉하는 일은 손님과 남편을 통해서인데, 손님이 오면 문틈으로 잠깐 볼 뿐이고 남편이 이웃집에 나갈 때 무엇인가 묻고자 해도 핀잔만 받고 쫓겨 온다. 이렇게 하여 울분이 쌓이다 보니 남녀가 다 같이 이목구비, 오장육부를 갖춘 사람인데 여자로 태어난 죄가 왜 이리 지중한지 까닭을 알 수 없다. 남자는 고양이나 매가 되어 쥐나 꿩의 신세인 여자를 억압하니 억울하고 원통하기가 비할 데 없다. 그렇기에 여자는 규중에서 사창을 굳게 닫고 수(繡)질이나 하며 평생을 마칠 따름이다.

화자는 여자로서 당하는 사회적 속박과 억압, 차별과 배제가 유교적 규범과 도덕에서 연유함을 잘 알고 있다. 작품 서두에서 남녀유별을 거론한 데 이어 여필종부, 출가외인 등의 사회 규범에 대한 불만을 토로하였다. 위 인용문에서 화자가 일상생활에서 애써 행하고자 한 유순 등의 덕목도 유교 도덕의 실천 항목들이다. 이러한 유교의 도덕규범은 여자를 깊고 깊은 규중에 가두어 놓고 바깥세상과는 등지고 살도록 강요한다. 앞에서 남자의 삶이 부럽다고 한 것에 전국의 명승지를 돌아다니며 풍류를 즐기는 일이 포함되어 있었는데, 이와 연관 지어 보면 화자는 갑갑한 규중을 벗어나 마음껏 돌아다니고 싶어 하는 사람으로 보인다. 그런데 여자의 외부 활동을 통제하는 사회 규범에 따라 활동의 범위가 규중에 국한되어 있으니 마냥 원통할 따름이다.

이렇듯 여자의 삶을 옥죄는 사회적, 이념적 배경을 인식하고 있는 화자이지만 사회의 부조리에 저항하는 목소리를 내기보다는 여자로 태어난 것이 죄이기 때문에 당할 수밖에 없는 제약과 고통이라고 치부한다. 태생이 죄인이므로 그에 대한 벌이 현재 겪고 있는 부조리한 사회적 차별과 억압이라고 생각한다. 이러한 맥락에서 위 구절에 이어서 나열되는 여자의 일들 뒤에 붙은 '어렵더라, 괴롭더라, 귀찮더라' 등의 한탄은 여자의 삶 자체가 지닌 징벌의 의미를 되새기며 나온 말이다. '누디 죵가 죵부로셔 봉졔ᄉ도 조심이오 / 통지 즁문 호가스에 졉빈킥도 어렵드라'의 봉제사, 접빈객을 비롯하여 실낳이, 피륙 짜기, 길쌈, 물 긷기, 절구질, 밥하기, 술 빚기, 음식 간 보기, 푸새, 다듬이질, 염색, 빨래 등의 여공(女功)이 모두 괴롭고 힘든 일투성이다. 그리하여 '동지 장야 ᄒ지일에 하고 마는 져 셰월에 / 쳡쳡히 싸인 일을 ᄒ고 흔들 두홀숀가 / 남분 잠 두 못 자고 놀고 겨워 어이홀고'라고 하여 부족한 잠을 참아 가며 일을 해도 첩첩히 쌓인 일을 다 못할 지경이다. 이러한 여자의 규중 생활이 급기야 지옥살이처럼 여겨진다.

    지옥 갓흔 이 규중에 등잔을 비겨 안자
    인도 가위 차ᄌ 놋코 즁침 셰침 골나 늬야
    신쳬 보고 척슈 보아 아쥬 ᄒ기 어렵더라
    장단 보고 척슈 보아 졔도 범졀 어렵더라
    쥴져고리 상침(上針) 박아 도포 짓고 보션 기여
    셔울 츌립 향즁 츌립 늬일 갈지 모릐 갈지
    부지불각 총망즁에 션문(先聞) 업시 찬난 의복
    ᄉ랑에 져 양반은 셰졍 물졍 어이 알리
    흔 슈만 부죡ᄒ면 셔리 갓흔 져 호령이
    된소릐 큰 걱졍이 비졍지칙(非情之責) 무삼 일고

앞서 나열한 여자의 일에서 잠시 제쳐 둔 바느질을 예로 들어 가사 노동의 어려움과 함께 남편의 억압적 태도를 그려 내었다. 이 대목은 바느질을 매개로 한 화자와 남편의 관계가 하나의 삽화로 그려져 있어 매우 흥미롭다. 치수를 재어 옷을 만드는 일도 어려운데 언제 출타할지 예고하지 않다가 불쑥 의복을 찾는 남편이 야속하다. 세상 물정도 모르는 남편이 화자가 바느질하여 만든 의복에 조금이라도 부족한 점이 있으면 모진 소리를 하며 무슨 큰 걱정거리가 생긴 것처럼 하면서 매정하게 책망한다. 이렇게 남편이 버럭 화내는 것을 참으려니 속에서 열불이 난다.

무용(無用)흔 여자들은 쥬야장쳥 늘 다ᄒ고
가는 허리 부러지고 열 손가락 ᄃ 파여서
쳥염(淸廉)ᄒ고 죠심ᄒ야 굴ᄂ라고 ᄒ건만은
치ᄒ는 고사ᄒ고 읻씬 공덕 바이 업ᄃ
ᄒ히 갓흔 이 소견이 비부지(非不知)라 알건마는
여자 몸이 죄가 되어 유구무언 말 못 ᄒ고
구곡간장 타난 불얼 쇽치부(置簿)만 ᄒ자 ᄒ니
ᄉᄉ이 싱각ᄒ니 그 안이 분흘손가

허리가 구부러지고 손가락이 다 파일 만큼 살림을 절약하고 정성을 다하여 봉양하지만 남편이나 시댁 식구의 치하는 고사하고 애쓴 보람조차 느낄 수 없다. 화자의 소견이 넓어 세상 물정, 시댁 형편을 잘 알기에 남편에게 한마디 쏘아붙이고 싶으나 그러지도 못하고 속만 태울 따름이다. 이것이 다 여자의 몸으로 태어난 죄 때문이라고 치부해 보지만 마음속은 분하고 원통하다.

화자는 여자의 일상생활에서 중심이 되는 공간인 규중을 지옥 같은 곳이라고 하였다. 규중에서 해야 할 일이 얼마나 많고 또 힘든지를 토로하고, 아무리 열심히 일하더라도 남편조차 알아주지 않으니 아무런 보람을 찾을 수 없음을 한탄한다. 남녀 차별의 사회 규범에 대해 비판적 의식이 있고 세상사, 가정사에 대한 식견을 갖춘 화자로서는 남편을 비롯한 남성 우위의 가부장제 사회에 대해 깊은 원망을 품고 있다. 그러나 그러한 마음을 어디에도 하소연할 곳 없어 혼자서 애태우고 있을 뿐이다. 유교적 도덕규범이 지배하는 가부장제 사회에서 온갖 차별을 당하면서도 묵묵히 주어진 과업을 수행하는 중에 원한과 울분이 쌓여만 간다. 이러한 여자의 삶 자체를 죄에 대한 징벌의 의미로 받아들이는 것이다.

다섯째 단락은 여자에 대한 남자의 멸시를 되갚으면서 남자를 흉보는 내용이다. 앞 단락의 끝 부분에서 화자 자신의 소견이 하해같이 넓다고 자부하고 있는데, 이러한 입장에서 남자들의 어쭙잖은 행태에 대해 할 말이 많은 것이다. 먼저, 앞 단락에서 원망의 대상이 된 남편의 태도가 다시 한 번 그려진다. '쥬점 찾는 져 남자은 문난 말도 딕답 업고 / 졔라 장흔 남즈라고 오날 보고 닉일 봐도 / 엽눈으로 빗식 보아 여자라고 업신여겨 / 슉덕슉덕 흉얼 보아 압시ᄒᆞ고 능멸ᄒᆞ니 / 더욱 분히 못 살깃ᄃᆞ'라고 하였다. 주점에 드나드는 남편에게 사정이나 듣자고 말을 붙여 보지만 완전히 무시를 당한다. 날마다 보는 사이인데도 자기를 업신여기고 흉만 본다. 이와 같은 남편의 태도에 분통하여 살 수 없을 지경이다.

화자가 품은 분노의 감정은 남편에게서 다른 남자들로 향한다. 키 큰 남자는 덩칫값을 못하고 얄팍한 성미인 남자는 넙죽넙죽 말만 하고 어리숙한 서사(書士)는 거짓말이 일쑤다. 통사(通史) 한 권을 못 읽었는데 사서삼경 알 리 없고 5언 7언의 한시도 못 지으니 시부(詩賦)와 표책(表策)을 어찌 짓겠는가. 젊은 나이에 허송세월을 하여 곰방대 끼고 이 집 저 집 다니며 놀고 서당에 가서는 낮잠만 자다가 남이 쓴 글이나 받아 오는 것이 고

작이다. 매일 놀기만 하고 남자의 행세를 못하는 자들이 여자 흉만 보니 야속하고 불쌍하다. 이렇게 한심한 남자들을 조롱하고 흉을 보아 여자로서의 울분을 어느 정도 풀어낸다. 남자를 성토한 후에는 '여자 튼식 드러 보소 / 남여을 물논ᄒ고 셔로 흉늬 부디 마오'라며 이제껏 흉본 것을 경계하는 말로 작품을 마무리 짓는다. 그렇다고 해서 '여자 탄식', 즉 여자로서 겪는 차별과 억압을 드러내고 원한과 울분을 토로한 작품의 내용이 바뀌는 것은 아니다.

화자의 언변으로 보아 남자 흉보기 사설이 이보다 훨씬 길게 이어질 만도 한데 갑자기 결말을 지어 버렸다. 작품의 앞부분에서 남자의 삶을 부러워했다가 뒷부분에서 남자 흉보는 말을 하였는데, 이러한 말을 너무 많이 하게 되면 여자의 도리에 어긋날 수 있다는 일종의 자기 검열에 따른 것으로 생각된다. 남녀 차별의 사회 구조와 윤리로 인한 여자의 고된 현실에 대해 태생부터 죄인이기 때문이라고 여기고 마는 화자의 입장에서는 더 세차게 사회 부조리를 고발, 비판하는 데 주저하는 바가 있었을 것이다.

이처럼 〈여자탄식가〉는 여성의 일상적인 삶과 고난의 모습이 그려지는 중에 여필종부, 출가외인 등 유교적 사회 규범과 남편으로 대변되는 가부장제의 억압이 드러나는 한편 그러한 사회에 대한 고발과 저항 의식이 표출되었다. 이와 함께 화자의 어린 시절에 대한 따뜻한 회상, 남자처럼 활개치며 다니고 싶은 욕망, 세상 물정을 파악할 줄 아는 식견에 대한 자부심 등도 나타난다. 이러한 화자의 형상에서 여자로 태어난 죄라고 치부하는 내면 의식을 뚫고 솟아나는 근대적 성격의 여성 의식을 찾아볼 수 있다.

## 1. 정과정

〈정과정(鄭瓜亭)〉은 고려 중엽의 문신인 정서(鄭敍)가 의종대(毅宗代, 1146-1170) 초기에 일어난 대령후 왕경(王暻, 1130-?)의 역모 사건에 연루되어 고향인 동래에 유배 가서 지은 시가 작품이다. 개경을 떠날 때 곧 부르겠다던 의종의 약속을 믿고 기다렸으나 아무 소식이 없자 노래를 지어 애타는 심정을 호소하였다. 노랫말이 지극히 슬프고 한탄스러워 당대는 물론 조선 시대까지 사람들의 감동을 얻어 악곡과 가사가 전승되었다. 문학사에서는 충신연주지사(忠臣戀主之詞)의 대표작이자 고려 가요 중 개인 창작 서정시의 명작으로 평가받고 있다.

  이 작품은 작자와 창작 배경이 뚜렷하고 문학사적 의의가 큰 만큼 다른 작품에 비해 내용 이해가 수월하다고 여겨진다. 그러나 몇 구절의 해독에서 여전히 논란이 되어 해석의 편차가 좀처럼 좁혀지지 않고 있다. 여기서는 필자의 해독에 의해 문맥을 파악하고 징벌의 주제를 중심으로 작품을 살펴보고자 한다.

    前腔 내 님믈 그리ᅀᆞ와 우니다니
    中腔 山졉동새 난 이슷ᄒᆞ요이다

後腔 아니시며 거츠르신들 아으

附葉 殘月曉星이 아르시리이다

大葉 넉시라도 님은 흔 녀져라 아으

附葉 벼기더시니 뉘러시니잇가

二葉 過도 허믈도 千萬 업소이다

三葉 물힛 마리신뎌 四葉 술읏븐뎌 아으

附葉 니미 나를 ᄒ마 니ᄌ시니잇가

五葉 아소 님하 도람 드르샤 괴오쇼셔[1]

『악학궤범』에 '삼진작'(三眞勺)이라는 이름으로 실린 노랫말이다. 각 행 앞에 붙은 전강(前腔) 등의 음악 용어에 따라 행을 나누면 11행이 되지만, 고려 가요의 일반적인 율격인 1행 3음보를 적용하면 삼엽(三葉)과 사엽(四葉)이 한 행을 이루어 전체 10행이 된다. 이러한 형식으로 인해 10행 향가의 잔존 형태로 볼 수 있다. 다만, 10행 향가는 제9행 앞에 감탄사가 오지만 이 작품은 제10행에 '아소 님하'가 나오고 중간의 세 행에 '아으'가 붙어 감탄사의 위치상 변형된 모습을 보인다.

작품의 내용은 대체로 버림받은 신하가 임금을 그리워하며 자신의 억울함을 하소연하는 것으로 보고 있다. 그런데 제8행의 '물힛 마리신뎌'와 '술읏븐뎌', 제10행의 '도람 드르샤'에 대한 해독에서 논란이 이어지고 있

---

[1] 성현 외, 『악학궤범』, 영인본; 대제각, 1988 ; 박병채, 『고려가요어석연구』, 선명문화사, 1968, 185면.

어 작품의 전체적인 문맥을 파악하는 데 어려움이 있다. 기존의 논의를 참조하면서 필자 나름으로 이 구절들을 해독하여 작품의 의미 맥락을 다시 구성해 보았다.

작자 정서보다 한 세대 후배인 임춘(林椿)이 그를 기리며 쓴 〈차운정시랑서시(次韻鄭侍郎敍詩)〉에 '산도깨비 막기를 이십 년 / 허물과 과(過)로 예전에 벌 받았네.'(禦魅二十年 愆過懲於昔)라는 구절이 있다. 정서에게 '건과'(愆過)가 있다고 하여 임금이 벌을 내려 20년 동안 귀양살이를 하였다는 것이다. 이 '건과'라는 단어가 〈정과정〉 제7행의 '過도 허믈도'를 지칭한다고 볼 수 있다. 그러면 작품의 '과'와 '허믈'은 화자가 님에게 하는 말이 아니라 님이 화자를 내칠 때 했던 말로 파악된다.

이어지는 '믈힛 마리신뎌'는 님이 했던 말을 상기하며 애달파하는 심정을 표현한 구절이다. 중세어에 '몷다'([죽을 만큼] 슬프다/애달프다)가 있는데 그것의 이형태로 '뫃다'를 상정하여 이 구절에 적용할 수 있다. 곧, '믈힛 말'은 '[죽을 만큼] 슬프게/애달프게 하는 말'로 풀이되는 것이다. 그 다음에 나온 '슬읏븐뎌'의 '슬-'은 '살다/타다'(銷/燒)의 뜻으로서 이 구절은 '[애가] 사는/타는 듯하구나'로 해석된다.

제10행의 '도람'은 '도로+아+ㅁ→도로암'이 '도로암〉돌암〉도람'으로 축약된 형태로 분석된다. '도로-'는 '도로다'('돌리다'의 옛말)의 어간, '-아-'는 동작이나 상태가 이미 확정되었거나 완료된 것을 나타내는 선어말 어미, '-ㅁ'은 명사형 어미이다. 님이 과거에 '[머지않아 너를] 돌리겠다/돌린다'고 한 말이므로 완료형의 '-아-'가 들어간 것이다. 이에 '도람'은 '돌린다던 것(약속, 말)'으로 풀이할 수 있다.

이러한 논의에 의해 〈정과정〉을 아래와 같이 해석한다.

내 님을 그리워하여 울더니

산 접동새 난 비슷합니다.

아니며 거친 줄을, 아아

잔월효성이 아실 것입니다.

넋이라도 님과 함께 가고 싶어라. 아아

우기던 이 누구였습니까?

'과'도 '허물'도 천만 없소이다.

슬프게 하는 말이시구나. 애타는 듯하구나. 아아

님이 나를 벌써 잊으셨습니까?

아아 님이여, 돌린다던 것 들어주시어 사랑하소서.

이 해석에 문맥적 의미를 보충해 보면 다음과 같다.

내 님을 그리워하여 [밤낮으로] 울더니

[산속의 집 근처] 산 접동새[와] 난 비슷합니다.

[저들의 말이] 아니며(잘못이며) 거친(허황한) 줄을, 아아

잔월효성(지는 달과 새벽 별)이 아실 것입니다.

[촉혼 같은] 넋이라도 님과 함께 가고 싶어라. 아아

[자기네 주장을] 우기던 이[가] 누구였습니까?

[우기는 것을 용인하여 님이 내게 하신 말인] '과'도 '허물'도 천만 없소이다.

[죽도록] 슬프게 하는 말이시구나. 애타는 듯하구나. 아아

[머지않아 소환하리라던] 님이 나를 벌써 잊으셨습니까?

아아 님이여, 돌린다던 것(약속, 말)[을] 들어주시어 사랑하소서.

작품은 10행 향가와 같이 전체 3구로 구성되어 있다. 제1구(제1~4행)는 화자가 유배의 처지에서 님을 그리워하는 현재의 심정을, 제2구(제5~8행)는 님과 함께했던 과거를 기억하며 느끼는 정서를, 제3구(제9·10행)는 님이 다시 부르지 않는 데 따른 불안과 장래의 소원을 말하였다. 제1구에서 3구까지 시상의 주된 흐름은 현재-과거-미래로 전개되고 있다.

서두의 '내 님을'은 제9행의 '님이 나를'과 대응하는 구절이다. 처음에는 화자인 내가 주체가 되었으나 끝에서는 님이 주체가 되도록 짜여 있다. 나와 님 사이의 관계가 작품의 제재임을 드러낸 것이다. 화자가 님을 그리워하는 현재의 심정을 호소하고 님의 사랑을 다시 받고자 하는 뜻을 표현하였다. 나와 님의 관계가 어그러진 것, 즉 님이 나를 벌하여 유배 보낸 것이 창작의 동기가 되고, 그 관계를 회복하려는 것이 주제를 이룬다.

제1구의 제1·2행과 제3·4행은 자연물을 끌어 와서 현재 심정을 토로하는 방식을 두 번 반복한 것이다. 제1행 '우니다니'의 '-니-'는 지속의 뜻을 지닌다. 이제현(李齊賢, 1287-1367)이 이 작품을 한시로 번역하면서 '님 생각에 옷을 적시지 않는 날이 없으니'(憶君無日不霑衣)라고 하였을 때의 '~하지 않는 날이 없다'는 표현에 해당한다. 화자는 귀양 와서 지금껏 울었다고 하는데, 매일 울었을 뿐 아니라 낮이고 밤이고 울었다는 것이다. 그러했기에 밤에 구슬피 우는 산속의 접동새 소리를 들을 수 있었고, 밤

마다 듣다 보니 그 새에 감정 이입이 되어 화자의 처지와 심정이 새와 '비슷합니다.'라고 말할 수 있다.

그런데 님을 그리워하면 할수록 님이 상대편의 참소를 곧이듣고 화자를 내친 사실이 떠올라 더욱 고통스럽다. '아니시며 거츠르신'에 나오는 '-시-'는 그 앞에 생략된 주어를 무엇/누구로 보느냐에 따라 비존칭과 존칭 어느 한쪽으로 해석할 수 있다. 상대편이 님에게 아뢴 말이 '아니다'(非), '거칠다'(荒)로 보면 중세어에서 사물이나 1인칭에도 붙는 범용의 존칭, 즉 비존칭이지만, 님이 한 일이 '아니다', '거칠다'로 보면 주체 존대가 되는 것이다. 이는 문맥을 파악하는 관점의 차이에서 연유하는데 필자는 비존칭으로 본다. 님이 과거에 했던 말이나 행동을 표현한 구절은 제2구에 나온다고 생각되는데, 이 구절의 주어를 님으로 보면 님의 말과 행동에 대한 화자의 항변의 말이 중복되기 때문이다. 따라서 제3행은 '[저들의 말이] 잘못이며 허황한 줄을'로 이해한다.

화자가 이렇게 주장할 수 있는 것은 자신의 결백을 보증해 주는 '잔월효성'(지는 달과 새벽 별)이 있기 때문이다. 상대편의 말만 믿어 버린 님의 마음을 돌리려면 뭔가 자신을 보증할 절대적 존재가 필요하다. 달과 별은 하늘의 이치를 구현하여 그 운행의 굳건하고 떳떳함을 만천하에 보여 주는 천체이다. 그렇기에 절대 선에 대한 신뢰와 수호의 역할을 할 수 있다. 더욱이 밤마다 님을 그리워하는 화자의 모습을 접동새와 함께 지켜보았으므로 화자의 심정을 속속들이 알고 있다. 이와 같이 제1·2행과 제3·4행은 접동새, 잔월효성 등 자연물에 의탁하여 화자의 심정을 토로한 내용이다.

제2구는 제1구의 현재에서 과거로 돌아가 그때의 아픈 기억을 불러낸다. 제5행 서두의 '넋이라도'는 제2행 '접동새'의 한자어 '망제혼(望帝魂)', '촉혼(蜀魂)'의 '혼'에 이끌려 나온 말이다. 몸은 유배지에 있으나 넋만이라도 님의 곁에 있고 싶다는 소원의 표현이다. 이는 미래 지향적인 소망과 의지이긴 하지만 님과 '흔듸 녀'던 과거도 떠올리게 만든다. 님과 함께하고 싶다는 희망이 님과 함께했던 과거의 일을 상기시키는 것이다. 그때를 생각하면 회한과 고통이 밀려온다. 그래서 그때 화자를 참소하며 '우기던 이'들이 '누구더이까?'라고 묻는다. 상대편이 화자를 모함하면서 자기네 주장만 우기던 것을 떠올리니 그들에 대한 분노와 적개심이 치솟은 것이다. 상대편의 참소 내용이 거짓임을 주장한 데서 나아가 참소한 당사자에 대한 적개심을 표출하였다.

제2구의 제7·8행에 작품의 핵심적인 정서와 의미가 표현되어 있다. 이제까지 대부분의 해석은 제7행의 '과(過)도 허물도 천만 없소이다.'라는 부르짖음이 제3행의 '잘못이며 허황한 줄을'의 뜻을 반복해서 강화한 것으로 보았다. 상대편의 주장이 잘못이라 말하고, 다시 자기는 잘못이 없다는 문맥으로 이해한 것이다. 이러한 문맥도 가능은 하지만, 상대편의 참소를 부정한 다음 그 참소가 자기에게 부과된 것을 또다시 부정한 것이라서 같은 내용을 중복하여 부정한 점이 부자연스럽다. 이에 비해 이 구절을 '[죽도록] 슬프게 하는 말이시구나. 애타는 듯하구나.'로 풀이하면, '[죽도록] 슬픈' 것은 님이 나를 내칠 때 하신 '과'와 '허물'이라는 말 때문이므로 내용이 중복되지 않는다. 벌받던 그때를 기억할 때마다 님이 하신 말이 폐부를 찔러서 죽을 만큼 애달프게 느껴진다. 상대편의 참소에 대해서는 제3행에서 강하게 부정하였는데, 이 구절에서는 그것과는 비교가 안 될 만큼 슬프고 한스러운 님의 말에 대해 온 마음을 다해 부정한 것이다.

 제3구는 제1구의 현재 심정과 제2구의 과거 회상을 아우르며 님에게 간구하는 말이다. 제3행에서 상대편의 참소를 단호히 반박하고, 제7행에서 님이 용인한 과와 허물을 절대적으로 부정해 보았으나 현재 돌아가는 상황은 화자에게 불리하다. 과와 허물을 물어 벌하긴 했지만 '머지않아 마땅히 소환하리라.'(不久當召還)던 님의 언약만 철석같이 믿고 귀양살이를 견디고 있다. 하지만 아무리 기다려도 소환의 기미가 없다. 그리하여 멀리 개경에 있는 님을 향해, 제9행에서 '님이 나를 벌써 잊으셨습니까?'라고 묻는다.

 제7·8행처럼 님을 떠날 때 들었던 말이 죽을 만큼 슬픈데, 이제껏 아무 소식이 없으니 그 슬픔은 유배의 일상 곳곳에 스며들어 버렸다. 이러한 상태에서 벗어나게 해 줄 것은 님의 소환뿐이기에 제10행에서 '아소 님하', 즉 '그러지 마소서, 님이시여'라고 한탄한다. 나를 잊지 말아 달라는 탄식의 호소이다. 그러고서 마지막 부분에서 '도람 드르샤 괴오쇼셔'라고 말한다. '돌린다던 것(약속, 말)[을] 들어주시어'는 '내가 개경을 떠날 때 님이 머지않아 돌리겠다고 말했던 약속을 이제는 들어주시어'라는 뜻이다. 이어지는 '괴오쇼셔'(사랑하소서/사랑해 주소서)라는 간구는 님이 약속을 지키는 것이 곧 화자를 사랑하는 것이기에 나온 말이다. 떠날 때 머지않아 소환하겠다던 약속을 님 스스로가 들어주어 예전의 좋은 관계가 회복되기를 간구한 것이다.

위와 같이 작품은 3구 구성에 따라 시상이 전개되었다. 참소를 받아 귀양 온 화자의 억울한 심정을 구구절절이 격렬한 감정을 얹어 님에게 하소연하였다. 이러한 내용이 구조적으로 짜여 있는 양상을 분석해 보면 작품을 좀 더 깊이 있게 이해할 수 있다.

앞에서 보았듯이, 〈정과정〉은 나와 님의 관계가 깨어진 것을 문제로 삼아 관계의 회복을 바라는 마음을 표현한 것이다. 이러한 주제를 그리면서 나와 님, 그리고 반대파 등 세 주체가 한 말들이 서로 얽히면서 의미 구조가 짜이도록 하였다. 화자와 반대의 입장에 있는 상대편의 말, 그들의 말을 용인하였고 또 화자에게 약속까지 한 님의 말, 그리고 지금 화자가 노래 부르며 하고 있는 말, 이렇게 세 층위의 말이 얽혀 긴장 관계를 이루며 의미가 구성된 것이다.

화자는 과거를 회상하면서 상대편이 자기에게 한 말이 '잘못이며 허황하'다고 비난한다. 또한 그 주장을 끝까지 '우기던 이'들에게 적대감을 드러낸다. 이렇게 상대편은 잘못되고 허황한 말을 하였던 것이다. 그런데 님은 그들의 말을 용납하는 한편 화자에게 '과'와 '허물'이 있다고 말하였다. 님이 한 그 말은 화자를 '[죽도록] 슬프게 하는 말'이다. 그렇긴 하지만 유배를 떠나올 때 님이 했던 '돌린다던 약속'의 말만 믿고 그 약속이 이루어기를 기다리고 있다. 이에 화자의 말로 '넋이라도 님과 함께 가고 싶어라.' 염원하고, 약속을 '들어주시어 사랑하소서'라며 호소한다. 이처럼 과거와 현재 상황을 배경으로 서로 다른 주체의 세 층위의 말이 얽혀 작품 전체의 의미가 짜인 것이다.

조정에서 정쟁이 벌어지면 이편과 저편의 말이 충돌하게 마련이다. 그런데 다툼 중에서 옳고 그름을 분간하여 심판을 하는 임금이 상대편의 말을 용납한 반면에 화자의 말은 물리쳤다. 그러면서 과와 허물이 화자에게 있다고 꾸짖으며 귀양을 보낸 것이다. 벌을 내리며 했던 님의 말은 화자에게 치명적인 상처를 주었다. 그래서 노래를 지어 부르는 지금도 그때의 기억이 생생하게 떠올라 고통과 슬픔에 괴로워한다. 이러한 맥락에서 작품의 전·후반부에 나타난 주된 정서는 다소 차이가 있다. 상대편의 말이 잘못이며 허황한 것이라고 비난한 제1구(제1~4행)에는 분노의 감정이 강한 데 비해, 그 말을 믿고 화자를 꾸짖고 벌주던 님을 기억하는 제2구(제5~8행)에는 비애의 정서가 가득하다.

작품에 흐르는 분노와 비애의 정서는 탄식이 되어 나온다. 감탄사 '아아'는 제3·5·8행에 배치되었는데 이 위치는 각각 세 층위의 말에 해당한다. 상대편의 말이 잘못이며 허황하다고 비난하는 제3행, 님과 함께하고 싶다는 염원을 토로하는 제5행, 님이 한 말이 얼마나 비통한지 한탄하는 제8행의 끝에 '아아'가 나온 것이다. 세 번의 감탄사에 담긴 한탄의 정도는 제3행과 5행을 거쳐 제8행에서 최고조에 이른다. 그러고 나서 화자의 염원을 말하는 제9·10행의 사이에 '아소 님하'라는 감탄사가 한 번 더 나온다. 이 탄식에는 제발 약속을 지켜 다시 님 곁으로 돌아가게 해 달라는 화자의 간절함이 배어 있다.

이러한 세 층위 말의 짜임새와 함께 시상의 전개도 밀도가 있다. 작품은 님을 그리며 마냥 울며 지내는 화자의 현재 처지를 그린 데에서 출발한다. 이어서 상대편의 말이 참소라는 것을 하늘의 달과 별이 알 것이라고 하여 자신의 결백을 주장하며 상대편을 비난하였다. 현재 화자가 처한 상황을 제시하고 그것의 원인이 된 과거의 잘못된 일을 끄집어내었다. 그런데 님은 상대편의 참소를 용납하고 화자에게 잘못이 있다면서 물리쳤다. 이는 화자와 님의 관계가 깨어진 것이라서 상대편과의 다툼에 비할 수 없이 심각한 문제이다. 상대편과 갈등 관계에서 님과의 관계로 시상을 옮겨 더욱 심각해진 문제를 드러낸 것이다. 님이 했던 말이 얼마나 슬프고 애타는 말인지를 토로한 다음에 님이 했던 약속을 상기한다. 곧 돌아오도록 하겠다는 약속을 지켜서 님과의 관계가 회복되기를 염원하였다. 화자의 현재 처지-상대편과의 대립과 갈등-화자에 대한 님의 징벌-님이 했던 약속-화자의 염원 등으로 시상이 전개되었다. 이러한 전개의 배경에는 현재, 과거, 미래의 시간이 시적 상황과 함께 긴밀하게 엮여 있다.

이와 같은 의미 구성과 시상 전개, 그에 따른 정서 표출의 정점에 제7·8행이 있다. 님이 내게 말한 '과'도 '허물'도 전혀 없다고 부르짖으며 그 말씀이 죽도록 슬프고 애타는 것이라고 하였다. '노랫말이 지극히 슬프고 한탄스럽다.'(詞極悽惋)라는 당대의 평가는 작품의 어느 곳보다도 이 두 행에 표출된 정서로 말미암았을 것 같다. 화자가 느끼는 처절한 슬픔은 상대편의 참소나 유배의 고통 때문이 아니라 벌을 받을 때 들은 '너에게 과와 허물이 있다.'는 님의 말 때문이다. 임금의 심문을 받던 엄중한 때라서 면전에서 반박할 수 없었는데, 이제 통렬한 심정으로 노래를 지어 '천만 없소이다.'라며 울부짖고 있다.

이처럼 〈정과정〉은 유배를 당한 화자가 자신의 억울함을 님에게 절절히 호소하는 내용이다. 3구의 의미 구성, 밀도 있는 시상 전개, 과거 회상을 통한 감정의 극대화 등을 통해 문학적 감동을 준다. 작품이 지닌 이러한 생동감과 감화력으로 인해 고려에서 조선 시대까지 애창될 수 있었을 것이다. 억울하게 벌을 받은 화자의 심정이 오늘의 우리에게도 충직하고 애절한 정서로 와 닿는다.

## 2. 이상곡

비오다가개야아눈하디신나래서린석석사리조

븐곱도신길헤다롱디우셔마득사리마득너즈세

너우지잠짜간내니믈너겨깃돈열명길헤자라오

리잇가죵죵벽력싱함타무간고대셔싀여딜내모
            霹靂 生陷墮 無間

미죵벽력아싱함타무간고대셔싀여딜내모미내
       霹靂   生陷墮 無間

님두숩고년뫼를거로리이러쳐더러쳐이러쳐뎌

러쳐긔약이잇가아소님하흔딕녀졋긔약이이다[1]
   期 約                 期 約

『악장가사』에 실려 있는 〈이상곡(履霜曲)〉의 원문이다. 이 작품은 '서리를 밟는 노래'라는 뜻의 제목이 붙은 작자 미상의 고려 가요인데, 곡의 가사만 전할 뿐 작품과 관련한 어떠한 설명도 찾을 수 없다. 그러니 위의 가사 원문만 놓고 작품을 이해할 수밖에 없는 형편이다. 그런데 원문에서 어떻게 행과 구, 어절을 나눌 것인가부터 논란이 되고 각각의 어휘에 대한 해독도 상당히 어렵다. 위의 원문에 대해 보통은 다음과 같이 행을 나

---

[1] 「이상곡」, 『악장가사』, 한국학문헌연구소, 1973.

누고 어절을 띠어서 설명하여 왔다.

> 비 오다가 개야아 눈 하 디신 나래
>
> 서린 석석사리 조븐 곱도신 길헤
>
> 다롱디우셔마득사리마득너즈세너우지
>
> 잠 짜간 내 니믈 너겨
>
> 깃돈 열명 길헤 자라오리잇가
>
> 죵죵 벽력싱함타무간
>
> 고대셔 싀여딜 내 모미
>
> 죵 벽력아싱함타무간
>
> 고대셔 싀여딜 내 모미
>
> 내 님 두숩고 년 뫼를 거로리
>
> 이러쳐 뎌러쳐 이러쳐 뎌러쳐 긔약이잇가
>
> 아소 님하 흔딕 녀졋 긔약이이다

   12행 형식으로 보고 제3행은 후렴구로 처리하는 것이다. 이렇게 두고 풀이한 원문의 내용을 남녀상열지사(男女相悅之詞)로 보는 데는 어느 정도 동의가 되었으나 창작 동기와 배경, 화자의 의식과 정서 등에 대해서는 견해가 엇갈린다. 필자는 이 작품이 형식 면에서 〈정과정〉과 유사하다는 점에 착안하여 행과 어절을 다시 나누어 보았다. 또한 가창의 상황에서 여음구와 반복구가 들어갔다고 생각하여 이를 여분으로 처리하였다. 이렇게 해서 나온 행 구분과 띄어쓰기는 다음과 같다.

비 오다 가개야아 눈 하 디신 나래

서린 석석 사리 조븐 곱도신 길헤 (다롱디)

우셔마득 사리마득

너즈세 너우지잠짜.

간 내 니믈 너겨 깃둔

열명 길헤 자라 오리잇가? (죵죵)

벽력싱함타무간 고대셔 싀여딜 내 모미 (죵)

(벽력아싱함타무간 고대셔 싀여딜 내 모미)

내 님 두숩고 년 뫼를 거로리.

이러 쳐 뎌러 쳐 (이러 쳐 뎌러 쳐) 긔약이잇가?

아소 님하, 훈뒤 녀졋 긔약이이다.

  괄호로 묶은 것은 '다롱디', '죵죵', '죵'과 같은 여음구, '벽력아싱함타무간 고대셔 싀여딜 내 모미', '이러 쳐 뎌러 쳐'와 같은 반복구이다. 기존에는 '죵(종)'을 '가끔'이나 '마침내'로 풀이했으나 현악기의 구음인 '죵'으로 보아 여음구로 처리하였다. 이렇게 분절하면 작품의 율격이 3음보 위주에 2, 4음보가 조합된 양상인데, 제7행만이 5음보가 되어 초과 음보를 이룬다. '고대셔 싀여딜 내 모미' 부분이 가창될 때 그 배후에서 한문구 '벽력싱함타무간'이 다른 창자에 의해 불린 것이 노랫말에 삽입된 것인지도 모르겠다. 이러한 추정은 연행의 문제를 고려한 것인데, 이에 대해 살펴볼 만한 자료가 남아 있지 않기에 현재로서는 초과 음보인 채로 두고 볼 수밖에 없다.

위의 원문을 대상으로 해독한 내용은 이러하다. '비 오다'의 '-다'는 '-닷'의 이형태로서 '-듯'(如)이고, '가개야'는 중세어 '개야'(채붕/산붕), '가개'(산막/숫막/애막) 중 전자 앞에 '가-'(假-)가 붙은 형태이나 두 단어에 공통된 '대강 얽어 지은 집'의 의미로 본다. '서린'은 '서리(霜)+는'의 축약형으로, '석석'은 의성어 '서걱서걱→석+억+석+억'에서 접사 '-억'이 붙기 전의 형태이다. '사리'는 '햇살/빗살'의 '살'에 주격 조사가 붙은 것이고, '사리 조븐'은 '[서리의] 살이 좁은'으로 서리가 살처럼 촘촘한 모습을 형용한 표현이다.

'우셔'는 '우(上)+셔(橡, 서까래)'로, 제2행에 이어 한 번 더 나온 '사리'의 '살'은 '사립→살+입'의 '살'로서 앞의 '살'과 의미가 통한다. '우셔마득 사리마득'은 '위 서까래(처마)마다 사립마다'로 풀이한다. '너즈세'는 '너+즛(貌, 모습)+에'로 분석되는데, '너-'는 '넌테/너테'(얼어붙은 위에 다시 여러 겹 얼어붙은 얼음)에 포함된 '너-'와 같은 말로 생각된다. '너우지잠짜'는 '너우지다'(너운/너울지다)의 어간 '너우지-'에 '-잡니이다〉잡닛다〉잠짜'의 축약형이 붙어 '너울지옵니다'의 의미이다. '열명'은 '열쌔지다'(얼빠지다)의 '열-'과 '믜다'(禿, 머리가 빠지다)의 '믜-'가 결합하여 '열+믜+어→열믜어〉열며〉열명'이 된 것으로 본다. '이러 쳐 뎌러 쳐'는 '이렇다 치고 저렇다 치고'로 풀이한다.

이러한 논의를 종합하여 다음과 같이 해석할 수 있다.

[부슬]비 오듯 산막에 눈 많이 내린 날에
서리는 서걱서걱 [서리의] 살이 좁은 굽이돈 길에

위 처마마다 사립마다

[얼음이 덕지덕지] 얼어붙은 모습에 [마음이] 너울지옵니다.

떠나간 내 님을 생각하여 깃든 [산막에]

[님이 이 같은] 얼빠진 길에 자러 오리까?

벼락이 쳐 무간지옥에 떨어질, 곧 있어 스러질 내 몸이

내 님 두옵고 다른 산[길]을 걸으리?

이렇다 치고 저렇다 치고 [그러는] 기약입니까?

아아 님이여, 함께 살아가자는 기약입니다.

이렇게 해석하고 보면, 이 작품이 그리운 님과 함께 살고 싶은 심정을 표현한 것임을 알 수 있다. 또한 제7행에 그려진 것처럼 나와 님의 애정 관계에 죄와 벌의 문제가 걸려 있음도 짐작할 수 있다. 이에 후자를 중심으로 작품의 의미를 살펴볼 만하다.

작품은 전 10행으로 이루어져 〈정과정〉과 함께 10행 향가의 잔존 형태로 보인다. '아소 님하'라는 감탄사가 제9행 첫머리가 아니라 제10행 앞에 와서 변형이 되었으나, 제1구(제1~4행), 제2구(제5~8행), 제3구(제9·10행)의 3구 구성은 10행 향가를 계승한 면모이다. 작품의 내용은 여성 화자가 곁에 없는 님을 그리워하며 그와 함께하고 싶은 마음을 표현한 것이다. 지금 화자는 가건물인 '산막'에 있으면서 혹시 올지도 모를 님을 기다리지만, 그가 올 수 있는 여건이 전혀 아니다. 그러니 더욱 애타게 님을 그리워하고 둘 사이의 기약을 상기하여 다시 만날 것을 호소하고 있다.

제1구에서 화자는 님이 자기에게 오는 길이 눈 내려 얼고 서리가 덮여

있음에 상심한다. 님을 기다리는 산막에는 가랑비 내리듯이 부슬부슬 눈이 많이 내렸다. 함박눈이 아니라 부슬비같이 물 머금은 굳은 눈이 한참을 내려서 쌓인 것이다. 그러한 눈의 표면이 얼어 그 위에 서리까지 앉았는데 날씨는 추워져 서리의 살, 즉 서릿발이 좁은 간격으로 촘촘하게 돋아나 있다. 이러한 길이 굽이돌아서 화자가 있는 산막까지 이른다.

서리가 덮인 길은 마을을 지나서 산막으로 오게 되어 있다. 마을 길가에 늘어선 집집마다 위 처마와 사립문에는 얼음이 덕지덕지 붙어 있다. 처마 끝에 달린 고드름, 사립문 위에 얼어붙은 눈얼음을 표현한 것으로 보인다. 그 길을 따라 님보다 먼저 산막에 온 화자로서는 서리 내린 길이 아주 험하고 길가의 풍경이 누추하고 을씨년스럽다는 것을 잘 안다. 님이 자기를 만나려면 그 길로 와야 하므로, 그러한 살풍경한 곳을 지나서 올 수나 있을지 걱정스럽다. 그래서 화자의 상심한 마음은 거친 파도처럼 너울진다.

이러한 제1구의 내용에서 두 사람이 만나는 장소가 마을에서 떨어진 외딴 곳임을 추측할 수 있다. 누구에게도 들켜서는 안 되는 은밀한 장소이기에 불륜의 관계로 만날 법한 곳이다. 그런데 지금은 눈이 내려 언 길에 서리까지 덮이고 길가의 집들은 처마에 고드름이 달리고 사립문에 눈얼음이 덕지덕지 얹어 있다. 이러한 길을 지나 님이 올 수 있을지 염려이고, 설사 온다고 해도 그 길에서 고생할 것을 생각하면 마음이 출렁인다. 을씨년스럽고 신산(辛酸)한 배경에 화자의 심정이 겹쳐지는 것이다.

제2구는 님이 올 리 없다고 자포자기하면서도 만약 다른 사람을 따른다면 무간지옥에 떨어질 것이라며 님을 향한 오롯한 마음을 토로한다. 제

5행 '떠나간 내 님을 생각하여 깃든'을 통해 지금 화자가 있는 산막이 예전에 님과 밀회의 장소로 사용하였던 곳임을 짐작할 수 있다. 이제는 떠나간 님을 생각하며 화자 홀로 잠시 이곳에 깃들어 있다. 님에게 연락하려 해도 서리 내린 길이 매우 험하다는 것을 알기 때문에, 그렇게 얼빠지게 할 만큼 힘든 길을 지나서 님이 올지 어떨지 회의한다. 이미 님의 마음이 떠난 것을 서리 내린 험한 길에 핑계를 대는 듯도 하지만, 어려운 상황에서도 님을 다시 만나고자 하는 의지만큼은 분명히 드러나 있다.

이어지는 제7행에서 '벼락이 쳐 무간지옥에 떨어질, 곧 있어 스러질 내 몸'이라고 한탄하는 데에서 님과의 관계가 뭔가 복잡한 상황에 빠져 있음을 알 수 있다. 화자가 스스로를 죄 지은 사람으로 치부하였으니 두 사람의 관계는 일반적이거나 평범한 것 같지가 않다. 제8행에서 내 님을 두고 다른 사람을 좇겠냐고 스스로 반문하는 것을 보면, 제7행의 무간지옥 얘기는 만약 다른 사람을 따른다면 닥쳐올 결과를 미리 말한 것이 된다.

무간지옥에 떨어지는 징벌은 화자에게 중층적으로 가해진 것이다. 님과 맺은 불륜의 관계에 대해 벌을 받고, 또 님을 떠나 다른 사람을 따를 경우에 가중치의 벌을 받을 수 있다. 제1~6행까지 시상의 흐름으로 보면, 제7행에 나온 '벼락이 쳐 무간지옥에 떨어질' 벌이란 님과의 불륜 관계에서 연유한 것으로 이해된다. 그런데 제8행에서 다른 사람을 좇겠냐고 반문함으로써 무간지옥에 떨어지는 것은 또 다른 죄로 인한 벌이 된다. 화자는 불륜의 관계로 인해 이미 죄를 지은 상태에서 스스로 무간지옥에 떨어질 몸이라고 자책하였다. 그런데 님을 만나 관계를 회복하고 싶은 마음에, 만일 다른 사람을 따른다면 그것에 대해서도 벌을 받을 것이라 하였다. 무간지옥의 벌은 기왕에 저지른 죄에 대한 것인 동시에 앞으로 범할 수도 있는 죄에 대한 것이기도 하다. 이처럼 화자가 스스로에게 가하는 징벌은 중층적 의미를 내포하여 긴장감을 높이고 있다.

　이러한 긴장감은 무간지옥의 징벌과 다른 길을 걷지 않겠다는 다짐 사이에 '곧 있어 스러질 내 몸이'가 위치함으로써 더욱 고조된다. 이 구절은 두 가지 의미로 해석할 수 있다. 첫째, 말 그대로 얼마 안 있어 죽게 될 처지를 말했다고 볼 수 있다. 불륜이 탄로 났거나 의심을 받아 위기가 임박한 상황일 수도 있고, 떠난 님을 애타게 그리워하다가 불치의 병에 걸렸을 수도 있다. 이렇게 보면 화자가 놓인 시적 상황과 심정이 매우 절박한 것이라 하겠다. 둘째, 인생 자체가 아주 짧은 시간이라는 인식을 드러내었다고 볼 수 있다. 불교적인 생각으로 억겁의 시간 속에 찰나를 머물다 가는 인생을 표현한 것이다. 님과 불륜의 사랑을 한 것도 결국 잠시뿐인 허망한 일일 수 있다는 것이므로 인생의 허무를 절실하게 깨달은 화자의 말이라 할 수 있다. 두 가지 해석 모두 작품에 표현된 시적 긴장감을 느낄 수 있는 해석이지만 그 정도에 있어서 전자가 좀 더 강하고 현실적인 것이겠다.

　제3구에서 화자는 님과의 관계 회복을 염원하면서 애초에 했던 기약을 상기하여 호소한다. '이렇다 치고 저렇다 치고'는 이리저리 핑계 대며 기약을 어기려 하거나, 이리 했다가 저리 했다가 하며 기약과 달리 행동하는 모습을 표현한 것이다. 화자와 님의 기약은 둘 중 한 사람이라도 핑계를 대며 어겨서는 절대 안 되는 것이다. 그것은 '함께 살아가자는 기약'이므로 지금처럼 헤어져 있어도 안 된다. 화자로서는 어떻게 해서든지 현재의 이별 상황을 극복하고 님과 다시 만나고자 한다. 작품과 관련된 기록이 달리 없어 작자가 어떤 인물인지 알 수 없으나, 작품의 내용으로 보아 스스로 불륜을 자각하고 있는 여성이라고 생각된다. 만약 유녀(遊女)나 기녀(妓女)라면 이전의 애인을 버리고 새 애인을 만났는데 그와의 관계가 위기에 처한 상태일 것 같고, 귀족 혹은 사대부 집안의 유부녀라면 남편을 버리고 애인을 따르고자 하는 의지를 지닌 여성이라고 추측된다.

  이와 같이 〈이상곡〉은 불륜의 은밀한 남녀관계에서 나올 법한 사랑과 이별의 시이다. 화자가 놓인 상황에 대한 섬세하고 감각적인 묘사가 돋보이고, 그 같은 배경 아래 기다림의 정서와 다짐의 태도가 호소력 있게 그려져 있다. 시적 상황의 처절함, 그로부터 우러나는 정서의 구체성으로 인해 상황과 정서가 잘 조화된 수준 높은 서정시이다. 이러한 내용 속에 다른 사람을 좇으면 곧 죽어 무간지옥에 떨어질 것이라는 다짐으로써 님을 향한 화자의 진심을 호소하고 있다. 이는 화자 자신의 불륜에 대한 징벌적 의미에서 촉발되어 또 다른 불륜을 저지르지 않겠다는 다짐이어서, 스스로에게 가하는 중층적 의미의 징벌이라 할 수 있다. 고려 시대인 만큼 불교 사상에 따른 징벌이 상정되었고, 이러한 징벌의 상상력이 화자의 다짐을 강화하는 역할을 하고 있다. 이를 통해 고도의 서정시가 지닌 정서의 밀도와 호소의 간절함이 더욱 잘 드러난다.

## 3. 이 몸이 죽어 가셔

이 몸이 죽어 가셔 무어시 될고 ᄒ니

봉래산(蓬萊山) 제일봉(第一峰)에 낙락장송(落落長松) 되야 이셔

백설(白雪)이 만건곤(滿乾坤)ᄒᆞᆯ 제 독야청청(獨也靑靑) ᄒ리라[1]

이 시조는 성삼문((成三問, 1418-1456)이 형장으로 끌려가면서 지은 것으로 알려져 있다. 작자는 쫓겨난 임금 단종의 복위를 위해 거사하려다가 발각되어 세조의 혹독한 심문을 받았으나 굴하지 않고 죽임을 당한 사육신의 한 사람이다. 그가 노량진의 사형장으로 끌려가면서 이 작품을 지었다고 전해지는데, 처형의 현장을 생각해 보면 실제로 그랬을지는 의문이 없지 않다. 그러나 오랫동안 이러한 창작 배경이 사실로 받아들여져 왔고 작자가 처한 상황과 작품의 내용이 웬만큼 맞기 때문에 형벌의 현장성을 염두에 두고 이해하는 것이 어색하지 않다. 이에 여기서는 혹독한 형벌로 인해 죽음을 눈앞에 둔 화자의 심리에 초점을 두어 작품을 해석해 보고자 한다.

---

[1] 심재완 편저,『교본 역대시조전서』, 세종문화사, 1972, 824면.

작품의 초장은 화자가 직면한 죽음의 문제를 다루고 있다. 지금 여기에 있는 '이 몸'은 지독한 형벌을 받고 이제 곧 죽음을 맞이하게 된다. 현재에서 미래로, 이곳에서 저곳으로, 삶에서 죽음으로 가는 것이기에 '죽어 가서'라는 움직임의 표현을 썼다. '가다'는 말은 시간의 경과와 함께 어느 장소로의 수평적 이동을 떠올리게 한다. 어디론가 향하는 발걸음은 훼손되고 묶인 몸을 이끌고 형장으로 나아가는 실제의 모습에서 유추될 수 있다. 삶에서 죽음으로 발걸음을 옮기는 그때, 화자는 죽은 후에 '무엇이 될까'를 생각하였다. 이 세상을 떠나 어딘가에 '가서' '되고자' 하는 바를 스스로에게 물은 것이다.

이 물음은 두 가지 의미를 함축한다. 하나는 현재의 상황에 대한 부정이다. 화자는 자기 몸이 지금 여기에서 형장의 죄인으로 있는 것 자체를 무시하고 거부한다. 작품 첫머리에 '이 몸'이라는 실존적 자아를 내세웠으면서도 그 자아가 존재하는 현실을 완전히 부정해 버린 것이다. 이는 세조가 역모 죄의 주동자로 규정하고 심문하는 것에 대해, 자신은 죄인이 아니라고 부정하는 의식의 반영이다. 다른 하나는 부당한 죽음에 대한 부정이다. 죽음은 현실의 존재가 사라지는 것이므로 욕구를 지닌 주체를 설정할 수 없다. 불교의 윤회 사상에 따른다 하더라도 이미 지은 선악의 업보에 따라 내세에 다시 태어날 뿐이다. 그런데도 죽은 후에 무엇인가가 되기를 강력히 희망한 것은 죽음을 존재의 무화(無化)로 여기지 않기 때문이다. 사후의 희망을 말함으로써 자신이 당하는 처형은 부당한 것이고, 그로 인해 죽더라도 마음에 품은 뜻은 꺾이지 않음을 표명한 것이다.

중장에서 화자는 죽음 이후의 세계로서 '봉래산'을 상정하였다. 이곳은 삼신산의 하나로 동쪽 먼 바다에 있는 섬 정도로 인식되어 왔다. 지상의 어딘가에 있다고 하면서도 실제 가 본 사람은 없는 세계, 그러기에 현실의 한 지점인 동시에 현실 너머의 어떤 장소이다. 이곳에는 불로불사(不老不死)의 약초가 나고 장생하는 신선들이 살고 있다고 한다. 사람이 죽지 않고 살 수 있는 곳이자 죽은 사람이 살아나 영원한 삶을 누리는 곳이다. 어떤 위험과 압박 없이 평화롭고 한가하게 사는 신선의 모습이 머릿속에 그려진다.

화자가 죽어서 가고 싶다는 곳이 이러한 이상향으로서의 봉래산이다. 그런데 이어지는 구절은 봉래산에 대한 일반적인 기대를 벗어난다. 부당하고 고통스런 현실을 떠나 안온하고 한가로운 세계로 가서 신선의 삶을 누리려나 싶었는데, 화자는 그곳의 '제일봉에 낙락장송'이 되겠다고 한다. 이렇게 불로장생의 신선이 사는 봉래산이 아니라 낙락장송이 우뚝 솟은 봉래산을 말한 것은 초장에서부터 드러난 부정의 의지를 더욱 고양하는 의미를 지닌다. 현재의 상황과 부당한 죽음 둘 다를 부정한 후에 신선 세계로서의 봉래산까지 부정함으로써 부정의 부정을 지향한 것이다.

이러한 지향성은 봉래산에 가서도 앞서 부정한 현재 상황과 부당한 죽음을 망각하지 않고 부정의 정신 속에 존속하려는 의지의 소산이다. 죽음 이후의 소망이 일반적이지 않은 것은 화자의 지향이 죽음 이후보다 지금 여기의 현실에 있기 때문이다. 역사의 시간 속에 좌표가 정해진 현재의 이곳을 망각한 채 영원한 삶을 사는 것은 의미가 없다. 치열한 역사의식과 절대 선에 대한 믿음을 가진 화자로서는 봉래산에 가서도 불로장생의 신선이 될 수 없는 것이다. 그러니 제일 높은 봉우리에 우뚝 솟은 소나무가 되어, '낙락'하게 아래로 늘어뜨린 가지의 방향처럼 현실의 역사를 지켜보고자 한다.

이러한 의미의 '제일봉에 낙락장송'은 일정한 심상을 만들어낸다. 봉래산의 여러 봉우리 중에서도 최고로 높은 봉우리, 거기에 뿌리를 내리고 더 높이 올라간, 키 크고 가지가 늘어진 소나무이다. 하늘로 치솟은 소나무의 모습과 함께 그것이 뿌리 내린 봉우리의 딱딱한 형질이 연결되어 무엇인가 높고 단단한 느낌을 준다. 상록수로서 소나무가 지닌 시각적 심상에 수직적, 광물적 심상을 더해 놓았다. 종장에서 드러나는 흰색과 푸른색의 시각적 심상까지 연결되는 복합적 심상을 미리 그려 놓은 것이다.

그리고 화자는 이러한 낙락장송이 '되어 있어'라고 말하였다. 봉래산에서 신선이 되어 살지 않고 봉래산을 이루는 한 사물로서 낙락장송이 되어 제일봉의 자리를 굳게 지키며 언제까지나 '있으리라'는 것이다. 봉래산이 지닌 영원성의 의미가 낙락장송의 굳센 심상과 결합함으로써 그곳은 흔히 생각하는 바의 이상향과는 다른 세계로 그려졌다. 장생불사의 신선들이 노니는 안온하고 평화로운 세계가 아니라 인간 역사의 지표가 되는 충직과 절의의 이념이 불사(不死)하는 세계로 나타난 것이다.

종장에 와서 문득 '백설'이 '만건곤'하는 '때'를 말하였다. 봉래산에서조차 이념의 영속성을 따르는 화자가 인간 역사의 어느 한때를 지목함으로써 영원의 시간에 일시적인 한때가 대비되도록 하였다. 창작의 상황에 비추어 흰 눈이 천지에 가득한 때는 화자가 겪은 정치적 변란의 당대를 가리킨다. 나아가 역사의 오랜 시간 속에 일어났던 수많은 변란의 시기들도 시사한다. 역사 속에 일어났던 신하의 왕위 찬탈, 불충불효의 사건들을 상기하는 것이다.

그런데 흰 눈이 천지에 가득하게 되면 하늘과 땅, 사방이 온통 뿌옇고 희미하여 사물의 형체를 분간하기 힘들어진다. 그와 마찬가지로 부당한 권력에 의해 왕위 찬탈이 일어났는데도 옳고 그름의 구분이 흐려져 새로 성립한 권력에 빌붙는 세태가 되어 버린다. 이러할 때를 지목한 다음 화자는 '독야청청'의 자세를 견지하겠다고 하였다. '독야청청'의 '독야'는 시비곡직(是非曲直)을 가리지 않고 권세에 아부하는 무리에 대해 혼자서라도 나서서 불의에 맞서고 충의를 지키려는 의지의 표현이다. '청청'은 '백설'의 흰색에 대비되는 푸른색으로서 충절을 상징하는 색깔이다. 봉래산 제일봉의 낙락장송이 된 화자는 홀로 늘 푸른 모습으로 세상 사람의 본보기가 되고자 한다.

이 '청청'과 중장의 '낙락'은 작품에 쓰인 단어 중에서 중복어로 이루어진 두 단어이다. 글자를 중복하여 뜻을 강조하였다는 면에서 작품의 주제를 함축한 말이라 할 수 있다. '낙락하다'는 가지가 늘어져 있는 것을 뜻하지만 '남과 서로 어울리지 않다.', '작은 일에 얽매이지 않고 대범하다.'는 인성적 의미도 지니고 있다. 화자가 봉래산에서 낙락장송이 되겠다고 한 것은 그의 성격과 인품 자체가 낙락하여 낙락장송의 의취(意趣)와 맞기 때문이다. 그렇게 낙락한 성격과 자세가 종장의 '독야청청'으로 이어진 것이다. 봉래산 제일봉에 솟은 낙락장송이므로 독야청청한 것도 있지만, 화자의 성품이 낙락하기에 독야청청한 자세를 지닐 수 있다. 사물의 비유가 내면의 유추로 이어져 복합적 의미를 만들어 낸 시적 표현이라 할 수 있다.

표현상의 묘미와 함께 심상과 미의식의 면에서도 이 작품은 의미 있는 성취를 보인다. 중장의 수직적, 광물적 심상에 종장의 시각적 심상이 어우러진다. 특히 종장은 하나의 뚜렷한 심상을 그려내었다. 천지 사방에 흰 눈이 휘날려 아무 것도 분간하기 어려운 중에 저 높이 봉래산 봉우리의 푸른 소나무가 보이는 것이다. 나아갈 방향을 잃고 이리저리 헤매는 혼란의 시대에 역사의 이정표가 되겠다는 화자의 의지가 시적 심상으로 그려졌다. 실제로는 부당한 형벌에 의해 죽임을 당했지만 화자는 죽은 후에도 인간 역사의 올바른 방향을 가리키고자 하였다. 이렇게 현실의 패배에도 불구하고 이념과 이상을 향해 뜻을 굽히지 않는 모습은 비장하면서도 숭고한 아름다움을 드러낸다.

후대에 사육신이 복권되고 성삼문은 충신의 표본으로 떠받들어진다. 사대부들은 그가 지은 이 시조에서 역사의 엄중한 흐름 속에 사육신의 충직과 절의를 비장하게 인식했을 것이다. 형벌의 현장성을 생각하면, 부당한 권력에 맞서 온몸으로 저항하고 자신의 이념을 지킨, 처절하면서도 올곧은 기개가 느껴진다. 이 작품은 부당한 형벌을 받아 죽음 앞에 선 작자가 현실의 법 체제를 초월하여 역사적 당위에 따른 영원한 법을 상정하고 자신의 떳떳함을 천명한 것이라 하겠다.

## 4. 철령 노픈 봉에

철령(鐵嶺) 노픈 봉(峰)에 쉬여 넘는 져 구룸아
고신원루(孤臣寃淚)를 비 사마 씌여다가
님 계신 구중심처(九重深處)에 뿌려 본들 엇드리[1]

  이 시조는 이항복(李恒福, 1556-1618)이 함경도 북청으로 유배 가는 길에 지은 것이다. 작자는 임진왜란을 당해 피난하는 선조를 호종하고 명나라와의 외교에 능력을 발휘하여 나라의 위기를 극복하는 데 큰 공을 세운 인물이다. 정파로는 서인(西人)에 속하여 동인(東人), 북인(北人)과 정치적으로 대립하였으나 주요 사건마다 당색에 휩쓸리기보다는 합리적으로 일을 처리하여 임금의 신임을 받았다. 그러한 작자가 1617년에 인목 대비를 폐위해야 한다는 대북(大北)의 주장에 격렬히 반대하다가 광해군에게 죄를 얻어 유배형을 당한 것이다. 그러므로 이 작품은 당쟁이 심각하게 전개되는 정치적 상황을 배경으로 군신 관계의 문제를 제재로 하고 있다. 이러한 시대 배경을 고려하면서 징벌의 주제와 관련하여 작품을 살펴보

---

[1] 심재완 편저, 『교본 역대시조전서』, 세종문화사, 1972, 1030-1031면.

고자 한다.

작품은 화자가 현재 있는 장소인 '철령'을 말하며 시작한다. 지금 이곳에서 느낀 감회의 토로라는 점을 서두에서부터 밝힌 것이다. 그렇게 하여 화자의 심정이 현재형의 시어들로 표현되어 실감나게 전달될 수 있다. 철령은 강원도와 함경도의 경계가 되는 고개이다. 서울을 떠나 북청으로 귀양 가는 화자에게는 이 고개를 경계로 이쪽과 저쪽이 단절되는 의미로 다가왔을 것이다.

화자는 형벌을 받아 유배지로 가면서 임금에게 버림받은 자신의 신세를 절감했을 것이다. 늙은 몸을 이끌고 꾸불꾸불한 고갯길을 지나 고갯마루에 올라서 숨 한번 돌리고 쉬던 차에 하늘에 걸린 구름을 쳐다보았다. 무심히 흘러가는 구름을 보면서 이제껏 겪은 정치적 풍파를 떠올리고 앞으로 닥칠 운명이 어떠할지 불안한 심정에 이런저런 상념이 밀려왔을 것이다. 이러한 심리 상태로 하늘의 구름을 보고 '저 구름아'라고 불러 본다. 고개를 오를 때 숨이 차서 쉬엄쉬엄 올라온 자신처럼, 산봉우리가 너무 '높아' '쉬어 넘는' 구름에 동질감을 느꼈기에 그렇게 한 것이다. 구름에 감정 이입을 하여 부름으로써 내면의 정서를 표출하는 단서로 삼았다. 이러한 부름의 행위는 유배의 형벌로 인해 가라앉고 막혀 버린 마음을 조금이라도 터 보려는 의도에서 나왔다.

이어지는 중장의 첫머리에 '고신원루'라는 한자어를 배치하였다. 이 말은 작품 서두의 '철령'이 갖는 의미와 연결된다. 철령이라는 한자어 지명이 주는 쇠와 돌의 단단한 느낌이 외로운 신하의 마음으로 이어진다. 그 마음에서 흘러나온 원통한 눈물이므로, 단단한 것에서 물 같은 것이 흘러

나오는 심상을 만들어낸다. 고갯마루에서 만감이 교차한 화자가 철령이라는 지명을 의식하게 되었고, 그것이 다시 임금의 은총을 잃은 신하로서 외로운 처지에 결부된 것이다. 여기에는 비록 외로운 신하일망정 원래부터 지녔던 철석같은 마음이야 변하겠는가라는 반문의 뜻이 담겨 있다.

이러한 화자의 마음에서 흘리는 눈물은 원통한 정서가 배어 있다. 철령에 올라 이런저런 생각이 들었더라도 그것은 오직 임금과 나라를 위한 충심 하나로 귀결될 따름이다. 그런데 지금 화자는 그러한 마음을 인정받지 못한 채 유배의 길을 가고 있다. 님을 향한 변함없는 충성과 님에게 버림받은 현재의 처지 사이에는 크나큰 괴리가 있다. 그로부터 느끼는 원통함이 눈물이 되어 흐른다.

고신원루라는 말에 화자가 말하려는 핵심 내용이 담겨 있다. 그렇지만 아무리 자신의 진정한 마음을 주장하고 호소하더라도 님이 알아주지 않으면 아무 소용이 있다. 그래서 화자는 님과 마음을 통하게 하는 방법을 찾아본다. 앞에서 구름을 불러 세웠으니 이제 자신의 심정을 전해 주기를 그것에게 부탁한다. 이 부탁의 과정이 눈물을 비로 '삼고' 다시 그것을 '띄워서' 구름이 머금게 하는 것으로 형상화되었다. 눈물은 아래로 흘러내리거나 떨어지는 것인데 그것을 띄어 올려서 구름이 머금도록 하였으니 물리적 하강을 문학적 상승으로 바꾼 것이다. 이러한 시적 상상력은 화자의 절실한 마음에서 비롯하였다. 어떻게 해서든지 자신의 뜻을 전하고자 하는 간절한 바람이 이와 같은 상상력을 추동하였다. 이렇게 하여 외로운 신하의 눈물에 담긴 뜻이 구름이 머금은 비에 실려 님에게 전달될 수 있도록 하였다.

여기서 작품이 지닌 방향성이라는 특징이 드러난다. 철령 고갯마루에서 만난 구름은 화자가 가는 방향과 반대로 가고 있다. 서울을 떠나 북청의 유배지로 가는 화자가 이제 함경도 땅에 들어서는 초입에서 하늘을 바라보며 서울 쪽으로 떠가는 구름과 조우하였다. 이는 마치 여행자가 어느 고갯길에서 길손을 만나 자기가 지나온 길을 따라갈 그에게 소식을 전하는 것과 같은 상황이다. 단지 그 상대가 사람이 아니라 구름이라는 사물이고 지상에서의 수평적인 만남이 아니라 하늘 쪽을 올려다보며 부른 것이라는 차이가 있을 따름이다. 화자로서는 부탁할 사람도 없을뿐더러 설령 사람에게 부탁하더라도 그것이 님에게 제대로 전달될지는 의문이다. 그렇기에 하늘에 뜬 구름에게 부탁을 하는 것 외에 다른 방도를 찾기 어렵다. 절박한 심정으로 자신의 뜻을 전하려 하지만 전달할 길이 막막하던 차에 떠가는 구름을 보고는 불러 세워 부탁을 한 것이다.

이렇게 화자와 구름의 방향이 수평적으로 엇갈리는 것에다가 앞에서 설명한 상승과 하강의 방향성이 겹쳐진다. 눈물은 흘러내리는 것이고 구름은 하늘에서 떠가는 것이다. 화자는 흘러내리는 눈물을 비로 만들어, 떠가는 구름더러 가져가라고 부탁한다. 여기서 눈물과 비의 하강하는 심상과 구름에 띄워 올리는 상승의 심상이 서로 교차하는 한편, 눈물을 비처럼 머금은 구름이 하늘에 떠서 가는 수평적 이동의 심상이 이어진다. 내려가고 올라가는 방향성이 서로 엇갈려 수평적으로 이동하는 방향성과 겹쳐지고 있다. 이로써 가고 오고, 내리고 오르고 다시 내리는 움직임이 복합적 심상을 만들어 낸다.

이러한 방향성에 담긴 의미를 생각해 볼 만하다. 가고 오는 방향성은 운명의 엇갈림을 뜻하는 것 같고, 내리고 오르는 방향성은 마음의 상태를 시사하는 듯하다. 현재 화자는 벌을 받아 유배 가는 중인데 마음만큼은 님의 곁에서 언제까지나 모시고자 한다. 그러한 심정에서 하늘에 떠가는 구름을 바라보며 자신이 흘리는 눈물을 비로 삼아 가져다가 님에게 뿌려 달라고 한다. 여기서 방향성을 가진 움직임이 교차하고 중첩되는 심상을 통해 유배에 처한 화자의 생각들이 서로 얽혀 헤매고 있음을 짐작할 수 있다.

종장에서 화자는 자신을 '고신'으로 만든 '님'을 불러낸다. 구름이 화자의 마음을 가져다가 님에게 전해 주려면 님의 거주지를 알아야 하기에 '님 계신 구중심처'라고 집어서 말하였다. 구중심처는 대개 임금이 계신 곳을 뜻하지만 작품의 의미 맥락에서 보면 다른 뜻이 덧붙여 있는 것 같다. 화자의 고신원루를 알아주어야 할 님은 지금 아홉 겹으로 둘러싸인 깊은 곳에 있다. 겹겹이 싸여 있기에 화자의 뜻이 전해질 가망이 아주 적은 상황이다. 이는 물리적인 장벽만을 가리키지 않고 화자의 반대 당인 대북의 신하들에 둘러싸여 있는 정치적 상황을 시사한다. 말하자면, 화자와 님의 소통이 단절된 상황을 나타내는 말인 것이다.

이러한 상황을 알고 있기에 화자는 하늘 위의 구름을 불러 부탁하였다. 담으로 겹겹이 둘러싸인 궁궐을 공중에서 훌쩍 넘어가 님 곁에 닿으라는 뜻에서 구름을 불렀다. 그렇게 하더라도 구름은 하늘에 떠 있는 것이기에 님의 곁에 다다를 수는 없다. 그 대신 화자의 눈물을 비로 만들어 머금고 갔으니 그것을 님의 처소에 뿌려 주라고 하였다. 이제까지의 가고 오고, 내리고 올리고 하는 움직임의 심상들이 이에서 구름이 비를 내리는 모습으로 수렴되고 있다. 이러한 문학적 심상을 통해 님에게 버림받은 화자의 원통한 심정과 그럼에도 변함없는 충심을 호소하였다.

그런데 현 상황에서는 반대 당의 신하들에게 가로막혀 화자의 뜻이 님에게 전달될 것 같지 않다. 구름을 불러 부탁은 하지만 실제로 이루어질지는 회의적이다. 그저 구중심처에 내리는 비의 심상으로써 님과 정서적 교감만이라도 이루면 다행이다. 구중궁궐에 뿌리는 비는 그곳의 수많은 지붕과 마당을 적시며 스며들 것이니, 이 같은 심상을 통해 그곳에 계신 님의 마음에 화자의 고신원루가 적셔지기를 바란다. 스며듦의 심상을 통해 현실에서 이루기 어려운 님과의 소통을 시적 상상력으로라도 이루려는 것이다. 그렇지만 그것조차도 실현 여부가 불투명하니 종장의 마지막에서 '본들 엇드리'라는 어조로 마칠 수밖에 없다. 꼭 그렇게 해 달라기보다 그렇게 해 보면 어떠냐는 것이다. 정치 상황에 대한 절망과 유배의 형벌로 인한 불안이 마지막 구절까지 미치고 있음을 보여 준다.

이 시조는 형벌을 받아 유배 가다가 하늘에 떠가는 구름을 보고 버림받은 신하의 외로운 처지와 님에 대한 변함없는 충심을 표현한 것이다. 현 상황에서 님을 위한 충정의 마음을 전하고자 하지만 구중심처에 계신 님에게 닿을 수 있을지는 의문이다. 유배를 당한 처지에서 느끼는 불안과 님을 향한 충정이 맞물리며 슬프고 억울한 심정이 동적인 심상을 통해 현실감 있게 형상화되었다. 그러기에 후대의 유배객이 두고두고 음미하고 감동하는 작품으로 전승될 수 있었다.

## 5. 만언사

〈만언사(萬言詞)〉는 정조대(正祖代, 1776-1800) 대전별감(大殿別監)이던 안조환(安肇煥)(또는 안조원(安肇源), 안도환(安道煥)[1])이 추자도에 귀양 가서 지은 가사 작품이다. 정쟁의 와중에서 정치적 이유로 귀양 간 것이 아니라 공직자가 죄를 지어서 유배형을 받은 것이다. 그러므로 조선 시대 일반적인 유배 가사와는 창작 동기가 다른데다가 귀양살이의 내용이 상당히 현실적이어서 특색이 있다. 범죄로 인해 형벌을 받은 후 자신이 지은 죄에 대해 후회하며 유배의 체험을 기록하고 사면(赦免)에 대한 기대를 드러내었다. 체험의 내용이 구체적이고 후회와 염원이 절실하여 동정심을 일으키기에 충분하다. 그러면서도 사설이 유창하고 표현이 재미있어 문학적으로도 우수한 작품이다. 여기서는 작품 구조와 시상의 흐름, 주요 삽화 등에 주목하여 유배 문학적 특징을 살펴보고자 한다.

작품의 주제는 '유배지에서 이렇게 고생하며 반성하고 있으니 풀어 주기 바랍니다.'라는 것이고, 구조는 이러한 고생과 반성의 의미가 일 년간의 시간 속에 짜인 것이다. 유배지인 추자도에서 고생하는 모습이 중심

---

1  염은열,『유배, 그 무섭고도 특별한 여행』, 꽃핀자리, 2015, 36면, 89-91면.

내용을 이루는데, 그 앞에 유배 이전의 삶을 회상하는 부분이 도입의 역할을 한다. 그리하여 서사, 본사, 결사의 세 단락으로 크게 나뉘고, 서사는 신세 한탄-어린 시절-벼슬살이-범죄-유배 도정-추자도 도착, 본사는 여름 동안의 배고픔과 남루함-보릿가을 구경과 후회-보리 동냥-가을의 님 생각과 병-혹독한 겨울나기-낚시로 시름 풀기-설 풍경-봄이 돌아옴-섬 생활 적응, 결사는 소원 빌기 등의 소단락으로 짜여 있다. 일 년간 사계절이 순환한 것이지만 그동안 고난을 겪고 귀양살이에 적응하였기에 시간의 순환적 구조에 인물의 성격적 발전이라는 주제가 드러난다.

서사는 덧없는 세월과 신세 한탄으로 시작한다. 천지간 잠깐 사이 지나는 꿈같은 몸으로 34세가 되기까지 번복과 승침이 그지없다면서 탄식한다. 태어나서 일주일이나 죽은 듯이 있다가 살아난 일, 11세에 어머니를 여의고 새어머니가 들어온 후 효도하려고 공부한 일, 스무 살 전에 어진 아내를 맞이하고 큰아버지 집에서 살림 걱정 없이 산 일, 벼슬을 얻으려 권문에 의탁하여 서울 시내를 돌아다니며 풍류를 일삼던 일 등을 회상한다. 그렇게 5, 6년을 지내다가 마음을 고쳐먹고 노력하여 군문(軍門)에 들어간다. 수삼 년 근무하다가, '어악원(御樂院)에 드르가니 금문 옥계(金門玉階) 길흘 여러 / 지미 지천(至微至賤) ᄒ온 몸이 쳔문 근시(天門近侍) 바라시랴 / 일신 겸ᄃᆡ(一身兼帶) 삼스 쳐는 궁임(宮任)쌘이 아니로다'[2]라 하여 임금

---

2  이재식 편, 「만언스」, 『유배가사』, 시간의 물레, 2008;이윤석 외 교주, 「만언사」, 『금방울전·김원전·적성의전·만언사』, 경인문화사, 2006;최강현 편, 「만언사」, 『기행가사 자료 선집』 1, 국학자료원, 1996 참조.

3장 벌받는 나  117

의 거둥에 시어(侍御)하고 궁중 연악(宴樂)을 준비하는 부서에서 서너 가지 소임을 겸하였다. 이 부분이 작자가 맡았던 대전별감의 직무를 말한 것으로 보인다.

그러던 중 '복과징싱(福過災生)이라 소심 봉공(小心奉公) 잘못ㅎ여 / 삭안퇴거(削案退去) ㅎ온 후의 칠일 옥즁(獄中) 지니오니'처럼 신중해야 할 공무를 잘못 수행한 죄로 7일간 옥에 갇힌다. 다행히 '묘사슈직(卯仕守職) 싱각 밧긔 두료 소식(斗料素食) 연명되'어 '궁임 감셔(宮任監署) 승탁(承託) ㅎ믄 싱각수록 과분ㅎ다 / 번화 부귀 고쳐 ㅎ고 금의옥식 다시 ㅎ여'라 하여 묘시(오전 5~7시)에 출근하는 일 따위는 못 할 거라고 생각하던 차에 다시 궁궐의 임무를 이어받아 벼슬살이에 복귀한 듯하다. 그러다가 '청쳔빅일 말근 날의 뇌졍벽녁 급히 치니 ······ 여불승의(如不勝衣) 약ㅎ 몸의 이십오 근 칼을 쓰고 / 수쇄 죡쇄(手鎖足鎖) ㅎ온 후의 ᄉ옥즁(死獄中)의 갓치오니' 와 같이 갑자기 체포되어 칼을 쓰고 손발이 묶인 채 옥에 갇힌다. 이로 볼 때, 화자는 어떤 비리를 저질러 애초에는 가벼운 처분에 그쳤다가 더 큰 죄가 드러나 다시 무거운 벌을 받은 것으로 생각된다.

형벌은 추자도 유배로 정해졌는데 섬까지의 거리로 보아 중형에 해당한다. 강나루에서 부모 친척과 이별하고 배에 오르니, '호부 일셩(呼父一聲) 업더지니 익고 소리쑨이로다'처럼 아버지를 부르다 엎어지는 아이와 아이고 하는 가족의 울음소리에 가슴이 아프다. 유배 길에 들어서서 경기, 충청, 전라 삼도를 지나간다. 전주의 시가지를 통과하여 정읍, 영암을 거치고 달마산을 지나쳐서 바닷가에 이른다. 천 석을 실을 만한 대즁선(大重船)을 타고 바다로 나가니 배 위에서 구슬픈 사설을 늘어놓는다. 그러다가 풍랑을 만나 '산악 갓튼 놉흔 물결 빅머리을 둘너치니 / 크나큰 빅 죠리 되니 오장육부 다 나온다'라 할 만큼 힘들게 바다를 건너 추자도에 도착한다. 이 섬의 첫인상은 '츄ᄌ셤 숨길 졔는 천작지옥(天作地獄) 여긔로다 / 희슈로 셩을 쓰고 운산으로 문을 지여 / 셰상을 ᄭᅳ쳐시니 인간이 아니로다'와 같이 지옥으로 여겨진다.

여기까지가 서사라고 할 수 있다. 태어나서부터 어릴 때의 일, 혼인, 벼슬살이까지 과거를 회상하였다. 이는 비록 우여곡절이 있었지만 과거의 삶이 현재 처한 상황과는 정반대로 행복하였음을 대비하려는 의도이다. 그리고 죄를 지어 벌을 받고 유배 가는 과정을 진술하였다. 기억하기 싫은 일이지만 현재의 자신을 돌아보기 위해 징벌의 과정을 그려 낸 것이다. 이렇게 과거 회상의 내용을 말함으로써 좋은 기억으로부터 고난을 견뎌 낼 힘을 얻고, 유배형을 받은 지금도 삶의 의욕이 여전히 지속함을 드러내었다.

본사는 추자도의 유배 생활을 현실감 있게 그려 내었다. 기식할 집을 얻는 것부터 이런저런 핑계로 거절당하며 난관에 부딪친다. 관청의 명으로 겨우 한 집에 들었으나 집주인의 구박이 심하다.

뎌 나그ᄂᆡ 혜여 보쇼 쥬인 아니 불샹ᄒᆞᆫ가
이 집 뎌 집 줄ᄉᆞ는 집 ᄒᆞᆫ두 집이 아니여든
관인들은 인정(人情) 밧고 손님ᄂᆡ는 츄김 드러
굿ᄒᆞ여 ᄂᆡ 집으로 연분 잇셔 와 계신가
ᄂᆡ ᄉᆞ리 담박ᄒᆞᆫ 줄 보시다야 아니 알가

앏뒤히 젼답 업고 물속으로 싱이(生涯)ᄒ여

앏 녀흘의 고기 낙가 뒤 녁으로 장ᄉ 가니

ᄉ망 이러 보리 셤이 미들 거시 아니로셰

신겸쳐ᄌ(身兼妻子) 세 식구도 호구(糊口)ᄒ기 어렵거든

양식(糧食) 업는 나그ᄂᆡ는 무엇 먹고 살야시오

집이란들 잇슬손가 긔여들고 긔여나니

방 ᄒᆞᆫ 간 쥬인 드니 나그ᄂᆡ는 잘 ᄃᆡ 업ᄂᆡ

ᄯᅴ ᄌᆞ리 ᄒᆞᆫ 닙 쥬어 쳠하(檐下)의 거쳐ᄒ니

쟝긔(瘴氣)의 누습(漏濕)ᄒ야 즘싱도 하도 할ᄉ

   다른 집은 관리에게 뇌물 주고 유배객을 부추겨 거절하는데 자기는 아예 그럴 여력이 없다. 처자식과 살면서 밭이 없어 농사는 못 짓고 고기 잡아 생계를 꾸리지만, 이득을 볼 운수인 '사망'에 보리 한 섬 얻을까 말까다. 집이라야 기어서 들어가고 나오는 방 한 칸이 고작이다. 이러한 집주인의 말을 통해 섬사람의 궁핍한 생활상이 여실하게 그려진다. 동정심을 유발하려 고생스런 일을 서술하는 중에 조선 후기 도서(島嶼) 주민의 고달픈 현실을 드러낸 의의가 있다. 이에 화자는 처마 밑에 띠 자리를 깔고 장독(瘴毒)과 벌레에 시달리며 지낸다.

   여름 내내 배를 곯아 가며 근근이 지내고, 옷은 누비바지 하나뿐이라 찌든 때와 냄새로 범벅이 된 채 버틴다. 이러한 신세에 대해 '이 몸이 ᄉᆞ랏ᄂᆞᆫ가 죽어서 귀신인가 / 말ᄒ니 ᄉᆞ랏ᄂᆞᆫ가 모양은 귀신일다 / 한슘 ᄭᅳᆺᄐᆡ 눈물 나고 눈물 ᄭᅳᆺᄐᆡ 어이업셔 / 도로혀 우슘 ᄂᆞ니 미친 ᄉᆞ름 되거고나'

라며 귀신 모양의 미친 사람이 되었다고 한다. 앞서 추자도를 지옥 섬으로 여겼으므로 지옥의 귀신이라는 형상이 잘 어울린다. 그러다가 보릿가을이 들어 보리를 거두는 농부를 보면서 차라리 농사나 지으며 마음 편하게 살걸 하는 후회도 해 본다. 후회의 사설은 '범 물일 줄 아라시면 깊흔 산의 드러가며 / 써러질 줄 아라시면 놉흔 남게 올나시며' 하는 식으로 이어진다. 위험한 줄 모르고 욕심을 부리다가 죄에 빠졌다는 탄식이다.

집주인은, 앞뒤 집의 유배객은 일을 배워 주인에게 보태는데 공밥을 먹으려 하냐며 다그친다. '병인(病人)인가 반편인가'라며 모욕을 주는가 하면 종일 우는 소리 듣기 싫다며 대놓고 야유한다. 이러한 주인에게 통분해하지만 섬의 풍속이 유교 예법을 모른다며 스스로 위로하고 만다. 중간중간 삽입된 사설들에서 후회와 반성, 그리고 삶의 의지를 드러내고 있는데, 특히 이 대목에서 집주인의 심한 구박과 모욕을 미개한 풍속 탓으로 돌리며 자신을 위로함으로써 그러한 의지를 끝까지 부여잡는 모습이 나타난다. 그래서 작품의 분위기는 고통과 슬픔으로 가득 차 있는 중에 해학과 너스레, 삶의 의욕과 희망이 담겨 있다. 이 점이 문학적 흥미를 자아내고 미적 긴장감을 높여 작품의 우수성을 드러낸다.

집주인의 등쌀에 밀려 여러 일 중에서 보리 동냥에 나선다. 이 부분은 슬픔 속에 웃음이 담긴 면모가 잘 나타나는 장면이다. 동냥을 처음 하는지라 부끄럽기 한량없어 망건도 벗고 갓을 숙여 쓰고 찢어진 부채로 얼굴까지 가리고, 그래도 빈 담뱃대는 지니고서 집을 나선다. 이러한 신세가 꿈만 같다면서 한바탕 꿈 사설을 늘어놓는다. 조금 넉넉해 보이는 집

사립문을 들어서자 아이와 젊은 여인이 '귀양다리' 온다며 놀린다. 그 말에 대한 화자의 반응이다.

어와 괴이ᄒᆞ다 다리 지칭 괴이ᄒᆞ다
구름다리 나모다리 증검다리 돌다린가
츈졍월 십오야의 샹원야(上元夜) 발근 달의
쟝안시샹(長安市上) 열두 다리 다리마다 발불 적의
옥호 금준(玉壺金樽)은 다리 다리 빈반(杯盤)이오
젹셩 가곡(笛聲歌曲)은 다리 다리 풍뉴로다
우(右) 다히로 발분 다리 셕은 ᄃᆞ리 헌 다리요
금쳔교(錦川橋)의 다리 발바 쟝흥교(長興橋) 압 발분 다리
붕어다리 슈문다리 송교다리 셰경다리
모젼교(毛廛橋)의 다리 발바 군긔시(軍器寺) 압 발분 다리
……
이 다리 져 ᄃᆞ리예 금시초문 귀향다리
슈종(水腫)다리 습(濕)다린가 온양 온슈(溫水) 젼다린가
아마도 이 다리ᄂᆞᆫ 실족ᄒᆞ여 병든 다리
두 손길 느리치면 다리의 갓가오니
사지(四肢)의 손과 다리 그 ᄉᆞ이 언마 치리
ᄒᆞᆫ 층을 조금 놉혀 손이라나 ᄒᆞ려무나

위의 다리 사설에 고난 중의 해학이 잘 드러난다. 귀양다리라는 말을

들었을 때 떠오른 것은 서울 시내의 여러 다리에서 놀던 기억이다. 술상을 차린 상다리도 연상하면서 풍류 삼아 놀러 다닌 수많은 다리를 나열하여 지금의 귀양살이 신세를 예전의 풍류 놀음과 대비하였다. 서울의 다리 이름 하나하나가 화려했던 과거를 일깨워 주었을 것이니 현실이 꿈같다고 느낄 법하다. 이 사설은 '수종다리, 습다리, 전다리' 등 몸의 질병을 지칭하는 말로 이어져 결국 귀양다리라는 말이 '실족ᄒᆞ여 병든 다리'의 뜻으로 낙착된다. 이로써 자기 자신을 반성하는 뜻을 드러낸 것이다. 나아가 손길을 늘어뜨리면 다리에 가까우니, 다리보다 한 층 높은 손으로써 '귀양손'이라 불러 달라고 너스레를 떤다. 다리 사설이 마지막에 손으로 옮아가 동음이의어 '-손'(客)을 붙여 새 말을 만들기에 이르렀다. 표현의 묘미를 한껏 살린 사설의 전개라 하겠다.

부끄러워 동냥 달라는 말도 못하고 손가락을 입에 물고 헛기침만 하며 허리 굽혀 인사한다. 그 집 사람이 눈치 보고 보리 한 말을 떠 주자 손수 등짐을 져 운반한다. 처음 져 보는 것이라 나름 변통을 내어 중치막의 넓은 소매는 구겨서 질러 넣고 등에 짐을 올린다. 이러면서 또 다시 '아마도 쑴이로다 일마다 쑴이로다 / 동냥도 쑴이로다 등짐도 쑴이로다'며 탄식한다. 겨우 집에 돌아오니 주인이 '양반도 홀 일 업다 동냥도 ᄒᆞ시난고 / 중인(中人)도 쇽절업닉 등짐도 지시는고'라고 비웃는다. 비록 비웃음은 받았으나 난생처음 하는 경험을 통해 유배 중에도 어떡해서든지 생존하겠다는 마음을 다지게 되었다. 이후 보리 동냥은 그만두고 신 삼기, 돗자리 꼬기 등의 일을 하며 연명한다.

여름 가고 가을이 오니 쓸쓸한 마음에 님 생각이 일어난다. 상사(相思)

의 사설이 '보고지고 보고지고 우리 님을 보고지고 / 날기 돗친 학이 되어 나라가셔 보고지고'로 시작하여 길게 이어진다. 여기서 화자가 생각하는 님은, 서사의 회상에 비추어 보면 '약관(弱冠) 전에 유실(有室)'한 '유한뎡뎡(幽閑靜貞)'의 '어진 쳐'를 뜻하는 듯하다. '물 버히는 칼도 업고 정 버히는 칼도 업니 / 물 슨키도 어려오니 마음은 슨키 어려워라'같이 부부의 정을 표현한 구절이 나오기 때문이다. 그런데 사설이 이어지면서 '니 이리 그리는 줄 아르시나 모로시나 / 모로시고 이즈신가 아르시고 속이시나 / 니 아니 이져거든 님이 혈마 이져시랴'처럼 여성 화자가 떠난 님을 그리는 사설이 끼어들더니, '이리져리 싱각ᄒᆞ니 가슴속의 불이 눈다 / 간장이 다 타오니 무어스로 ᄭᅳ준 말고 / ᄭᅳ기도 어려온 불 오장의 불이로다 / 천상슈(天上水)를 어더 오면 슬 법도 잇건마는 / 알고도 못 어드니 혀 밧타 말이 업다'라 하여 그리움의 대상이 아내에서 기생첩이나 애인 같은 다른 여성으로 바뀌고 있다. 뒤의 사설은 풍류 생활을 할 때 들은 가사나 잡가를 기억해 붙인 듯하다. 주제에서 벗어나긴 했으나 상사의 정을 다채롭게 표현하여 흥미를 자아낸다.

  님 생각 끝에 자결하려 했다고 하면서도 사면을 기대하기도 하여 상충하는 마음을 표현하였다. 이리저리 신경을 쓰다가 병이 들어 허기증, 냉증, 현기증, 조갈증 등에 시달린다. 병에 걸려 회복하기 어려운 신세를 생각하니 한탄의 정도가 더욱 심해진다.

  가을 지나 겨울이 되자 온 땅이 흰 눈으로 덮였다. 화자는 겨울 풍경을 보고, '져 건너 놉흔 뫼히 홀노 셧는 져 소나무 / 오상고졀(傲霜孤節)은 니 임의 아랏노라 / 광풍이 아모런들 겁흘 줄이 업건마는 / 독긔 멘 쵸부들이 벌목도 잇건마는 / 져 남글 몬져 보고 힝혀나 씩을셰라'라고 한다. 눈 덮인 산 위의 소나무에 오상고절의 뜻을 두면서도 도끼 맨 나무꾼의 눈에 먼저 띌까 염려하였다. 이는 전통적인 절개의 관념을 비틀어 풍자의 뜻을 보인 것이다. 하루하루 생존에 허덕이는 상황에서 현실을 떠난 관념이 무슨 의미가 있는지를 따져 묻는 양상이다.

　이어 화자의 눈물겨운 고난상이 그려진다. 앞의 보리 동냥 대목과 짝을 이루어 정채 나는 부분이라서 조금 길더라도 장면 전체를 인용한다.

쥬인의 물역(物役) 비러 방 반간(半間) 의지ᄒᆞ니
흙바람 발나시나 조희맛 ᄒᆞ올손가
벽마다 틈이 버니 틈마다 버레로다
구렁 비암 격거시니 약간 버레 져허ᄒᆞ랴
굴근 버레 쥬어 닉고 ᄌᆞ근 버레 더져 둔다
딕 얼거 문을 ᄒᆞ고 헌 ᄌᆞ리 가리오니
ᄌᆞ근 바ᄅᆞᆷ 가리온들 큰 바ᄅᆞᆷ 아니 들가
도즁(島中)의 남기노라 죠셕(朝夕) 밥 겨우 짓닉
가난ᄒᆞᆫ 손의 방의 불김이 쉬울손가
셥거젹 쓰더 펴니 션단(仙緞) 요 되엿시며
기가죽 축겨 덥고 비단 이불 삼아셰라
젹무인 빈 방안의 게 발 무러 더진 드시
식오잠 곱송그려 긴긴 밤 식와 날 졔
우ᄒᆞ로 한긔 들고 아릭로 닝긔 올나

일홈이 온돌이나 한듸만도 못ᄒ고나

육신이 빙상(氷霜) 되여 한전(寒戰)이 절노 난다

숑신(送神)ᄒᄂ는 솟듸런가 관혁(貫革) 마즌 살듸런가

스풍 세우(斜風細雨) 문풍진가 칠보잠(七寶簪)의 금나뷘가

사랑 만나 안고 쩌나 겁난 것틔 놀나 쩌나

양생법도 모로거든 고치(叩齒)조차 ᄒᄂ는고나

눈물 흘녀 벼기 밋틔 어름 조각 버석인다

ᄉᆡ벽 돍 홰홰 우니 반갑다 돍의 소릐

단봉문(丹鳳門) 듸루원(待漏院)의 듸기문(待開門) ᄒ던 ᄣᅵ라

ᄉᆡ로이 눈물 지고 장탄식ᄒ던 ᄎᆞ의

동방이 긔명(旣明)ᄒ고 ᄐᆡ양이 놉하시니

게얼니 이러 안ᄌ 곱은 다리 펴올 젹의

삭다리를 쪽이ᄂ는 듯 마듸마듸 쇼릐로다

돌담비듸 입남초를 쇳동불의 붓쳐 물고

양지를 ᄯᅡ라 안ᄌ 오싀 니를 쥬어 닐 졔

아니 비슨 헛튼 머리 두 귀밋츨 덥허시니

셜피여케 마른 양ᄌ(樣子) 눈코만 나맛고나


　추운 데다 벌레 나오고 찬바람 드는 냉골 위에서 겨울밤을 지낸다. 몸은 한껏 움츠러들고 이는 덜덜 떨리고 눈물 흐른 베개 밑은 얼음 조각이 버석거린다. 이러한 겨울밤의 고생을 그리면서도 섬거적을 선단 요, 개가죽을 비단 이불, 몸이 떨리는 것을 솟대·화살대·문풍지·칠보잠, 이가

떨리는 것을 사대부의 고치는 양생법에 비유하는 등 익살도 부린다. 새벽닭이 울자 창덕궁 단봉문의 대루원에서 궁궐 문이 열리기를 기다리던 때를 연상하기도 한다. 겨우 날이 밝아 다리를 펴니 마디마디 소리 나고, 서리 앉은 듯 뿌옇게 흐트러진 머리가 얼굴을 덮은 모습에 탄식이 절로 난다. 가련한 모습을 그림으로 그려 보내어 호소해 볼까도 하지만, 결국 '오날도 희가 지니 이 밤을 어이 식며 / 이 밤을 지니온들 오는 밤을 엇지 흐리'라며 고통스런 겨울나기에 몸서리치며 이런 모진 인생은 어디에도 없다고 한탄한다. 이 사설의 끝에 가서는 '가삼이 터져 오니 터지거든 궁글 쑤러 / 고모장즈 셰살장즈 완즈창을 갓초 니여 / 이쳐로 갑갑흘 제 여다쳐나 보고지고'처럼 〈창 내고자〉 사설시조를 변형하여 읊기도 한다.

마음에 구멍 뚫어 창을 열듯이, 화자는 시름을 잊으려 낚시를 해 본다. 낚싯대를 마련하여 물때에 맞춰 나가 낚시를 드리우고 모래밭의 갈매기에게 말을 건넨다. '빅구야 나지 마라 너 잡을 닉 아닐다'의 〈백구사〉 첫머리를 가져와 스스로 흥취를 돋우면서, 공명도 다 버리고 태평성세의 한가로운 백성이 되어 갈매기와 벗이 되겠다는 사설을 불러 본다. 이렇게 잠시 마음의 여유를 찾았으나 주인집에 돌아와 개가 반기는 것을 보고 귀양살이가 오래되었음을 깨닫고는 다시 시름에 잠긴다. 이에 '누은들 잠이 오며 헴가림도 하도 할스 / 닉 헴이 무슨 헴이 이다지 만습든고'로 시작하는 헤아림의 사설이 나온 다음, 시름과 후회의 사설이 길게 펼쳐진다. '번화 고향 어듸 두고 적막 절도(絶島) 드러오며 / 오량 와가(五樑瓦家) 어듸 두고 모옥 반간(茅屋半間) 의지ᄒ며 / 닉외 댱원(莊園) 어듸 가고 밧고랑의 븬터이며' 식으로 과거의 좋았던 여건과 지금의 열악한 환경을 대조하며 한탄한다. 이 사설의 '사환 노비(使喚奴婢) 어듸 두고 고공(雇工)이 가 되엿는고' 다음에는, '아츰이면 마당 쓸기 젼역이면 불 쯔히기 / 볏이 나면 쇠똥 줍기 비가 오면 도랑 치기 / 들의 가면 짐 직히기 보리 멍셕 시 날니기'라고 하여 섬 생활에 점차 적응하여 일상의 일을 하는 모습이 그려진다.

 이같이 겨울을 보내며 시름을 푸는 방법도 찾아보고 이런저런 헤아림에 시름겨워 하면서도 섬의 일상적인 일에 익숙해진다. 여름날 섬에 처음 들어왔을 때의 지옥 같은 느낌은 조금씩 옅어지고 어떻게든 생존하려는 의지가 더해진다. 이럴 즈음 동네 아이들이 설이 돌아온다고 했던 말을 상기한다. 귀양살이에서 처음 맞는 설 명절이다. 섣달 그믐날 저녁 밥상은 평상시와 달랐다. '예 못 보던 나모반의 슈져 가촌 장 김치의 / 나락밥이 돈독ㅎ고 싱션 토막 풍성ㅎ다'라고 하여 어려운 살림에도 명절의 풍성함이 담긴 저녁상을 받았다. 그렇다 보니 고향 생각, 가족 생각이 간절해진다. 이에 '고향을 써나완 지 어제로 아라더니 / 너 이별 너 고싱이 격년 시 되단말가'로 시작하여 고향 소식을 기다리며 한바탕 그리움의 사설을 토로한다. 이 사설은 '흐르나니 눈물이요 지는니 한숨이라 / 눈물인들 한(限)이 잇고 한숨인들 긋치 잇지 / 너 눈물이 모혀시면 츄자셤이 잠겨시며 / 너 한숨 픠여 나면 한나산을 덥허시리'처럼 눈물과 한숨으로 가득차고, 'ㅎ 일을 결단ㅎ여 만〻를 이즈려니 / 나 죽은 무덤 우희 논을 풀지 밧츨 갈지'라고 자결까지도 생각하였다. 그러나 '의의(依依)ㅎ 천의(天意)을 알기가 어려워라 / 혐구진 이 인싱이 살고즈 살아시랴 / 자과(自過)를 부지(不知)ㅎ고 요힝을 바라즈니 / 촌촌 간댱(寸寸肝腸)이 구뷔구뷔 다 셕는다'라며 자신의 과오를 알지 못한 채로 요행을 바라고 있다고 한다. 사면에 대한 기대를 놓지 않고 있는 것이다.

이제 겨울이 지나고 봄이 왔다. 나무에 잎이 나고 가지마다 꽃이 피고 새소리가 들린다. 창밖의 나뭇가지에 핀 꽃을 보며 작년 봄에 보던 꽃을 떠올리고 〈장진주사〉를 읊으며 술자리를 벌였던 때를 그리워한다. 봄은 왔지만 먹고 입는 것에 대해서는 아주 난감하다. 사시사철을 보낸 한 벌 옷은 온통 시커멓게 되고 바짓가랑이가 터졌다. 이에 손수 바느질을 하여 '익구즌 실이로다 이리 얼고 져리 얼거 / 고기 그물 거리민 듯 쮱의 눈 쒜여민 듯 / 침지(針才)도 긔졀ᄒ고 슈품(手品)도 스치롭다'라며 이리저리 실로 얽어매고서는 바느질 솜씨가 좋다고 스스로 자랑한다. 여기서 화자가 귀양살이에 적응하여 자력으로 살아가는 모습이 잘 나타난다. 서럽고 고통스러운 중에도 이러한 노력을 통해 삶의 의지를 다지고 있다. 아래 대목에서 생존의 노력과 예의 관념 사이에서 고심한 흔적을 보여 준다.

> 의식(衣食)이 족ᄒ 후의 녜졀(禮節)을 알 거시요
> 긔흔(飢寒)이 즈심ᄒ면 념치(廉恥)를 모로ᄂ니
> 궁무소불위(窮無所不爲)는 옛사람이 일너시니
> 사불면관(死不免冠)은 군ᄌ의 녜졀이요
> 기불탁속(飢不啄粟)은 장부의 념치로다
> 질풍이 분 연후의 경초(勁草)를 아옵ᄂ니
> 궁ᄎ익견(窮且益堅)이 쳥운의 ᄯ지로다
> 삼순구식을 먹으나 못 먹으나

십년일관(十年一冠)을 쓰거나 못 쓰거나

녜졀을 모를 것가 념치를 모를 것가

닉 셩이 닉 버려셔 구츠(苟且)를 면ᄒ리라

쳐음의 못 ᄒ든 일 나죵의 다 비호니

ᄌ리 치기 몬져 ᄒᄌ 틀을 쇠ᄌ 날을 거러

바늘째 쏨ᄂ면셔 바듸를 드노홀 제

두 엇기 물너나고 팔회 목이 빠지ᄂ 듯

바든 삭 삭이ᄌ니 졋 먹든 힘 다 쓰인다

명셕 ᄒ 닙 겨려 ᄂ니 보리 닷 말 슈공(手工)이오

도리방셕 틀어 ᄂ니 돈 오 푼이 갑시로다


공자의 제자 자로처럼 죽더라도 갓을 벗지 않고, 봉황새와 같이 굶주려도 좁쌀을 쪼지 않는 것을 예절, 염치로 아는 화자는 궁핍한 생활 중에도 그것을 무시하거나 버릴 수 없다고 생각한다. 그러면서도 스스로 벌어 구차함을 면하겠다고 다짐하고 자리 치기와 같은 일에 뛰어들어 젖 먹던 힘을 다해 품을 팔아 삯을 받는다. 허위의식에 사로잡혀 체면만 살피던 자세에서 벗어나 먹고 사는 일에 투신하여 생계를 꾸리는 것이다. 이로써 예절, 염치는 체면과 명분을 위한 것이 아니라 스스로 벌어 사는 것과 관련된 실제적인 의미를 지니게 되었다. 주변 사람에게 떳떳하고 실생활에 소용이 되는 예절과 염치의 의미를 터득한 것이다. 이렇듯 화자는 귀양살이를 통해 의식과 태도의 변화를 겪었다.

그리고 일 년을 되돌아보며 슬픔에 젖는다. '상년(上年)의 뷔던 보리 올히 고쳐 뷔여 먹고 / 지ᄂᆞᆫ 여름 낙던 고기 이 여름의 쏘 낙그니', '셜워홈도 남의 업고 못 견딈도 별노 ᄒᆞ니'라며 서러움에 탄식을 한다. 그러면서도 '족징기죄(足懲其罪) 되올넌지 고진감ᄂᆡ(苦盡甘來) 언졔 홀고'라며 자신의 죄에 대한 징벌이 어느 정도 되었으면 사면할 날도 있지 않을까 하는 기대를 놓지 않는다.

추자도에 유배 와서 일 년간 보낸 경험을 슬픔과 고통의 정서로 그려 낸 끝에 하늘에 비는 말로써 결사를 삼았다. '하ᄂᆞ님긔 비ᄂᆞ이다 셜운 원정(原情) 비ᄂᆞ이다 / 칙녁(册曆)도 히 묵으면 고쳐 보지 아니ᄒᆞ고 / 노ᄒᆞ옴도 밤이 ᄌᆞ면 푸러져셔 바리ᄂᆞ니 / 셰ᄉᆞ(世事)도 묵어지고 인ᄉᆞ(人事)도 묵어시니 / 쳔ᄉᆞ 만ᄉᆞ(千事萬事) 탕쳑(蕩滌)ᄒᆞ고 그만져만 셔용(敍用)ᄒᆞᄉᆞ / 싄쳐진 녯 인연을 곳쳐 잇게 ᄒᆞᆸ소셔'라고 하였다. 하느님게 빈다고 했으나 '원정'이라는 단어를 써서 임금에게 비는 것임을 드러내었다. 노여움을 풀고 모든 일을 깨끗이 씻고 서용해 달라는 원정이다. 이것이 화자가 작품을 통해 말하려는 핵심 내용이다.

이와 같이 〈만언사〉는 유배의 형벌을 온몸으로 체험하고 기록한 가사 작품이다. 일 년간의 시간 속에 애초의 태도와 의식을 변화하여 귀양살이에 적응하고 삶의 의지와 희망을 끝까지 잃지 않는 모습을 보여 준다. 혹독한 환경에서 생활하면서도 과거의 행복했던 기억을 떠올리고 고난 중에 웃을 수 있는 여유를 지녔다. 비장한 주제를 감각적, 해학적 표현으로 감싸서 독자의 공감과 동정을 구하고 있다. 유배라는 형벌의 체험을 비장과 해학, 슬픔과 기대가 교차하며 현실감 있고 문학성 짙게 그려 낸 수작이라 할 것이다.

## 6. 북천가

〈북천가(北遷歌)〉는 김진형(金鎭衡, 1801-1865)이 1853(철종 4)년 함경도 명천(明川)으로 귀양 갔다가 돌아올 때까지 2개월간의 여정을 서술한 유배 가사이다. 나이 오십에 등과하여 벼슬살이를 시작한 작자가 당시의 이조판서를 논척한 일로 삭탈관직을 당했다가 다시 유배형에 처해졌다. 형벌을 받고 귀양 살러 떠날 때는 심각하고 비장한 마음이 들었을 터이나 작품에 그려진 유배 생활은 풍류와 연애로 점철되어 있다. 벌을 받기보다 풍류를 즐기는 것이 중심 내용을 이루므로 유배 가사라는 장르 규정과 의미상 모순되기까지 하다. 하지만 이것이 오히려 독자의 흥미를 끄는 요인 중 하나가 된 듯하다. 이 작품은 작자의 연고지인 영남 지역에서 널리 향유되었다.

 작품의 구성은 크게 다섯 단락으로 나누어 볼 수 있다. 유배의 동기와 발행-명천까지 이르는 도정-명천에서의 풍류와 연애-해배(解配)와 귀환의 과정-귀향 등이다. 이러한 구성에 따라 화자의 유배 경험이 그려져 있는데 그 중심 내용은 세 번째 단락에 있다. 이에 유배의 형벌이 풍류 놀음과 애정 관계로 채워진 양상을 살펴보고, 그러한 경험을 한 화자의 의식과 태도에 대해 논하고자 한다.

유배의 취지에 맞는 고난의 체험은 첫째와 둘째 단락에 그려져 있다. 화자는 '오십의 등과ᄒᆞ여 빅슈 홍진(白首紅塵) 무슴일고'¹라 하여 나이가 들어 벼슬길에 나섰다가 갑자기 유배를 당한 처지를 한탄하였다. 그리고는 '공명이 느즈ᄂᆞ마 힝셰나 약바르졔 / 무단히 닉달아셔 소인의 쳑(隻)이 되야 / 부월(斧鉞)을 무릅쓰고 천문의 상소ᄒᆞ니 / 이젼으로 보게 되면 빗ᄂᆞ고 올컨마ᄂᆞᆫ / 요요(擾擾)ᄒᆞᆫ 이 셰샹의 남다른 노릇이라'고 하여 자기가 징벌을 받은 이유에 대해 생각해 본다. 약빠르게 행세하지 못하여 눈치 없이 임금에게 상소하였다가 벌을 받게 되었다고 한다. 자신의 행위는 빛나고도 옳은 것인데 당시의 정치 현실이 이리저리 흔들렸기 때문에 그렇게 된 것이다. 여기서 당대 조정의 정치를 어지러운 것으로 인식한 화자의 의식이 나타나 있다. 아마도 당시에 정권을 잡은 세도가에 대한 반감이 표현된 듯하다.

이러한 현실 인식보다 강조된 것은 유배에 임하는 태도이다. 애초에 삭탈관직을 당해 고향으로 돌아가다가 다시 유배의 명을 받아 서울 동대문에 대죄한 후 명천으로 떠난다. 유배를 떠나면서 화자는 다음과 같은 모습을 보여 준다.

---

1 이재식 편, 「북천가」, 『유배가사』, 시간의 물레, 2008;최강현 편, 「북천가」, 『기행가사 자료 선집』 1, 국학자료원, 1996;김성배 외 편, 「북천가」, 『주해 가사문학전집』, 집문당, 1981 참조.

스람마다 당케 되면 우름이 나련마는

군은(君恩)을 갑흘지라 쾌흠도 쾌홀시고

인신(人臣)이 되얏다가 소인(小人)을 줍아먹고

엄지(嚴旨)를 봉승ᄒ여 절식(絕塞)로 가는 스람

천고의 몃몃치며 아조(我朝)의 그 뉘런고

칼 집고 이러셔셔 술 들고 츔을 츄니

이쳔 니 적긱(謫客)이라 장부(丈夫)도 다 울시고

조흔 다시 말을 타니 명쳔이 어디민야

 억울함이나 후회의 울음이 나오는 대신 군은을 갚는 뜻이 쾌하고 쾌하다는 것이다. 임금에게 충성하는 인신의 도리를 다하고 임금의 엄지를 받들어 귀양을 간다고 하였다. 그렇게 말하면서도 마음에 품은 원망은 '[목에 쓴] 칼 집고 일어서서 술(잔) 들고 춤을 추'는 것으로 표현하였다. 구경을 하던 장부들도 모두 울 만큼 비장한 모습이지만 애써 좋은 표정을 짓고 말에 올라탄다. 이렇게 화자는 징벌의 의미를 신하의 도리라는 유교적 명분으로 받아들이고 비장한 가운데 호기로운 태도를 보여 준다. 이는 그의 원래 성격을 드러낸 면도 있지만 변방에 유폐되는 불안한 심리를 감추려는 의도도 있는 듯하다. 유배의 이유를 소인과 척이 졌기 때문이라고만 규정하고 유배형이 군은을 갚는 일이라고 치부하는 데에는 관념적 인식 태도도 엿보인다.
 귀양 가는 도중에 겪은 고난은 다음과 같이 그려져 있다.

남여(藍輿)를 자바타고 철영(鐵嶺)을 넘는고나
슈목은 울밀(鬱密)ᄒ여 쳔일(天日)을 가리우고
암셕은 총총ᄒ여 업더지락 잡바지락
즁허리예 못 올ᄂ셔 황혼이 거의로다
상상봉 올ᄂ셔니 초경(初更)이 되얏고나
일힝이 허기져셔 기장쩍 사 먹으니
썩 마시 이상ᄒ여 향긔 잇고 아름답다
횃불을 신칙ᄒ여 화광 즁(火光中) 나려가니
남북을 모라거든 순형(山形)을 어이 아리

캄캄한 밤중에 남여를 잡아타고 철령을 넘어간다. 일행이 허기져 기장 떡을 사서 허겁지겁 먹는다. 고개에 올라 경치를 조망하기는커녕 동서남북의 어느 방향으로 가는지, 산의 형세는 어떠한지 알지 못한 채 오로지 횃불만 따라서 고개를 내려온다. 이처럼 한밤중에 철령을 넘는 모습을 포착하여 유배의 도정에서 겪는 고난의 양상을 현실감 있게 그려 내었다.

이렇게 유배의 도정에서 경험한 것을 사실적으로 서술한 부분은 좀 더 이어진다. 그런데 이와 함께 그러한 경험과 자신이 처한 상황을 다소 관념적으로 인식하는 태도도 지속되는 양상을 보인다. 영흥 읍에 들어가자 본관이 나와 채병 화연(彩屛花筵)을 베푸는데, 화자는 '죄명이 몸의 이셔 치소(致謝)ᄒ고 환송(還送)ᄒ'다. 함흥을 지나 북청 근처에 갔을 때는 '만신의 땀씩 도다 셩종(成腫) 지경 되야 잇고 / 골슈의 든 더위는 자고 시면 셜소로다'라고 할 지경인데, '엄지 즁 일신이라 / 싱ᄉ를 싱각ᄒ고 일신

3장 벌받는 나 **135**

들 유체(留滯)ᄒᆞ랴'면서 갈 길을 서두른다. 길주 읍에서도 본관이 대접하는데, '음식은 먹거니와 포진(鋪陳) 기싱 불관(不關)코나 / 엄지를 뫼셔스니 꽃자리 불안ᄒᆞ고 / 죄명을 가져스니 기싱이 호화롭다'라며 거절한다.

이러한 화자의 태도는 일단 임금의 엄지를 받들어 귀양 가는 유배객으로서 자신의 처지를 자각한 것이라고 할 수 있다. 그런데 나중에 명천에서 군산월과 애정 행각을 벌이는 것을 보면, 이러한 태도에는 지방관들에게 보여 주기 위한 면이 있는 듯하다. 죄와 벌의 엄중함을 인식했다기보다는 소인을 논척한 것이 떳떳하고 유배는 군은을 보답하는 것이라는 의식을 행동으로 드러낸 것같이 보인다. 이를 양반 사대부의 체면 의식이라 한다면, 각 읍을 지나며 대접을 사양한 것은 이러한 의식에서 나왔을 것이다.

명천에서의 귀양살이는 세 번째 단락에서 그려졌다. 화자는 고을의 선비 60여 명을 모아 글을 가르치고 시를 주고받으며 나날을 보낸다. 이렇게 여유로운 시간을 지내던 중에 작품의 중심 사건이자 흥미 요소인 군산월과의 만남과 풍류 생활이 펼쳐진다. 이 부분만 떼어 놓으면 한 편의 애정 가사라고 할 만큼 아기자기하고 흥미로운 삽화가 그려져 있어 작품 감상의 핵심적인 부분이 된다.

안온하게 이어지던 귀양살이 중에 추석이 다가왔다. 이때를 타 본관의 권유로 칠보산(七寶山)을 유람하게 된다. 애초에는 '원지(遠地)예 쫓긴 몸이 형승(形勝)의 노ᄂᆞᆫ 일이 / 분의(分義)예 미안ᄒᆞ고 첨영(瞻聆)의 고이ᄒᆞ니 / 마음의 조컨마ᄂᆞᆫ 못 가기로 작정ᄒᆞ니'라고 하여 죄인으로서의 분의와 사람들의 이목을 내세워 거절하였다. 그러나 본관이 등자경, 소동파 등도

적거(謫居) 중 악양루나 적벽에서 유흥을 즐겼다면서 재차 권하자, '그 말을 반겨 듯고 / 황연(惶然)이 이러ᄂ셔' 60여 명의 선비와 함께 술을 싣고 칠보산 유람을 떠난다. 잠시 체면 의식을 내세웠다가 마음에 품고 있던 욕망을 드러내어 경치 유람에 나선 것이다.

개심사에서 하룻밤을 보낸 그날 새벽녘에 매향과 군산월이 화자의 방으로 들어온다. 본관의 당부로 모시고자 왔다는 것이다. 이에 화자는 '우습고 붓그럽다 본관의 정성이여 / 풍류남ᄌ 시쥬긱(詩酒客)은 남관(南關)의 나쑌인듸 / 신션의 곳의 와셔 너를 엇지 기(棄)ᄒ리요 / 이왕의 너희드리 칠십 니 등듸(等待)ᄒ니 / 풍류남자 방탕 졍(情)이 미물ᄒ기 어려워셔' 받아들인다. 시와 술을 즐기는 풍류남자는 남쪽 지방에서 자기뿐이라며 스스로 '방탕 졍'을 과시하고 있다. 이제까지 보여 주었던 사대부의 체면을 벗어 버리고 화자가 본래 지닌 풍류남자의 방탕한 성정을 드러낸 것이다. 이는 서울을 떠나면서 보여 준 호기로움과 연결된 성격이기도 하다.

이러한 성격 과시는 겉치레인 체면을 내버리고 인간의 본성인 애정 욕구를 표출했다는 점에서 조선 후기 문학의 인간주의적 경향을 반영한 것이라 할 수 있다. 그렇지만 군산월과 함께 풍류와 연애의 시간을 보낸 후 이별하는 장면을 보게 되면 군산월에 대해 화자가 진정성을 가졌는지 의문이 든다. 화자는 귀양살이에 큰 위안이 되었을 뿐더러 자기 입으로 첩을 삼겠다고 약속한 군산월을 서울로 귀환하는 도중에 버리고 떠나는 것이다. 이를 보면 화자의 애정 추구가 갖는 인간적인 의미는 반감하는 대신에 사대부의 체면 의식에 따른 봉건적 계층 의식의 한계가 분명히 나타난다. 화자가 말한 '풍류남자 방탕 졍'은 말 그대로 방탕한 호사 취미와 애정 행각을 보였다는 평가가 좀 더 적절할 듯하다.

이제 화자는 두 기생과 함께 칠보산을 유람한다. 기생의 풍악을 들으며 칠보산 명승지를 관람하는 중 가히 압권이라 할 장면이 다음 대목이다.

> 연적봉 구경ᄒ고 회상ᄃᆡ 향ᄒ다가
> 두 기싱 간ᄃᆡ업셔 찻노라 골몰터니
> 어ᄃᆡ셔 일셩 가곡 중쳔으로 ᄂᆞ려오니
> 놀ᄂᆞ여 ᄇᆞ라보니 회상ᄃᆡ 올ᄂᆞ 안즈
> 일지 단풍 썩거 쥐고 녹의홍상 고은 몸이
> 만장암 구름 우희 ᄉᆞ람을 놀닐시고
> 어와 기졀(奇絶)ᄒ다 이 노름 기졀ᄒ다
> 이 몸이 이른 고지 신션의 지경이라

산을 오르다가 문득 두 기생이 없어졌다. 여기저기 찾던 중에 어디선가 노랫소리가 들린다. 소리 나는 데를 보니 두 사람이 회상대에 올라 가을 풍경을 배경으로 가곡을 부르고 있다. 이에 화자는 자신이 신선의 지경에 이르렀다며 탄성을 내지른다. 이러한 풍류 놀음은 일종의 가짜 신선 놀이라고 할 수 있다.

이것은 조선 초부터 관행처럼 전승된 사대부의 풍류놀이로 보인다. 강릉 기생 홍장(紅粧)의 고사에서 홍장은 강원도 안렴사로 부임한 박신(朴信, 1362-1444)을 속여 거짓으로 죽었다고 하고는 경포 호수에 선녀로 가장한 모습으로 나타난다. 북창 정렴(鄭磏, 1506-1549)의 고사에서도 음률에 정통한 그가 금강산을 유람하던 중 부친인 정순붕(鄭順朋, 1484-1548)보다 앞서 비로봉에 올라 피리를 부니 동행하였던 사람이 모두 신선의 곡조라며 기이하게 여겼다. 홍장 고사에서 중앙 관리와 지방 기생의 애정 행각, 정렴 고사에서 산에 올라 음악을 연주한다는 설정 등이 조합되면 여기에 나오는 놀이가 연출될 수 있다.

이 작품과 동시대에 나온 소설 〈옥루몽〉의 자개봉 유람도 비슷한 양상을 보여 준다. 취성동으로 물러난 양창곡이 초왕과 함께 세 첩을 거느리고 자개봉을 유람하기로 한다. 그런데 일지연만 따라 나서고 강남홍과 벽성선은 병을 핑계로 동참하지 않겠다고 한다. 섭섭한 마음을 지닌 채 자개봉에 올라 얼마쯤 가다가 멀리서 피리 소리가 나며 반석 위에 신선이 노니는 광경을 보게 된다. 이는 강남홍과 벽성선이 시녀를 거느리고 지름길로 올라가 연출한 광경이었다. 이러한 〈옥루몽〉의 가짜 신선 놀이는 심리 묘사가 치밀하고 서사 전개에 짜임새가 있어서 흥미를 자아낸다. 서사의 자세한 과정을 축약하여 정서 표출 위주로 표현한다면 이 작품과 유사하게 될 것이다.

이렇게 그려진 풍류놀이는 신선 세계에 대한 동경을 창작 배경으로 한 것이다. 그런데 달리 보면 신선 사상을 패러디한 것이라고도 할 수 있다. 현실을 초월하여 불로장생을 추구하는 의식이 오히려 현실 속에서 쾌락을 탐닉하는 쪽으로 나아갔기 때문이다. 이로써 신선 및 신선 세계가 풍류와 유흥의 재료가 되어 흥취를 고조시키는 역할을 하고 있다. 이러한 양상은 조선 후기 사회의 유흥적인 경향이 반영된 것으로 보인다.

군산월과의 만남과 풍류는 화자에게 큰 기쁨과 만족을 주어, '군명이

엄ᄒᆞ여도 반훌 번ᄒᆞ깃고나 / 영웅 열ᄉᆞ 업단 말은 사칙(史冊)의 잇ᄂᆞ니라 / 닉 마암 단단ᄒᆞ나 네게야 큰말 ᄒᆞ랴 / 본 거시 큰 병이오 안 본 거시 약이련가'라고 할 정도이다. 그러나 이튿날 돌아와서는 '회상뎍 노든 일이 / 젼싱인가 몽즁(夢中)인가 국은(國恩)인가 쳔은인가'라며 나라의 은혜를 말하고, '도라와 싱각ᄒᆞ니 호화(豪華)ᄒᆞᆫ 즁 불안ᄒᆞ다 / 다시는 지휘ᄒᆞ여 기싱이 못 오리라'며 불안한 심정을 내비친다. 하지만 기생을 오지 못하게 하리라는 다짐은 금세 무너지고 군산월에 대한 그리움이 더욱 간절해진다. 그래서 결국에는 '칠보순 반흔 놈이 소무(蘇武) 굴 보려 ᄒᆞ고' 그녀와 함께 경성(鏡城)으로 유람을 떠난다. 기생 군산월에 대한 애정과 유배객의 사표인 소무의 유적을 찾는 행위 사이의 기묘한 부조화가 모순된 작자 의식을 잘 보여 준다.

경성을 유람하고 돌아오자 귀양에서 풀려났다는 소식이 기다리고 있었다. 이제 형벌에서 놓여나서 상경하고 귀향할 수 있게 되었다. 그뿐 아니라 어떠한 죄의식이나 불안감 없이 군산월과 즐길 수 있게도 되었다. 그리하여 '금병 화촉(金屛華燭) 깊흔 밤의 풍조 월셕(風調月夕) 말근 날의 / 글 지으면 화답ᄒᆞ고 슐 가지면 동빅(同盃)ᄒᆞ니 / 정분도 깁거니와 호ᄉᆞ도 그지업다'면서 마음껏 즐긴다.

화자는 9월에 해배되어 10월에 서울로 돌아오는데 군산월이 남복(男服)을 하고 함께 상경한다. 본관은 그녀를 떠나보내며, '뫼시고 즐 가거라 / 나으리 유경(遊京) 시(時)예 네게야 닉외ᄒᆞ랴 / 쳔 니 강산 딕도상(大道上)의 김 학사의 꼿치 되야 / 비위를 마초면셔 조케 조케 잘 가거라'고 당부한다. 두 사람의 만남과 풍류놀이를 주선해 준 본관이 군산월의 떠남을 위로하고 축복의 인사를 한 것이다. 군산월로서는 명천에서의 기생 생활을 청산하고 양반의 첩이 되어 새로운 삶을 살고자 하는, 인생의 전환점이기도 하였다.

　화자가 서울로 돌아오는 길은 흥취가 도도하여 이르는 곳마다 환대를 받는다. 길주에서는 북병사가 남복을 한 군산월을 희롱하려다가 화자의 첩인 줄 알고 나서 한바탕 웃는 일까지 벌어졌다. 이러는 중에 군산월과의 관계는 화자 스스로, '반야(半夜)의 깁흔 정은 / 양인(兩人)만 아ᄂᆞ니라 / 금셕 갓흔 언약이오 틱슨 갓흔 인정이라'고 말할 정도로 언약은 굳고 애정은 깊어져 있다.

　그런데 원산에 와서 화자는 느닷없이 군산월에게 이별을 고한다. 명천에서 천여 리나 떨어진 곳에서 두 사람이 이별을 맞게 된 것이다. 이 장면은 화자가 군산월을 어떻게 생각하고 있었고 그들의 관계가 어떤 성격의 것인지 적나라하게 보여 준다. 아무 것도 모르고 주막집에서 자고 있던 군산월을 깨워 놓고 다음과 같은 말을 꺼낸다.

　　　옛일을 이를 게니 네 즘관 드러 봐라
　　　이젼의 쟝 틱쟝이 졔쥬 목ᄉᆞ 과만(瓜滿) 후의
　　　졍 드렷든 슈쳥 기ᄉᆡᆼ 브리고 ᄂᆞ왓더니
　　　바다를 건넌 후의 ᄎᆞ마 잇지 못ᄒᆞ여셔
　　　ᄇᆡ 줍고 다시 가셔 기ᄉᆡᆼ을 불너니여
　　　허리예 비슈(匕首) 쎼여 옥용(玉容)을 버힌 후의
　　　도라와 틱쟝 되고 만고 명인(萬古名人) 되얏스니

나는 본디 문관(文官)이라 무변(武弁)과 다르기로

너를 도로 보내는 게 장 대장의 비수로다

    화자는 군산월에게 이별을 통고하면서 장 대장의 이야기를 예로 들었다. 제주 목사로 임기를 마치고 귀경하던 장 대장은 수청 기생에 대한 연연한 정을 끊지 못하여 고민하다가 제주로 되돌아가 그녀의 얼굴을 칼로 베어 버리고 떠났다는 것이다. 제주 목사의 인명록에 장씨 성의 인물이 대여섯 명 보이나 위의 사건을 저지른 인물은 찾을 수 없다. 재담 소리 〈장대장타령〉의 주인공도 지방에 부임하여 무당 첩을 얻기는 하지만 위의 같은 사건을 벌이지는 않는다. 현재로서는 장 대장의 기생 상해(傷害) 사건은 미상으로 둘 수밖에 없다.

    장 대장은 그렇게 미련을 없앤 후에 대장이 되고 명인이 되었다고 하여 화자는 그의 행위를 긍정적으로 평가하였다. 그러나 이 예화는 양반 사대부가 기생을 상대로 애정을 나누는 행위가 얼마나 몰인격적, 비인간적인지를 적나라하게 보여 준다. 지방의 관기는 공무로 부임한 관리나 유배형을 받고 온 사대부의 일시적인 욕구 충족의 대상일 뿐이다. 간혹 어떤 관리가 자신의 욕망을 자제할 필요가 있을 때는 관기가 지닌 최소한의 인간적 가치마저 여지없이 망가뜨릴 수 있다. 장 대장을 예로 들 정도의 화자의 의식은 이미 작품 서두에서부터 이제껏 지니고 있는 것이었다. 군신 관계를 내세워 호기를 부리고 귀양길에서 각 읍의 수청을 거절하며 체면을 차리는 모습의 연장선상에 이러한 말이 나온 것이다.

    이어서 자기는 문관이므로 무관인 장 대장이 비수를 쓴 것 대신에 명천으로 돌려보내는 것이라 하였다. 상대방 기생의 처지를 상당히 생각해 준다는 말투이다. 그리고 '협창(挾唱)ᄒ고 셔울 가면 / 분의예 황송ᄒ고 모양이 고약ᄒ다'며 이별의 이유로서 자신의 분의와 모양, 즉 체면에 고약하다는 점을 들었다. 여기서 화자가 지닌 체면 의식이 전면에 등장하는 것을 본다. 이러한 의식의 화자에게 군산월이라는 사람이 얼마나 가치 있는 존재로 인식되었을지 의문이 든다. 군산월은 명천 본관의 말대로 '김학사의 꽃'으로서 일시적인 노리갯감일 뿐 인간적인 대우를 받을 수 없었다. 그러기에는 기생이라는 그녀의 신분이 지닌 한계가 뚜렷했던 것이다. 이로써 보면 두 사람의 관계도 화자가 말한 '금석 같은 언약'으로 맺어졌다기보다 일시적인 연애 관계일 따름일 것이다.

갑작스런 이별 통고에 군산월의 마음은 무너져 내린다. 참으로 기막힌 상황에서 그녀는 다음과 같이 한탄한다.

ᄇ릴 심ᄉ 계셨스면 즁간의 못 ᄒ여셔
어린 ᄉ람 홀여다가 사고무친(四顧無親) 쳔 니 밧긔
게 발 무려 던진 다시 이런 일도 ᄒᄂ잇가

아는 이 하나 없는 원산에서 홀로 떨어진 것이 원망스럽다. 더욱이 명천으로 다시 돌아가기에는 그쪽 살림을 다 정리해 버렸기에 막막할 뿐이다. 그러니 외롭고 서러운 마음은 이루 헤아릴 수 없다. 명천을 떠나올 때 모든 것을 버리고 화자만 믿고 따라왔는데 이제 그 믿음과 희망이 산산조각이 나 버렸다. 군산월의 애끓는 심정은 이 작품과 짝이 되는 〈군산월

애원가)에서 소설적 필치로 서술되어 있기도 하다.[2] 이별 장면이 주는 충격과 군산월에 대한 감정을 어떤 형태로든지 더욱 흥미롭고 동정적으로 향유하고 싶은 요구가 있어서 이와 같은 파생작이 나왔으리라 짐작된다.

군산월을 보내 놓고 화자는 '천고의 악흔 놈은 나 하나쑨이로다.'라며 자책한다. '남자의 간장(肝腸)인들 인정이 업슬소냐'라고 인간적인 아픔도 느낀다. 그러나 곧이어 안변 원이 붙여 준 봉선이라는 기생을 데리고 다시 길을 떠나 철령을 넘는다. 이 고개는 귀양살이의 시작을 알리는 지점이자 해배되어 상경할 때 귀양살이를 끝마치는 장소가 된다.

> 남여로 지 넘으니 북도 슨쳔(北道山川) 그지 ᄂ다
> 셔름도 그지 ᄂ고 인정도 그지 ᄂ고
> 풍유도 그지 ᄂ고 나문 거시 귀흥(歸興)이라

귀양살이의 경험에 대해, 형벌을 겪은 서러움, 여러 사람과의 인간적 정리(情理), 군산월과의 연애와 풍류 등 세 가지로 요약하고 있다. 이 모든 유배 체험이 끝나고 남은 것은 귀흥뿐이다. 이제 화자는 애초의 체면을 온전히 회복하고 귀흥이 도도한 채로 상경한다.

서울에 도착하고 뒤이어서 고향인 안동으로 돌아간다. '어린 것들 반갑고나 잇글고 방의 드니 / 이 쓰든 늘근 안히 붓그려워ᄒᄂ고나'라며 가족과 재회의 기쁨을 누린다. 또한 '어엽불스 슈득어미 군슨월이 네 왓ᄂ냐'

---

2 정병설, 「군산월의 애원」, 『나는 기생이다』, 문학동네, 2007 참조.

라며 수득어미를 보고 군산월을 만난 듯이 반가워한다. 아마도 이 인물은 화자의 첩일 것이다. 이로써 화자가 본가에 이미 첩을 두고 있었는데 유배지에서 만난 군산월을 또 다른 첩으로 삼으려고 했던 것을 알 수 있다. 그러다가 체면 의식과 함께 집안 형편을 고려하여 중도에 포기한 것으로 보인다. 군산월로서는 관기의 신분에서 벗어나 사대부의 첩이 되어 지방 사족의 가족 구성원으로 살 수 있는 기회를 잃어버리고 다시 천민으로 되돌아간 셈이 되었다.

  이와 같이 〈북천가〉는 화자와 군산월의 연애 이야기를 중심으로 서사적 구성을 갖춘 가사 작품이다. 유배 가사이기는 하지만 다른 작품에 비해 징벌의 의미가 변질된 것이 특징이다. 정서 표출의 강화, 서사적 전개의 확대 등 조선 후기 가사 문학의 경향이 나타나고, 유배 도정의 고난이 사실적으로 묘사되었으며, 당시 유흥적인 사회상이 반영된 점에서 문학사적 의의를 지닌다. 그렇지만 낭만적인 애정 서사의 이면에 있는 양반 사대부의 체면 의식과 그로부터 나온 비인간적 행위는 작자 의식의 중세적 한계를 보여 준다. 그럼에도 불구하고 형벌을 받는 시간에 풍류와 애정을 누리는 형식과 내용 사이의 모순 관계가 오히려 작품에 대한 관심을 불러일으켰을 것 같다. 말하자면, 징벌의 내용이 현실적 쾌락으로 전개된 기묘한 양상이기에 흥미로운 문학 작품이 되었다고 할 수 있다.

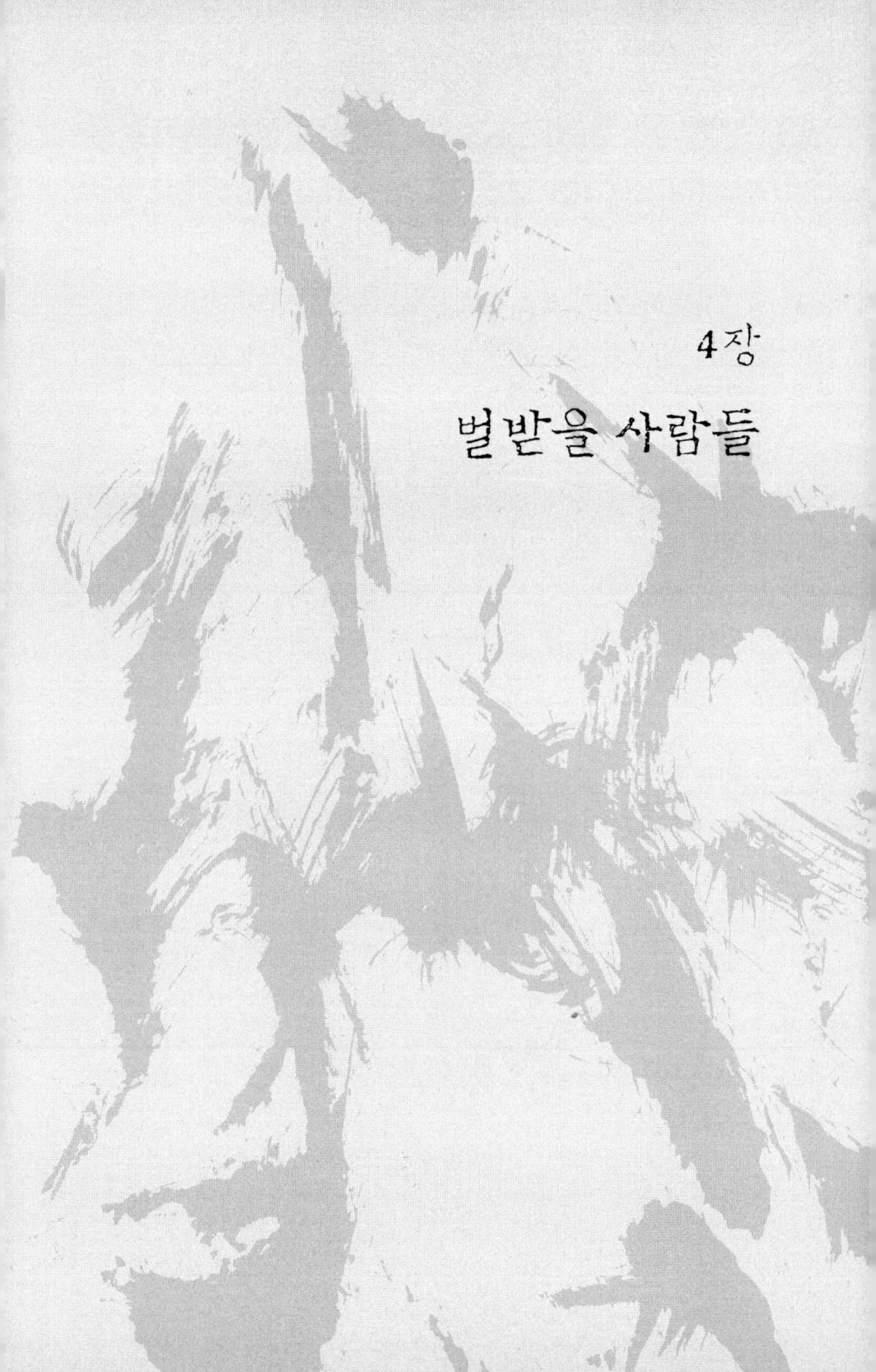

# 4장
# 벌받을 사람들

## 1. 처용가

東京明期月良

夜入伊遊行如可

入良沙寢矣見昆

脚烏伊四是良羅

二肹隱吾下於叱古

二肹隱誰支下焉古

本矣吾下是如馬於隱

奪叱良乙何如爲理古[1]

『삼국유사』「처용랑 망해사(處容郞望海寺)」에 실린 〈처용가(處容歌)〉의 향찰 원문이다. 제1~7행까지는 크게 논란이 되는 구절이 없으나 제8행에 대해서는 해독의 편차가 있다. 아래에 인용한 것은 필자의 해석이다.

東京 볼기 드라            동경 밝은 달에

---

[1] 일연, 『삼국유사』, 『한국불교전서』 6, 동국대출판부, 1982, 295면.

| | |
|---|---|
| 밤드리 노니다가 | 밤들도록 놀며 다니다가, |
| 드러사 자리 보곤 | 들어서 자리 보니 |
| 가로이 네히어라 | 가랑이가 넷이어라. |
| 두불흔 내 해엇고 | 둘은 내 것인데 |
| 두불흔 누기 해언고 | 둘은 누구 것인가? |
| 아이 내 해다마는 | 본래 내 것이다마는 |
| 아살 엇뎌다 흐리고 | 빼앗아 옴을 [사람들이] 어떻다 하리오?[2] |

「처용랑 망해사」는 처용에 관한 이야기를 서술한 것이다. 동해 용의 아들인 처용이 헌강왕을 따라 서라벌에 들어와 정치를 보필하였다. 전염병을 퍼뜨리는 역신(疫神)이 그의 아내를 범한 현장을 목격하자 노래하고 춤추며 물러났다. 그랬더니 역신이 그의 앞에 무릎을 꿇고 사죄하였다. 그후 신라 사람들이 처용의 형상을 그려 문에 붙여 악질(惡疾)을 막는 풍속이 생겼다는 것이다. 역신이 아내를 범한 사건의 현장에서 부른 노래가 〈처용가〉이다. 이야기와 관련지으면 역신을 물리친 주술적인 노래라 하겠으나 작품 자체만 놓고 보면 그러한 성격을 찾기 어렵다. 오히려 아내를 두고 후에 역신으로 신비화된 외간 남자와 처용이 삼각관계를 이루어 서로 다툰 애정 스캔들로 보인다. 배경 기사에서 얻는 선입견에서 벗어나 작품 자체에 초점을 맞춰 이해할 필요가 있다.

제1구(제1~4행)는 밖(外)과 안(內)이 대비되는 구성을 하고 있다. '밝은

---

2  신재홍, 『향가의 해석』, 집문당, 2000, 141-142면.

달'이 비치는 '동경'(서라벌)의 '밤'이 밖이 된다. 이러한 배경은 『삼국유사』에 '서울에서 바다 안쪽까지 집들이 즐비하고 담이 연이었고 초가는 한 채도 없었다. 생황과 노랫소리가 길에 끊이지 않고 바람과 비는 사시사철 순조로웠다.'고 기록된 헌강왕대(憲康王代, 875-886)의 시대적 상황이 작품에 반영된 것으로 보인다. 이에 비해 '가랑이' '넷'이 어지러이 놓인 잠'자리'가 안이 된다. 가랑이가 넷이라는 말은 성관계를 빗대어 표현한 것인데, 집 안의 침실에서 남녀가 그러한 행위를 한 것이다. 이러한 공간적 대비는 밖의 태평성대 이면에서 벌어진 안의 성적인 문란상을 시사한다.

이렇게 제1구는 밖과 안의 대비 속에 헌강왕대의 상황을 반영하였다. 처용은 밖에서 놀다가 안에 들어와 침실에서 외간 남자가 아내를 범한 현장을 목격하였다. 이는 처용이 개인적으로 경험한 일이다. 그렇지만 그의 경험에는 시대 상황이 스며들어 있다. 처용이 처한 상황이란 아마도 동해로부터 서라벌에 들어온 외래자의 처지와 연관될 듯싶다. 그는 태평성대인 헌강왕대에 왕의 선처로 미녀를 맞이하여 서라벌에 정착할 기반이 마련되었다. 그런데 집 안에서 패역한 일이 벌어져 정착의 의지를 잃어버릴 위기에 처한 것이다.

제2구(제5~8행)는 화자가 위기에 대응하는 모습을 그리고 있다. 잠자리를 목격하자 먼저 거기에 놓인 네 개의 다리를 둘씩 구분하여 인식한다. 위기 상황에 닥쳐서 분석력을 발휘한 것이다. 다리 넷 중에 '둘은 내 것', '둘은 누구 것'으로 나누었는데, 여기서 '것'이라는 소유 관념의 말이 반복, 강조되었다. 자신의 아내를 소유하였다는 관념하에 잠자리의 다리 넷을 둘씩 구분한 것이다. 이는 집 안에서 벌어진 사태를 직시하여 이지력으로 처리하려는 노력이라 할 수 있다. 처용이 노래하고 춤추며 물러났다는 행위 이전에 사태 해결을 위해 노력한 점에 주목해야 한다. 물러난 것이 체념이나 관용의 의미라고 보기 어려운 면이 여기에 있다. 처용은 힘을 다해 사태를 파악하여 처리하려 했던 것이다. 이러한 노력에 의해 최종적으로 판단한 내용이 제7, 8행에서 표현되었다.

제7행의 '본래 내 것'이라는 말은 헌강왕이 처용을 떠나지 못하게 하려고 미녀를 아내로 삼고 급간(級干)의 벼슬을 주었다는 기록과 관련된다. 작품에서 화자가 아내의 소유권을 내세우는 것은 헌강왕이 그녀를 그에게 하사하였기 때문이다. 최고 권력인 국왕이 보증한 소유권이기에 그 권리는 조금도 흔들릴 수 없다. 또한, 왕이 처용의 능력을 믿고 붙잡아 두었으므로 그의 능력도 상당하다. 그러므로 왕의 권위를 빌리거나 스스로 능력을 발휘하거나 간에 외간 남자에게 빼앗긴 아내를 되찾아 올 수 있다. 이는 명분도 분명할 뿐 아니라 지적, 육체적 힘을 통해서도 충분히 가능하다.

그러나 제8행에서 보듯이 화자는 아내를 도로 '빼앗아 오'지 않는다. '빼앗아 옴을 어떻다 하리오?'라는 말은 여러 사람의 평판, 즉 밖의 시선을 의식한 것이다. 헌강왕이 처용에게 미녀와 벼슬을 내렸으니 화자가 우선적으로 의식하였을 인물은 헌강왕이다. 그리고 왕의 명령을 받들어 처용의 서라벌 정착을 주선해 준 몇몇 신하들이 있다. 그와 함께 작품에 그려진 것처럼 달밤의 서라벌을 함께 유람한 동료 화랑도 의식해야 할 존재이다. 이렇게 자신의 후원자와 동료들의 신망을 생각할 때, 빼앗긴 것을 다시 빼앗아 오는 싸움에 돌입할지 신중히 판단해야 한다.

처용의 아내는 외간 남자에게 겁탈을 당했다. 어쩌면 외간 남자와 사통(私通)을 하였을지도 모른다. 현장이 발각됨으로써 처용과 아내의 애정 관계는 파탄이 났다. 왕을 비롯한 후원자의 도움으로 이루어진 혼인이 파기된 것이니 처용은 아내에게 크게 분노했을 것이다. 그녀가 자기를 배반한 것에 대해서는 물론이고 후원자의 지원과 기대도 저버린 행동을 하였기 때문이다. 그와 동시에, 서라벌 정착을 위해 이제까지 진행된 모든 일이 엉망이 되도록 한 원인 제공자로서 외간 남자에게도 엄청나게 분노했을 것이다. 그리하여 작품에는 비록 감정을 절제하여 드러내지는 않았지만 간통한 남녀에 대한 화자의 분노가 담겨 있을 수밖에 없다.

이렇게 작품에 담긴 정서로써 당시 상황을 추정해 볼 수 있지만, 세 인물이 얽힌 삼각관계의 구체적인 내용이 어떤 것이었는지 현재로서는 알 수가 없다. 처용과 아내의 애정은 어떠했는지, 남자와 처용, 남자와 아내는 평소 어떤 관계였는지, 세 사람이 왕을 비롯한 조정의 인물과는 어떻게 연결되는지 등등 궁금한 점이 많으나 연구할 자료가 남아 있지 않다. 그러기에 작품에 나타난 처용의 분노가 어떠한 내력과 배경에서 나온 것인지에 대해서는 의문만 잔뜩 남을 따름이다. 아마도 이 삼각관계는 상당히 복잡하고 심지어 모순적이기도 한 요인들로 얽혀 있었을 것 같다.

다만, 처용이 자신의 결백과 주체성을 지키고자 한 점은 분명히 감지된다. 눈앞에 벌어진 간통 현장에서 아내를 다시 빼앗아 오는 것은 더러운 데에 손을 담그는 격이다. 왕을 보필하고 화랑과 교유하면서 얻은 인간관계의 신의를 지키려면 진흙탕 싸움에 말려들지 말아야 한다. 결국 처용은 두 남녀에 대한 극도의 분노를 억제하면서 한 발짝 물러선다. 패역을 저지른 그들에게 관용을 베풀어서가 아니라 자신에 대한 후원자의 신망을 저버리지 않으려고 물러나는 것이다. 노래하며 추는 그의 춤사위는 억누르기 힘든 분노의 표현이므로 매우 굳세고 격렬한 몸짓이었을 것이다. 이 모습을 보고 처용 앞에 무릎을 꿇은 역신은 '공께서 노여움을 나타내지 않으시니'(公不見怒)라고 말한다. 이는 처용이 엄청난 분노를 품고 있지만 밖으로 드러내지 않았음을 간파한 말이다.

이렇게 보면, 작품에 그려진 화자의 의식과 행동이 '밖-안-안-밖'으로 전개되었음을 알 수 있다. 밖과 안의 공간적 대비는 처용이 애초에 처해 있던 서라벌 밖과 안 사이의 모순된 상황이 집 밖과 안의 관계로 옮아 온 것이라 할 수 있다. 그는 동해에서 서라벌로 들어온 외래자로서 서라벌에 정착하느냐 동해로 돌아가느냐 하는 문제에 놓인 인물이다. 여러 사람의 도움으로 서라벌에 정착하고자 했는데 그의 집 안에서 문제가 생겼다. 집 밖은 태평성대를 구가하고 있으나 집 안은 성적으로 문란한 장소가 되어 버렸다. 서라벌에 살면서 국정을 보필하고 단란한 가정을 꾸리고자 했던 처용은 집 안에서 벌어진 간통 사건으로 인해 정착의 의지를 잃을 지경이다. 그렇지만 자신을 신임하는 헌강왕 이하 후원자를 생각하면 처음 왔던 곳으로 되돌아갈 수도 없다. 이렇듯 시대적 상황에 개인의 문제가 겹친 현실 속에 화자의 고뇌가 깊어진다. 사랑의 파탄으로 인한 분노와 그것의 자제, 정착을 할 것인지 말 것인지의 고민이 어우러져 시적 긴장감을 높이고 있다.

이와 같이 〈처용가〉는 밖에서 안으로 들어온 시선이 다시 밖을 향하는 시상의 전개로 이루어진 작품이다. 드러내지 않고 속으로 삭이는 분노의 감정, 더러운 상황에 빠지지 않으려는 결연한 의지 등이 표현되었다. 밝은 달과 어두운 밤·잠자리의 대조적 심상, 가랑이 넷, 빼앗아 옴과 같은 생생한 육체적 심상 등이 강렬한 인상을 준다. 당대의 향유자에게 이 작품은 간통 사건으로 인한 분노와 밖의 시선을 의식할 수밖에 없는 고뇌를 그려 낸 인간적인 작품으로 수용되었을 것이다.

그런데 이 작품을 확대 부연한 고려〈처용가〉는 원작보다 주술적 성격이 강하다. 삼각관계의 스캔들을 제재로 한 신라〈처용가〉가 어떤 이유로 후대에 주술적인 노래로 사용될 수 있었을까? 작품에 표현된 정서와 의지, 강렬한 심상 등도 한몫을 했겠지만, 특히 다음 두 가지를 주술적 기능의 원인으로 지목할 수 있다.

첫째, 밖-안-안-밖으로 시상이 전개된 점을 들 수 있다. 이러한 전개는 몸 안에 들어온 질병이 몸 밖으로 나가야 병이 낫는다는 통념과 구조적으로 연관된다. 작품의 의미 구조가 질병 치료의 실제 구조와 유사한 논리 형식으로 짜인 것이다. 작품 내적으로 질병 퇴치의 주술적 역할을 담당할 만한 근거를 마련하고 있었다고 할 수 있다.

둘째, 화자가 외간 남자를 응징하는 방식이 상당한 설득력을 갖는다는 점이다. '본래 내 것이다마는 / 빼앗아 옴을 어떻다 하리오?'라는 마지막 말은 벌어진 사태에 빠져들어 이전투구하지 않고 초연하고 깨끗한 자세로 대처하겠다는 의지를 표명한 것이다. 화자로서는 명분도 있고 능력도 있지만 이미 빼앗겼으니 아내를 다시 찾아오는 일은 더욱 더 구차스럽고 부끄러울 따름이다. 이에 지금 벌어진 사태에서 초연하게 벗어나는 방식으로 아내와 외간 남자의 범죄 행위를 응징하였다. 더러움에 대해 깨끗함으로, 오염됨에 대해 순수함으로 대응하여 징벌을 가한 것이다. 이러한 방식이 질병의 더러움을 물리칠 강력한 힘이 된다고 믿을 만하였다.

위의 점들로 인해 고려 〈처용가〉가 역신 퇴치의 주술적 노래로 기능할 수 있었다. 신라 〈처용가〉에 있던 관용과 용서의 주제가 고려 〈처용가〉에서 위협과 징벌의 주제로 변한 것이 아니라, 애초부터 있었던 벽사진경(辟邪進慶)의 구조와 기능을 확대하여 계승한 것이다.

新羅盛代 昭盛代 天下大平 羅候德
신라셩ᄃᆡ 쇼셩ᄃᆡ 텬하대평 라후덕
處容아바 以是人生애 常不語ᄒᆞ시란ᄃᆡ
처용 이시인ᄉᆡᆼ 샹블어
處容아바 以是人生애 常不語ᄒᆞ시란ᄃᆡ
처용 이시인ᄉᆡᆼ 샹블어

첫머리에 나온 '처용 아비여, 이로써 인생에 늘 말하지 않으신대'의 '말하지 않음'에 주목해야 한다. 이 말은 신라 〈처용가〉에서 처용이 외간 남자와 아내에 대해 취한 행동을 표현한 것으로 이해된다. 더러운 일이 벌어졌을 때 상대에게 말을 걸어 다투지 않고 손 털고 물러나 버린 것을 '말하지 않음'이라 한 것이다. 앞에서 보았듯이 초연과 결백의 자세로써 상대를 제압하였던 그 방식을 칭송하고 있다. 그렇게 하여 역신을 퇴치하고 태평성대를 이룬 신라 시대 처용의 공덕을 기린 것이다.

머자 외야자 綠李여
록리
샐리 나 내 신고홀 ᄆᆡ여라
아니옷 ᄆᆡ시면 나리어다 머즌 말

東京 불근 드래
동경

새도록 노니다가

드러 내 자리를 보니

가르리 네히로새라 아으

둘흔 내 해어니와

둘흔 뉘 해어니오

이런 저긔 處容 아비옷 보시면
　　　　　체용

熱病大神이아 膾ㅅ가시로다
열병대신　　　회

千金을 주리여 處容 아바
천금　　　　　처용

七寶를 주리여 處容 아바
칠보　　　　　체용

千金 七寶도 말오
천금 칠보

熱病神를 날 자바 주쇼셔
열병신

山이여 미히여 千里 外예
산　　　　　천리　외

處容 아비를 어여 녀거져 아으
처용

熱病大神의 發願이샷다³
열병대신　　발원

　작품의 후반부에서는 처용의 역할이 구체적으로 그려졌다. 신라 〈처용가〉를 제6행까지 인용하고 나서, '이럴 때에 처용 아비곧 보시면 / 열병대신이야 횟감이로다.'라고 하였다. 이 부분은 인용되지 않은 신라 〈처용가〉 제7, 8행의 의미를 달리 표현한 것으로 볼 수 있다. '본래 내 것이다마는 /

---

3　「처용가」,『악장가사』, 한국학문헌연구소, 1973, 57-59면.

빼앗아 옴을 어떻다 하리오?'에 나타난 명분과 자신감이 여기의 '열병대신이야 횟감이로다.'에 고스란히 담겨 있다. 화자는 자신의 능력과 지혜로써 열병신을 잡아 물리치는 것은 문제도 안 된다고 큰소리치는 것이다.

이어서 화자가 '천금을 주리오 처용 아비여, / 칠보를 주리오 처용 아비여,'라고 묻는다. 이에 대해 처용이 '천금 칠보도 말고 / 열병신을 날 잡아 주소서.'라고 대답한다. 이 말도 신라 〈처용가〉와 관련되어 있다. 처용은 열병신을 자기 손으로 잡아도 문제없지만 손을 더럽히기 싫으니 너희가 잡아 오라고 명령한 것이다. 이 부분 또한 오염된 것을 결백과 순수로써 징벌하는 신라 〈처용가〉의 주제를 계승한 것이라 할 수 있다.

이처럼 고려 〈처용가〉에 나타나는 고압적이고 위협적인 처용의 태도는 신라 〈처용가〉에 원래부터 있었던 것이다. 따라서 신라 시대 처용이 보인 체념과 관용의 태도가 고려 시대에 와서 변모하여 위협의 언사가 더해졌다는 식의 설명은 재고되어야 한다. 〈처용가〉는 신라부터 고려까지 줄곧 더러운 죄를 징벌하는 방법으로 깨끗함과 초연함의 태도를 취하였다. 그것이 벽사진경의 효력을 지닐 수 있었으므로 민간에서 수용하여 역신 퇴치의 풍속이 이루어졌던 것이다.

두 편의 〈처용가〉는 외간 남자 혹은 역신이 저지른 죄를 응징하는 징벌의 주제를 담고 있다. 다른 무엇보다도 결백과 초탈의 자세로 벌하는 방식을 제시하였다. 이로써 징벌의 의미에 대해 깊이 있게 음미하고 성찰할 수 있다.

## 2. 남염부주지

『금오신화(金鰲新話)』는 김시습(金時習, 1435-1493)이 지은 한문 단편 소설집이다. 현재 다섯 편의 작품이 실려 전하는데 〈만복사저포기(萬福寺樗蒲記)〉, 〈이생규장전(李生窺墻傳)〉은 사람과 귀신의 사랑 이야기이고, 〈남염부주지(南炎浮洲志)〉, 〈용궁부연록(龍宮赴宴錄)〉은 지옥이나 용궁을 다녀오는 이야기이며, 〈취유부벽정기(醉遊浮碧亭記)〉는 천상의 선녀를 만나 사랑한 이야기이다. 대개 현실에서 일어날 수 없는 기이한 일이나 이계 여행담을 서술한 것이다. 이처럼 기이한 사건을 소재로 허구의 이야기를 서술하여 작자의 의식을 드러낸 소설 유형을 전기 소설(傳奇小說)이라 한다. 『금오신화』는 한국 전기 소설의 대표작 중 하나이다.

〈남염부주지〉는 나머지 작품에 비해 사건의 전개가 단순한 편이다. 주인공이 꿈에 염부주에 가서 염마왕(염라왕)을 만나 여러 가지 주제로 문답을 나눈다는 내용이다. 사건이 단순한 데 반해 문답과 대화의 내용이 풍성하여 작품의 주제는 이 부분에서 드러난다. 죄 지은 자들이 죽어서 가는 지옥을 배경으로 하였고, 문답 중에 죄와 벌에 대한 내용이 있다는 점에서 이 작품은 징벌의 주제를 담고 있다.

먼저 작품의 줄거리를 요약하여 문답과 대화의 부분이 어떠한 맥락에 위치해 있는지를 보이고자 한다.

　경주에 사는 박생은 유학(儒學)을 열심히 공부하였으나 과거에는 번번이 낙방하였다. 뜻이 높고 굳세었지만 성품은 순박하고 온후하였다. 유학자였으나 불승과도 사귐이 깊었다. 어느 날 꿈을 꾸어 바다 한가운데의 섬에 이르렀다. 온통 쇠로 이루어진 성이 섬을 둘러싸고 있었다. 성문의 문지기에게 자기를 알리니 그 나라의 왕이 수레를 보내왔다. 염마왕을 만난 박생은 몇 가지 문제에 대해 질문을 하고 왕은 그것에 대답한다. 귀신, 이계에 대해서 부정하는 말을 하고 세상에서 지내는 제사에 대해서는 비판적으로 말한다. 그렇게 문답을 나눈 후 박생을 위해 잔치를 베풀어 준다. 왕은 박생에게 역사에 대해 묻고 위정자의 올바른 자세를 역설한다. 잔치를 마친 후 왕위를 박생에게 물려주는 조서를 내린다. 박생이 그것을 받고 돌아오려던 차에 수레가 엎어져 잠에서 깨어났다. 몇 달 후 그는 병을 얻어 세상을 떴다. 그날 밤 이웃의 꿈에 신인이 나타나 그가 염라왕이 되어 갔다고 일러 주었다.

　위의 줄거리만 보면, 박생이 꿈을 꾸어 염부주의 염마왕을 만나 대화를 나누다가 잠에서 깬 후 죽어서 왕의 후임이 되었다는 이야기여서 갈등에 따른 서사 전개는 그리 두드러지게 나타나지 않는다. 그렇지만 작품에 서술된 내용은 철학적, 역사적 성격의 글과 대화로 이루어져 깊이와 복잡성을 지니고 있다.
　박생은 귀신과 이계에 대한 불교의 설에 의문을 품고 있다가 유교 경전인 『중용』과 『주역』을 통해 자신의 세계관을 확립하였다. 천하의 이치는 하나일 뿐이다, 음양과 오행의 운행으로 만물이 생겨날 때, 기(氣)로써 형체를 이루고 이(理)는 그것에 부여되었다, '이'라는 것은 일용의 사물에 각각 조리가 있음을 말한다. 부자, 군신, 부부 등의 일상에서의 관계는 모두 마땅히 해야 할 도리가 있다. 이치라는 것은 마음과 만물에 두루 갖추어져 있으므로 마음을 미루어서 천하의 이치를 드러낼 수 있다. 이러한 내용의 '일리론(一理論)'을 지어 스스로 이단을 경계한 것이다.

어느 날 『주역』을 읽다가 잠이 들어 꿈에서 염부주에 이른다. 쇠로 된 성에 압도되었으나 정신을 차려 문지기에게 알려서 성안으로 들어간다. 수레를 타고 가며 성안의 모습을 보고 놀라워한다. 입궁하여 자신을 정중히 대접하는 염마왕을 만나 인사를 나눈다. 그 자리에서 평소에 품고 있던 의문에 대해 질문한다. 염마왕은 박생이 지닌 생각에 합당한 말로써 대답해 준다. 박생이 귀신의 존재에 대해 묻자 왕은 『중용』에서 '귀신의 덕이 크다.'고 한 말로써 정리한다. 또 천지 밖에 다른 천지가 있는지를 물으니 『주역』의 '낳고 또 낳음을 역(易)이라고 하고, 망령됨이 없음을 성(誠)이라고 한다.'는 말로 답한다.[1]

이렇게 왕과 박생이 철학적 문답을 주고받고 있으나, 이는 논쟁이라기보다 왕이 박생의 세계관을 확인해 주는 양상으로 전개된다. 그리하여 둘 사이의 대화는 '이 세상 이외의 세상은 없다.'와 '귀신은 언젠가는 사라진다.'라는 두 가지 명제를 확인하는 데에 이른다. 불교에서 말하는 천당과

---

[1] 김시습, 이지하 옮김, 「남염부주지」, 『금오신화』, 민음사, 2009, 96-97면 이하에서 인용문의 면수 표시는 생략한다.

지옥, 세속에서 야단스레 제사를 지내어 모시는 귀신에 대해 부정한 것이다. 이는 박생이 꿈을 꾸기 전에 일리론으로써 구축한 세계관을 염마왕의 입을 통해 재확인한 것에 다름 아니다.

그런데 이러한 결론이 작품에 설정된 세계를 설명하는 논리가 아니라는 점이 문제이다. 귀신과 이계를 부정한 왕에게 박생이 "임금님께서는 무슨 인연으로 이 이역에 살면서 임금이 되셨습니까?"라고 묻는다. 왕은 "나는 인간 세상에 있을 때 왕에게 충성을 다하고 힘을 다하여 도적을 토벌하였소. 그리고 스스로 맹세하기를 '죽은 뒤에도 마땅히 여귀(厲鬼)가 되어 도적을 죽이리라.' 하였소."라고 대답한다. 박생과 염마왕은 이제까지 해 온 철학적 논의의 결론을 뒤집고 이계와 귀신의 존재를 인정한 상태에서 대화를 이어 가고 있다. 이러한 전개는 박생이 꿈을 꾸어 염부주에서 염마왕을 만났다는 서사적 구성 자체에서 이미 마련되어 있던 것이다. 꿈을 깬 후 박생이 죽어 염마왕의 후임이 되었다고 한 것을 보면, 꿈의 허황함을 빌려 꿈속 세계의 설정을 무화(無化)하려고 한 것도 아니다.

이는 박생이 정립한 일리론이 서사 전개 속에서 부정되는 양상이다. 염마왕도 인정했던 '이 세상 이외의 세상은 없다, 귀신은 언젠가는 사라진다.'라는 명제가 작품 내적 시·공간의 설정으로 제시된 '천당과 지옥은 있다, 귀신은 이계에 존재한다.'라는 명제에 의해 부정되고 있다. 인물들이 전자의 유교적 세계관을 주장하고 인정하면서도, 허구적 서사 세계 속에서는 불교적 세계관을 받아들이고 있다. 그런데도 그들은 이를 모순으로 여기지 않는다. 작품은 의도적으로 이율배반의 세계관을 표현한 것으로 보인다.

작자는 무슨 이유로 이러한 이율배반적 세계를 설정하였을까? 이에 대해서는 그의 생애와 결부하여 이해해 볼 수 있다. 5세에 이미 신동으로 소문이 난 김시습은 세종의 격려에 힘입어 유학을 공부하여 나라에서 크게 쓰이기를 바랐다. 공부에 매진하던 중 계유정란(1453)으로 정권을 잡은 수양대군이 단종을 내쫓고 왕위를 찬탈하였다는 소식을 듣고 읽던 책을 모두 불사르고 불승이 되었다. 세상을 등진 채 전국을 떠돌아다니다가 경주 금오산에 머무를 때에 『금오신화』를 창작하였다. 〈남염부주지〉의 서두에 '성화(成化, 1465-1487) 초'라는 시간적 배경이 나오는데, 이는 바로 작자가 금오산에 은둔한 시기이다. 작품 속 시간이 창작의 시간과 일치하는 것이다.

이즈음 작자의 생각이 어떠했는지를 일반적인 관점에서 추측할 수 있다. 세조가 집권한 당대의 정치 현실에 대해 비판적 입장을 견지하는 한편, 불승으로서 불교 사상을 더욱 심도 있게 습득하였을 것으로 보인다. 사상적으로는 유교와 불교가 부딪치는 쟁점에 대해 문제의식을 가졌을 터인데 그중에 천당과 지옥, 귀신에 관한 문제가 포함되어 있다. 그의 문집에도 이와 관련한 「귀신설」, 「생사설」 등의 논설문이 실려 있다. 논설뿐 아니라 소설 창작을 통해 이러한 문제의식을 드러내고자 하였는데, 그러한 의도가 〈남염부주지〉에서 표현되었다고 하겠다. 이렇듯 당대 현실에 대한 비판과 함께 철학적, 종교적 쟁점을 다루고자 하였기 때문에 작품 속에 이율배반의 세계를 구축한 것으로 보인다. 이는 유교와 불교의 논리 둘 다 작자의 창작 의식을 표현하기에 유효하다고 판단한 결과일 것이다.

유교적 논리는 당대 정치 현실에 대한 비판의 현실적 수단이 된다. 천하의 이치는 하나이고 일상의 사물에 각각 조리가 있다는 생각은 왕도 사상에서 벗어난 세조 집권기의 정치 현실에 대한 강력한 비판의 논리가 될 수 있다. 부자, 군신, 부부, 장유, 붕우의 관계가 일상의 떳떳한 윤리로 정립되지 못하고 신하가 임금을 쫓아낸 불의한 범죄가 일어난 것이다. 지금 조정의 신하들은 이러한 불의에 동조, 가담하여 권력을 얻어 행세하고 있다. 하나의 이치가 이 세상을 통괄해야 하는데 군신 관계에서 그것이 깨어져 버리자 세상은 온통 불의의 천지가 되어 버렸다. 이러한 세상을 바로잡기 위해서는 과거의 역사와 현재의 상황을 하나의 이치로써 평가하고 처리하여야 한다.

불교적 사유(思惟)는 개혁이 불가능한 현실에서 불의를 응징할 수 있는 환상적 수단이 된다. 세조가 집권한 후 권력은 점점 더 공고해졌고 어느 누구도 세상의 잘못을 따지지 않는다. 왕위 찬탈의 불의한 일은 현실의 힘에 의해 덮여 버렸고 하나의 이치로 세상을 바로잡을 가능성은 차츰 희박해진다. 유교의 정당한 논리를 가지고 아무리 대들어 보아도 세상은 더욱 강력한 힘으로 그것을 억누를 것이다. 이러한 절망적 상황에서도 불의를 처벌하여야 올바른 세상이 되리라는 의식에는 변함이 없다. 현실의 논리로 그렇게 할 수 없다면 불교에서 빌려 온 비현실과 환상의 세계를 통해서라도 시도해야 한다. 그리하여 염부주, 염마왕과 같은 불교적 사유를 동원하여 징벌의 의지를 표명한 것이다. 박생이 염마왕의 후임이 되어 가는 것도 그러한 의지의 지속성을 강조하기 위함이겠다.

이러한 맥락에서 작품에 담긴 징벌의 의미는 두 가지 방식으로 나타난다. 하나는 유교 윤리에 따른 현실 비판적, 당위론적 논설이요, 다른 하나는 불교 사상에 바탕한 남염부주와 염마왕의 형상적 세계의 구축이다. 전자는 입몽(入夢) 이전 박생이 쓴 일리론에 이미 나왔고 꿈속에서 염마왕이 하는 답변에서도 강조된다.

아버지와 아들 사이를 두고 말하자면 사랑을 다하여야 하고 임금과 신하의 사이를 말하자면 의리를 다하여야 하며 지아비와 지어미, 어른과 아이에 이르기까지 각기 마땅히 행해야 할 길이 있다. …… 마음의 허령함으로써 천성의 자연스러움을 따라가서 만물에 나아가 이치를 연구하고 일마다 근원을 추구하여 그 극치에 이르게 되기를 구한다면 천하의 이치가 분명히 드러나지 않을 것이 없으며 이치의 지극함이 마음속에 빽빽이 들어서지 않음이 없을 것이다.

사람이 태어날 때에 하늘은 성(性)을 명하여 주고 땅은 생명으로 길러 주며 임금은 법으로 다스리고 스승은 도(道)로 가르치며 어버이는 은혜로 길러 주는 것이오. 이로 말미암아 오륜에 차례가 있고 삼강이 문란하지 않게 되오. 이를 잘 따르면 상서롭고 이를 거스르면 재앙이 닥치니 상서와 재앙은 사람이 그것을 어떻게 받느냐에 달려 있을 따름이오.

앞의 것은 박생이 정립한 일리론에 있는 내용이고, 뒤의 것은 염마왕이 박생의 질문에 답한 말이다. 두 편 논설에서 공히 하늘이 준 천성을 따라 삼강오륜을 지켜야 한다는 유교 윤리를 주장하였다. 이것이 이 세상에 하나밖에 없는 올바른 이치이다. 사람이 이를 따르면 상서롭고 거스르면 재앙을 받는다는 것이다. 그런데 박생과 염마왕이 동의한 바로는 이 세상 이외의 세상과 귀신은 존재하지 않으므로, 죄를 짓고도 벌받지 않고 죽은 자들에 대해서는 처벌할 방법이 없다.

이렇게 유교의 논리로써는 충분히 다룰 수 없는 징벌의 주제를 불교 사상을 바탕으로 한 형상적 세계를 통해 나타낸다. 불교의 천당과 지옥에 관한 설에 의해 죄 지은 자가 벌을 받고 교화되는 장소인 염부주를 설정하였다. 그 세계를 다스리는 염마왕은 전세(前世)에 지은 죄에 상응하는 벌을 귀신들에게 내려 고통을 받게 한다. 불교적 상상력으로써 죄와 벌의 주제를 그려 낸 것이다.

그 땅에는 본래 풀이나 나무가 없었고 모래나 자갈도 없었다. 발에 밟히는 것이라고는 모두 구리가 아니면 쇠였다. 낮에는 뜨거운 불길이 하늘까지 뻗쳐 땅덩이가 녹아내리는 듯하였고 밤에는 서늘한 바람이 서쪽에서 불어와 사람의 살과 뼈를 에는 듯하니 몸에 부딪히는 타파(吒婆, 장애)를 견딜 수가 없었다. 바닷가에는 쇠로 된 벼랑이 성처럼 둘러싸여 있었는데 거기에는 굉장한 철문 하나가 굳게 잠겨 있었다. 문을 지키는 사람은 주둥이와 송곳니가 튀어나와 모질고 사납게 생겼는데 창과 쇠몽둥이를 쥐고 바깥에서 오는 자들을 막고 있었다. 성안에 거주하는 백성들은 철로 지은 집에 살고 있었기 때문에 낮에는 불에 데어 문드러지고 밤에는 살갗이 얼어붙어 갈라지고는 하였다. 오직 아침과 저녁에만 사람들이 꿈틀거리며 웃고 이야기하는 것 같았다. 그러나 그다지 괴로워하는 것 같지도 않았다. …… 길가를 둘러보니 사람들이 화염 속에서 넘실거리는 구리와 녹아내린 쇳물을 마치 진흙이라도 밟듯이 하면서 걸어 다녔다. …… 왕이 시중드는 사람을 불러 차를 내오라고 시켰다. 박생이 곁눈질을 하여 보았더니 차는 구리를 녹인 물이었고 과실은 쇠로 만든 구슬이었다.

이렇게 인간 세상과는 전혀 다른, 온통 쇠와 구리로 이루어진 섬나라가 염부주이다. 성문을 지키는 자는 흉악한 도깨비 형상을 하고 있다. 성 안의 거주자는 쇠로 된 집에서 낮밤을 번갈아 가며 극단의 더위와 추위를 견디며 지내고, 이글거리는 구리와 쇳물이 깔린 길을 밟고 다닌다. 왕이 손님에게 대접하는 차는 구리를 녹인 물이고, 과일은 쇠로 만든 구슬이다. 이러한 염부주의 형상은 죄 지은 자들이 죽어서 가는 지옥의 모습이다. 지옥의 참혹한 정상을 설정하여야 징벌의 의미가 구체적인 형상을 띨 수 있으므로 불교적 사유에 기반하여 상상의 세계를 그려 낸 것이다.

염부주를 다스리는 염마왕은 자신의 임무에 대해 다음과 같이 말한다.

> 지금 이 땅에 살면서 나를 우러르는 사람들은 모두 전세에 부모나 임금을 죽인 자들이거나 간교하고 흉악한 무리들이오. 그들은 이 땅에 살면서 나에게 통제를 받아 그릇된 마음을 고치려 하고 있소. 그러나 정직하고 사심이 없는 사람이 아니면 하루도 이 땅의 우두머리가 될 수 없소.

왕은 '부모나 임금을 죽인 자', 즉 '시역 간흉(弑逆姦兇)'의 무리를 다스리며 교화하는 일을 하고 있다. 박생을 만나 자기를 소개할 때 만여 년 동안 그곳의 왕으로 있었다고 하였다. 왕은 전세에 죄 지은 자들이 염부주로 오면 그들의 죄에 상응하는 벌을 내리고 또 그들을 교화하여 잘못을 고치도록 한다. 작품에서 말한 유교적 세계관에 따르면, 굽혀진 귀(鬼)에서 펼친 신(神)으로 바꾸어 우주 속으로 사라지게 하는 것이고, 불교적 세계관에 의하면 지옥에서 구제하여 천당으로 올려 보내는 일이다. 왕은 이제 이러한 임무를 정직하고 공평한 박생에게 물려주고자 한다.

이렇듯 작품에 나타난 징벌의 의미는 두 가지 방식으로 표현되었다. 유교적 논리로 죄와 벌의 기준과 도덕의 당위를 말하였다면, 불교적 사유로 죄에 대한 벌의 구체적인 형상을 보여 준 것이다. 그리고 나서 작품의 마지막 부분에서 죄인을 벌하는 자의 자격에 대해 서술해 놓았다.

> 동쪽 나라의 박 아무개는 정직하고 사심이 없고 강직하고 과단성이 있으며 남을 포용하는 자질을 갖추었고 어리석은 자들을 깨우쳐 줄 재주를 가졌도다. 생전에 비록 현달하여 영화를 누리지는 못하였지만 죽은 뒤에는 기강을 바로잡을 것이로다. 모든 백성이 길이 믿고 의지할 사람이 그대가 아니고 누구겠는가? 마땅히 덕으로 인도하고 예로 다스려 백성들을 착한 길로 이끌고 몸소 실천하고 마음으로 깨달아 세상을 태평하게 해 주오.

왕의 이 말에 징벌하는 자의 자격이 나와 있다. 정직, 공평, 강직, 과단, 포용, 계몽 등의 성격과 능력을 지니고 있어야 임무를 수행할 수 있다. 그리하여 도덕과 예의, 궁행(躬行)과 심득(心得)으로써 그가 다스리는 세상을 태평하게 만들어야 한다. 이로써 본다면, 왕의 후임자 박생은 죄 지은 자들이 염부주에 오면 자신이 지닌 성품과 능력을 발휘하여 유교의 윤리로써 그들을 교화하는 데 힘쓰게 될 것이다. 염라왕이라는 직분, 염부주라는 공간이 불교 사상에서 나온 것인 데 비해, 그곳에서 직분을 얻은 박생이 수행하는 교화의 임무는 유교 윤리에 따르는 일이 된다. 결국 징벌자라는 인물을 형상화하는 데에 염부주를 다스리는 왕의 지위와 모습은 불교에서 가져오고, 그의 성격과 임무는 유교에서 가져왔다고 하겠다.

이와 같이 〈남염부주지〉는 유교와 불교 사상을 조합한 이야기 구성을 통해 징벌의 주제를 다룬 작품이다. 불교적인 성격의 지옥을 다녀와 업보의 엄중함을 깨닫는 이야기에 그치는 것이 아니라, 불교적 사유에 유교적 논리를 결합하고 의도적으로 이율배반의 세계를 설정하여 죄와 벌의 문제를 그려 내었다. 불교 사상에서 가져온 형상적 세계를 설정하여 징벌의 공간과 주체를 마련하고 유교 윤리에 따라 죄 지은 자를 단죄하고 교화하는 것이다. 말하자면, 유교의 논리와 불교의 형상을 조합하여 주제를 형상화하였다고 하겠다. 이는 유교와 불교의 사상을 섭렵한 작자가 당대의 정치 현실에 대한 비판 의식을 표현하고자 하여 만들어 낸 작품 세계라고 할 것이다.

## 3. 진기경과 원혼의 복수(어우야담)

유몽인((柳夢寅, 1559-1623)이 지은 『어우야담(於于野談)』은 한국 서사 문학사에서 야담의 본격적인 출현을 알리는 작품집이다. 당대에 전승되던 이야기들을 수집하고 작자의 필치와 의식을 가미하여 단편 서사들을 엮어 놓았다. 현실적, 역사적 제재에서 환상적, 신비적 제재까지, 공적, 관념적 영역에서 사적, 물질적 영역까지 넓은 범위에 걸쳐 흥미로운 이야기들이 많이 수록되어 있다. 그중에는 복수담, 원혼담과 같이 죄와 벌의 주제를 다룬 작품도 여러 편 포함되어 있다.

복수담 중에서 〈진기경과 원혼의 복수〉[1]는 징벌의 주제를 요령 있게 그려 낸 작품이다. 한자로 370여 자 정도밖에 안 되는 짧은 이야기이지만, 죄와 벌의 의미를 당대 현실과 관련지어 생각해 볼 수 있다. 작품의 줄거리는 다음과 같다.

진기경이란 사람이 시냇가에서 쉬다가 어디선가 재채기하는 소리를 여러

---

[1] 유몽인 지음, 신익철 외 옮김, 『어우야담』, 돌베개, 2006, 238-239면. 번역자가 붙인 작품명을 그대로 사용하고, 앞으로 인용 면수의 표시는 생략한다.

번 듣고는 잠이 들었다. 베옷 입은 선비가 꿈에 나타나 종에게 죽임을 당한 사연을 말하고 탈상(脫喪)하는 날 자기 집에 가 원수를 갚아 달라고 부탁한다. 꿈에서 깨어난 후 나무 아래에서 시신을 찾아내었다. 그날이 되어 그 집을 찾아가자 아들이 맞이하여 극진히 대접한다. 어젯밤 꿈에 돌아가신 아버지가 나타나 오늘 오시는 손님을 자기를 대하듯이 하라고 말했다는 것이다. 그때 병풍 사이에서 '지금 뜰을 지나는 자가 그 종'이라는 소리가 들려 진기경이 아들에게 알려 주었다. 종을 잡아 심문하여 실토를 받았다. 이에 그 종을 죽이고 아버지 유해를 수습하여 장사 지냈다.

작품은 노주(奴主) 관계에서 발생한 현실적 범죄를 환상적 방식에 의해 폭로하고 죄인을 응징하는 이야기이다. 중세 시대에 통상적으로 일어났을 법한 범죄 사건에서 귀신의 현몽이라는 방식으로 범인을 찾아 징벌하는 것이다. 그러므로 노주 관계와 꿈이라는 두 가지 화소가 이야기의 중심을 이룬다.

우선 진기경이라는 인물이 누구인지 궁금하다. 작품 첫머리에 '진기경(陳耆卿)', 마지막에 '경(卿) 자는 혹 경(慶)이라고도 한다.'고 하여 작자도 이에 주의를 기울이고 있다. 『중국역대 인명사전』에서 설명된 그 인물은 송나라 때 영가학파(永嘉學派)에 속한 유학자이다.[2] 작품의 내용이 상례(喪禮)와 관련되어 있다는 점에서 유학자를 설정한 것이 일단 자연스럽게 생각된다. 그런데 작품 속 인물을 중국인으로 보게 되면 노주 관계나 상례

---

2  임종욱, 『중국역대 인명사전』, 이회문화사, 2010, 1827면.

등이 조선의 현실과 거리가 있는 이야기로 이해될 것이어서 그렇게 보기가 어렵다. 이에 비해, 중국인과는 이름만 같은 조선 사람으로 본다면 작품의 내용은 조선의 현실에 있을 법한 이야기가 된다. 『어우야담』에서 이 작품의 앞뒤에 원혼이 현몽하는 비슷한 유형의 이야기가 엮여 있는데, 원혼이나 꿈꾸는 사람 모두 조선인이다. 이러한 점을 고려할 때, 진기경을 조선 사람으로 보고 작품을 살피는 것이 적절하다고 본다.

작품은 원혼이 꿈에 나타나 자신의 억울한 죽음을 알리고 복수를 부탁하는 내용이다. 꿈이 매개가 되어 귀신과 인간이 연결된다. 꿈이 지닌 신통력과 예지력에 관심을 가진 향유층 사이에서 널리 수용되는 이야기 유형이기도 하다. 꿈이 매개가 되기는 하지만 꿈꾸기 직전에 어디선가 재채기 소리가 여러 번 들렸다고 하여 사건의 계기를 마련하였다. 진기경이 시냇가에서 쉬고 있을 때 어떤 사람의 재채기 소리를 들었는데 둘러보면 아무도 없었다. 몇 번을 이렇게 하다가 노곤해져 잠이 든 것이다. 꿈에 나타난 선비가 풀잎이 바람결에 자기 콧구멍에 들어와 재채기가 난다고 말하였다. 꿈을 깬 후 나무 아래에서 쑥을 뽑고 모래를 헤쳐 시신을 찾아내니 시신 콧구멍으로 풀잎이 들락날락하고 있었다.

귀신의 재채기라는 화소는 이야기의 흥미를 높이는 데 촉진제 역할을 한다. 귀신이 재채기를 한 것은 시신이 놓인 주변 환경 때문이었다. 곧, 환상적 인물이 처해 있는 현실적 환경으로 인해 나타난 현상이다. 이 화소에는 흥미를 끌 만한 몇 가지 요소가 들어 있다. 첫째, 귀신이 마치 산 사람처럼 재채기를 한다는 점, 둘째, 귀신으로서는 재채기가 인간 세계에 발신할 수 있는 통로가 된다는 점, 셋째, 귀신의 몸이 여전히 살아 있을 때처럼 반응한다는 점 등이 재미있는 점이다.

  귀신은 재채기를 하여 인간에게 먼저 발신하고 나서 다시 꿈에 자신의 모습을 보였다. 일차로 소리로써 신호를 보내고 이차로 모습을 드러낸 다음에 말로써 원통한 사연을 전달하였다. 소리에서 모습으로, 그리고 말로 이어지는 귀신의 현신과 하소연이 재치 있게 전개되었다. 독자의 흥미를 끄는 재채기 화소의 뒤를 이어 원혼의 모습이 등장하는데, 원혼이 곧바로 나타나지 않고 이렇게 소리를 낸 다음에 모습을 드러낸 것이다. 이렇게 소리에서 모습으로 단계적인 등장 과정을 거침으로써, 진기경이 귀신을 만나는 기이한 경험이 점점 더 궁금증과 긴장감을 고조하고 있다.

  재채기와 꿈이 귀신과 인간 사이의 소통을 매개했다면, 원혼이 모습을 드러내고 한 말은 사건의 핵심 갈등을 제시한다. 원혼이 하소연한 사연은 이러하다.

  제게는 완악한 종놈이 하나 있었는데 장차 몇째 아들에게 그를 물려주고자 했습니다. 그런데 아들의 성정이 매우 엄한지라, 종놈이 이를 심히 원망하여 저의 말고삐를 잡고 가다가 저를 죽여 이곳에 묻었습니다. 제 아들은 상중에 있으면서 조석으로 제를 지내며 그 종놈에게 젯밥을 올리게 하는지라, 저는 두려워서 감히 먹지도 못하고 있습니다.

  노주 관계에서 심각한 갈등이 발생하여 결국 살인 사건까지 벌어져 주인이 노비에게 억울한 죽임을 당한 것이다. 여기서 피살자와 살인자가 선인 대 악인의 대립으로만 그려져 있지 않고 살인자인 종의 처지가 어느 정도 진술되었다는 점이 주목된다. 조선 시대 노비는 사대부가의 재산이므로 유산으로 상속하는 것은 통상적인 일이었다. 종으로서도 이러한 제도 자체에 저항할 수는 없었는데, 다만 자신의 다음 주인이 될 인물이 '성정이 매우 엄한' 점이 견딜 수 없는 압박으로 다가온 것이다. 노비의 입장에서는 어떤 주인을 만나느냐 하는 것이 평생을 좌우할 운명이 되었을 텐데, 주인집에서 일하며 쭉 지켜본 몇째 아들의 성격과 행태는 도저히 감당할 수 없었던 것이다. 이러한 종의 처지가 원혼의 말 속에 얼마간 내비쳐진 것이 이야기의 현실성을 높여 준다.

이와 함께 위의 말에서 주목할 점은 귀신의 두려움에 대한 것이다. 원혼담에서는 대개 귀신이 억울함, 원통함, 분노 등의 감정에 휩싸여 있고 원혼을 본 인간이 놀라움, 두려움, 연민 등의 감정을 느낀다. 원혼을 만나는 순간 인간은 그 흉측한 형상과 강렬한 감정에 압도당하는 것이다. 그런데 여기서는 원혼이 스스로 두려움을 느낀다고 토로하고 있다. 원혼의 아들이 아침저녁으로 제사를 지내며 살인자 종을 시켜 젯밥을 혼령에게 바치게 했기에 느끼는 두려움이다. 억울하게 죽어 원통함을 품고 있는 혼령이 자기를 죽인 종이 영혼의 안식을 비는 뜻으로 젯밥을 받들어 올리는 모습을 매일 본다. 그러한 종을 보면서 혼령은 그의 손에 죽임을 당하던 때를 떠올리며 분노에 앞서 두려움을 느끼는 것이다.

이는 앞에서 보았던 재채기 화소와도 맥락이 통하는 부분이다. 인간으로 살아 있을 때와 종에게 죽임을 당해 귀신이 되어 영혼만 남은 때가 완전히 구분되지 않아서 살해당하는 순간에 인간으로서 느낀 두려움을 귀신이 된 지금도 지니고 있다. 인간의 몸을 하고 느낀 바와 당한 일이 이제 귀신이 되어 몸의 감각적 기능이 사라진 상태에서도 현상적으로 느낌이 지속하는 양상이다.

원혼의 현몽 이후 살인죄에 대한 응징과 복수가 진행된다. 진기경이 아버지 상을 마친 아들의 집에 가서 원혼에게 부탁받은 일을 처리한다. 여기서 또 한 번의 꿈과 더불어 병풍 뒤에서 흘러나온 목소리가 중요한 역할을 한다. 아버지가 아들의 꿈에 나타나 오늘 처음 만나는 손님에게 자신을 대하듯이 극진히 대접하여 그로부터 자기의 유해가 있는 곳을 알도록 하라는 것이었다. 이 말을 아들에게서 전해들은 진기경이 잠시 정신이 아득해진 사이 이번에는 병풍 뒤에서 "지금 뜰을 지나가는 자가 바로 그 종놈이오."라는 목소리가 들리는 것이었다. 지난번 꿈에 나타난 원혼이 자기를 죽인 종의 용모를 자세히 일러 주었는데, 이제 목소리가 가리키는 사람을 보니 그 용모와 똑같았다. 마침내 범인을 찾아낸 것이다.

원혼이 진기경의 꿈에 먼저 나타난 다음에 아들의 꿈에 나타난 것은 추리 소설에서 보듯이 일종의 범인 탐색 과정으로 볼 수 있다. 진기경은 우연히 살인의 현장을 지나가고 있었다. 원혼의 입장에서는 그를 붙잡고 사실을 알려야 해서 꿈에 나타나 사정을 말하였다. 그리고 나서 살인의 증거가 되는 자기의 시신을 발견하도록 이끈다. 아들의 꿈에 바로 나타나지 못한 것은 살인한 종이 둘러대었을 거짓말이 집안사람에게는 사실로 인정된 마당에 진실이 밝혀지기가 어렵기 때문일 것이다. 이에 증거까지 확인해 둔 진기경을 그 집으로 인도하는 일을 먼저 한 것이다. 그런 다음에서야 아들의 꿈에 현몽하여 진기경을 통해 범인을 잡도록 하였다. 이와 같이 원혼의 두 번에 걸친 현몽은 범인을 잡기 위한 단계적 과정이었다.

원혼으로서는 살인의 현장인 시냇가에서 자신이 살던 집까지 가려면 명확한 증거와 증언이 필요했는데, 진기경이라는 사람을 통해서 그것을 확보할 수 있었다.

그런 다음 최종적으로 병풍 뒤에서 목소리를 내어 범인을 잡도록 하였다. 꿈을 매개로 한 데에서 나아가 직접 현실 세계에 목소리를 냄으로써 범인을 잡은 것이다. 병풍 뒤의 목소리 역시 재채기, 두려운 감정 등과 상통하는 의미 맥락을 이룬다. 귀신이 된 지금 살았을 때의 목소리를 내어 범인을 지목한 것이므로 혼령이 인간의 몸을 빌려 의사를 표현한 것이다. 인간의 몸이었을 때의 목소리, 재채기, 감정 등이 동원되어 귀신이 된 자신의 원한을 풀고 진실을 밝혀내었다.

뜰로 지나가는 살인자 종을 지목하자 아들이 작은 과실을 핑계로 그를 결박하였다. 그런 다음 종을 매질하여 자백을 받아 내었다. 상전 살인의 대죄를 확인한 후 그를 '죽여서 사지를 갈랐다.' 살인에 대한 징벌의 표현이 간단하고도 처참하다. 살인에 대해 살인으로 응징하면서도 사지를 가르는 형벌을 가함으로써 징벌의 의미를 더욱 처절하고 가혹한 것으로 부각하였다. 이 작품 앞에 실린 복수담에서 이순신 아들을 죽인 왜군을 징치하는 방식도 단호하게 죽이는 것이다. 또 이 뒤에 나오는 간통담에서도 며느리를 간통한 사내를 단호하게 죽여 버린다. 범죄자를 가차 없이 죽임으로써 죗값을 묻는 것이다. 징벌의 형태는 잔혹한 것이지만 범죄에 상응하기에 적합한 방식이라고 인식된 것이다.

이와 같이 〈진기경과 원혼의 복수〉는 복수담이자 원혼담으로서 귀신이 복수하는 과정에서 귀신과 인간의 경계를 오가는 흥미로운 화소들이 동원되었다. 노비가 주인을 죽인 엄중한 범죄에 대해 피살자 주인이 원혼으로 나타나지만, 그 과정에서 재채기를 한다거나 살인자에게 두려움을 느낀다거나 꿈속에 나왔다가 현실에서 직접 목소리를 낸다거나 하는 인간적인 면모를 보여 준다. 이러한 면으로 인해 원한과 복수의 과정에 얼마간의 해학적인 분위기가 나타나 있어 징벌의 의미는 조금 가벼워진 느낌이다. 그렇지만 끝에 가서 살인자인 종을 찾아내 처참하게 죽임으로써 복수의 의미를 분명히 하였다.

이러한 서사적 흥미와 함께 이 작품은 조선 시대 노주 관계의 갈등을 다룸으로써 현실적인 의미를 드러내고 있다. 주인을 살해하게 된 이유를 종의 처지에서 조금이나마 서술함으로써 이분법적 선악 구도로만 인물을 설정하지 않고 현실 세계의 복잡성을 드러내어 징벌의 주제를 심화하였다. 이렇게 보면 이 작품은 짧은 분량인 데도 불구하고 원혼이 복수하는 이야기를 통해 죄와 벌의 주제를 흥미롭고 의미 있게 그려 내었다고 할 수 있다.

## 4. 집안 잔치에서 못된 아이가
## 염병을 퍼뜨리다(천예록)

임방((任埅, 1640-1724)의 『천예록(天倪錄)』은 편찬 시기상 『어우야담』의 뒤를 잇는, 비교적 초기에 속하는 야담집이다. 여기에 수록된 많은 작품이 신선, 도승, 저승, 귀신 등의 이야기여서 책 전체에 기이하고 신비한 성격이 짙게 깔려 있다. 기이함 자체에 대한 단순한 흥미에서 수록한 것도 있지만 그러한 이야기에 담긴 의미를 드러내려는 의도가 있는 작품이 상당히 많다. 이야기를 서술하고 나서 붙인 작자의 논평에 서사에 대한 분석과 함께 의미와 교훈을 제시하고 있다.

수록 작품 중에서 징벌에 관련된 상상력과 의미를 살펴보기에 적합한 것으로 〈집안 잔치에서 못된 아이가 염병을 퍼뜨리다〉(一門宴頑童爲癘)[1]를 들 수 있다. 이 작품은 사람들이 전염병에 감염되어 죽은 사건을 소재로 한 것이다. 전염병에 관한 이야기로는 이미 신라 시대 〈처용가〉의 배경 기사가 있다. 역신(疫神)이 처용의 아내를 범하자 처용이 노래를 부르며 물러났더니 역신이 무릎을 꿇었다는 이야기이다. 중세 사회에서 전염병

---

[1] 임방 저, 정환국 역, 『천예록』, 성균관대출판부, 2005, 263-265면 이하에서 인용 면수의 표시는 생략한다.

은 죽음과 직결되는 무서운 재앙인데 사람들은 그것을 죄와 벌의 문제와 결부하여 이해하였다. 그래서 질병과 징벌이 엮이어, 전염병에 걸린 것은 뭔가 죄를 저지른 업보라는 인식이 널리 퍼져 있었다. 이러한 중세의 질병 의식이 이 작품에서도 나타난다.

작품의 줄거리는 다음과 같다.

어느 벼슬아치 집안에 경사가 있어 잔치를 벌였다. 여자들이 모인 내청 주렴 밖에 문득 머리를 흐트러뜨린 15, 16세의 험상궂은 사내아이가 우두커니 섰다. 여자 손님이 여종을 시켜 내실에 가까이 있으니 밖으로 나가라고 하였으나 그는 대꾸도 하지 않았다. 그제야 여러 사람이 아이에게 관심을 두고 누구네 종인지 물었으나 말이 없었다. 여자 손님 모두가 화가 나 몇 사람을 불러 강제로 끌어내게 했으나 그는 요지부동이었다. 사람들이 더욱 화가 나 남자들이 있는 외청에 말해 건장한 하인들을 시켜 끌어내게 했는데 꿈쩍도 하지 않았다. 장정 수십 명이 밧줄로 묶어 끌어내려 해도 안 되었다. 힘센 무사들을 시켜 몽둥이로 때려도 보았지만 여전하였다. 급기야 사람들은 놀라고 두려워하며 그가 인간이 아님을 알고 뜰에 내려 무릎 꿇고 애원하였다. 그러자 사내아이는 빙그레 웃고 문을 나가더니 사라졌다. 그것으로 잔치 자리는 파하였으나 다음날부터 주인과 손님 집에 독한 염병이 돌아 아이를 끌어내려던 모든 사람들이 머리가 찢어진 채 죽어 나갔다. 그 아이를 두억신(頭抑神)이라고 한다.

작품은 인간에게 병을 옮기는 신의 저주, 즉 인간과 신의 관계에서 신이 내린 재앙을 주된 내용으로 하고 있다. 그런데 그것보다 더 주목할 것은 감정과 무감정의 대립과 갈등의 양상이다. 예기치 않은 사건에 부딪쳤을 때 인간은 감정에 휩싸여 행동하는 반면 신은 아예 감정을 가지고 있지 않다. 이러한 대립 구도에서 무감정의 신에 대한 인간의 감정 변화가 사건의 전개 과정 속에 잘 그려져 있다.

사건은 잔치를 하며 흥성거리는 집에 문득 험상궂은 사내아이가 나타난 데에서 발단하였다. 그 아이가 내청 가까이에 섰으므로 그를 바깥으로 나가게 하려고 하면서 갈등이 시작된다. 사내가 여자들 모인 근처에 서 있으니 신경 쓰이는 것은 당연하였다. 그래서 여자 손님 중 한 사람이 여종을 시켜 물러나도록 한 것이다. 여종이 다가가 어느 집 종이기에 무례히 구느냐며 꾸짖었으나 아이는 아무런 대꾸도 하지 않는다. 사람들이 수군대며 누구네 종이냐고 물어도 묵묵부답이다. 그러니 여자 손님 모두가 화가 났다. 사람을 불러 끌어내려 했으나 요지부동이라 외청에 알려 처리할 수밖에 없다. 여자에게서 남자로 일 처리의 주체가 넘어왔다. 그리하여 건장한 하인들, 장정 수십 명, 힘센 무사들 등 점점 강한 힘으로 아이를 끌어내려 하였다. 그 방법도 밧줄로 묶었다가 몽둥이로 때렸다가 하면서 강도를 높여 갔다. 그래도 아이는 꿈쩍 하지 않는다.

이 과정에서 사람들의 감정은 애초의 거리감에서 의아함으로, 다시 분노로 넘어갔고, 끌어내려는 의지가 강할수록 분노의 정도는 더욱 치솟았다. 아이에 대한 분노가 크면 클수록 사용하는 힘은 더욱 강해져 갔다. 점증하는 분노와 그에 따라 커지는 힘이 상대와의 갈등을 점점 더 치열하게 만들었다. 그런데 이에 반응하는 사내아이는 말 한마디 하지 않고 조금도 꿈쩍이지 않고 그 자리에 그대로 서 있다. 이는 인간의 감정은 점증하고 신의 무감정은 그대로인 양상이라 할 수 있다. 이에 따라 인간과 신 사이에 감정의 차가 점점 벌어지는 형국이다.

사건이 진행될수록 감정의 차는 더욱 커져 간다. 이 과정 속에서 애초에 도사리고 있던 인간에 대한 신의 저주가 점점 더 커졌다고 할 수 있다. 인간이 아무리 발버둥치고 분노하고 힘을 다한다 하더라도 신은 묵묵히, 꿈쩍도 않고, 일체의 감정적 동요도 없이, 할 일을 하는 것이다. 이러한 양상에서 감정 대 감정이 부딪쳐 갈등이 고조되는 것에 비해 뭔가 불가사의하고 기묘한 대결 국면이 조성되고 있다.

이와 같이 인간의 감정과 신의 무감정이 대립하는 양상으로 사건이 전개되고, 그 이면에서는 인간의 분노가 커지는 것만큼 신의 분노도 커졌다고 할 수 있다. 인간이 쏟아부은 분노는 신에게 쌓였다가 고스란히 인간에게 되돌려지는 것이다. 신의 무감정은 인간의 감정을 반사시키는 거울과 같은 역할을 했을 따름이다. 인간이 분노하면 할수록 신의 되갚음의 정도는 커져만 갔다.

사람들은 여러 방법을 쓰고 온 힘을 다해 사내아이를 내쫓으려 했으나 실패하였다. 그렇게 한계에 부딪혔을 때 비로소 상대가 인간이 아니라는 사실을 깨닫는다. 그러자 인간의 감정은 극적으로 변한다. 극단까지 치솟았던 분노의 감정이 놀라움과 두려움으로 급격히 바뀌는 것이다. 이제껏 쏟은 모든 감정과 힘이 쓸데없는 것이었음을 알게 되자 엄청난 두려움이 사람들에게 엄습하였다. 이전에 분노의 감정이 치솟았으면 치솟은 만큼, 물리적 힘을 쏟았으면 쏟은 만큼 그 강도와 크기에 비례할 정도의 공포심에 휩싸이는 것이다. 이러한 감정의 극적 전환에 서사 전개의 초점이 놓여 있다. 인간의 감정이 극적으로 바뀌는 지점에 이르러 신의 위엄과 뜻이 사건과 인물을 지배함으로써 이야기의 주제가 선명하게 드러나기 때문이다. 아이가 신인 것을 알아채자 사람들은 그 앞에 무릎 꿇고 경배하며 이제까지의 무례함과 신성 모독에 대해 용서를 빌고 살려 달라고 애원한다. 그러나 이미 토해 낸 감정과 해 버린 행동을 이제 와서 어찌할 수가 없다.

그제야 사내아이는 비로소 '빙그레 웃는' 표정을 짓고 몸을 움직여서 문 밖으로 나간다. 두려움에 벌벌 떠는 사람들에게 던진 사내아이의 미소는 감정을 더욱 증폭시키는 공포 그 자체였을 것이다. 아무런 감정도 보이지 않은 아이였기에 문을 나서기 직전 보여 준 미소에 어떠한 감정도 묻어나지 않는다. 이제까지 견지했던 무감정한 태도의 연장선에서 그가 던진 미소는 일정한 의미를 담은 신호로 작용할 따름이다. 가령, '너희들이 이제껏 한 모든 행동이 얼마나 하찮은 것인지 알기나 하느냐?'라든가, '내게 쏟은 그 분노와 힘에 돌아갈 응보가 얼마나 가공한 것인지 짐작하나 하겠느냐?'라든가 하는 뜻일지 모른다. 이러한 의미를 어렴풋이 알아차렸을 사람들은 즉시 잔치를 파하고 마음 한가득 공포감을 품고 각자의 집으로 돌아갔다. 신을 학대하여 노여움을 샀으니 그로 인해 받을 저주와 재앙이 어떤 것일지 두려워하며 전전긍긍하는 것이다.

사내아이의 미소는 바로 다음날부터 무시무시한 염병의 모습으로써 그 의미를 드러내었다. 신의 저주가 인간에게 사정없이 퍼부어진 것이다. 잔치를 연 주인과 참석한 손님, 아이를 끌어내리려고 한 모든 사람에게 가차 없는 응징이 가해졌다. 사람들은 속수무책으로 신이 내린 재앙을 당해야 했는데, '머리가 모두 찢어진 채'로 죽어 나갔다. 이는 아마도 '두억신'의 '두억'(頭抑)이라는 한자어에서 유추된 묘사 같다. 장티푸스의 증상으로 두통이 생기는 점이 작용했을 수도 있다. 잔치 자리에 있었던 '사람들 모두가 죽임을 당하고 살아난 사람은 아무도 없었다.'는 마지막 문장에서 재앙의 참혹함이 어느 정도인지를 짐작할 수 있다.

이러한 이야기가 서술되고 나서 작자의 논평이 붙어 있다.

한 집안이 망하게 되는 데는 반드시 재앙이 있게 마련이다. 그러므로 일가의 모임에 큰 염병을 퍼뜨리는 아이가 들어왔는데도 이를 알아차려서 공경하면서 멀리할 줄 모르고 도리어 꾸짖어 끌어내고 때리기까지 하여 그의 노여움을 부채질했으니, 염병을 피하려고 해도 피할 수 있었겠는가?

작자는 먼저 한 집안이 망한 원인으로 이 사건에 따른 재앙을 들었다. 잔치에 참석한 친족을 한 가문으로 묶어 그 범위 안에 재앙을 국한한 셈이다. 재앙을 피하기 위해서는 두억신을 '공경하면서 멀리함'(敬而遠之)의 방식으로 대해야 했다고 충고하였다. 신을 끌어내고 때리기까지 하여 신의 분노를 자극하였기에 재앙을 받은 것이라고 하였다. 신이 무감정, 무반응을 보이기는 했으나 속으로는 인간의 학대와 모욕으로 인해 노여움이 쌓여 갔다고 본 것이다. 이것이 인간에게 재앙을 내리는 악신(惡神)에 대해 중세인들이 갖고 있던 일반적인 의식일 것이다. 악신은 정성을 다해 공경하고 잘 달래서 재앙을 피하는 것이 상책이라는 생각이다. 이러한 의식에 따르면, 이 사건은 인간이 신을 경원하는 대신 학대하여 얻은 징벌, 즉 자업자득의 저주로 이해된다.

여기서 징벌의 의미에 대해 좀 더 생각해 볼 만하다. 전염병은 남녀 귀천을 가리지 않고 누구에게나 닥치는 재앙이다. 이 작품에서 사건의 발단은 여자 손님이 모인 내실 근처였는데 점차 일이 커져서 남자들이 있는 외실로 옮아갔다. 애초에는 여자 종에게 시켰는데 나중에는 힘센 무사들의 폭력으로까지 나아갔다. 이러한 남녀, 강약, 귀천 등 인간 사회의 구분이나 경계와는 무관하게 신의 저주는 무차별적으로 내려졌다. 사실로 말하자면, 당대의 일반 사민(士民)이 계층, 성별, 연령을 불문하고 광범위하게 전염병에 걸려 죽어 나간 것이다. 불가항력의 전염병으로 인해 인간 사회에 큰 재앙이 닥친 일이다. 이 사실을 인간에 대한 신의 징벌이라는 의미로 파악한 논평은 중세의 질병 의식에 의한 것이겠다.

이러한 의식하에 작품 속에서 염병으로 죽어 나간 이들을 가리켜 '꾸짖고 욕한 자, 끌어내라고 권한 자, 때리라고 권한 자, 무사, 노복, 손 댄 자' 등을 열거하고 있다. 이들은 사내아이를 잔치 집 밖으로 쫓아내려고 한 사람들인데, 결과적으로는 죄를 저지른 사람들이 되어 징벌의 대상으로 지목되었다. 작품이 다루고 있는바 신의 저주에 속수무책으로 당하는 인간이라는 실존적 주제를 덮은 대신에, 신의 분노를 산 인간들이 자초한 징벌이라는 윤리적 주제가 들어선 것이다. 그리하여 전염병에 대한 과학적 이해와 대처가 가능한 오늘의 우리에게 이 작품은 인간 보편의 실존적 의미와 더불어 중세 시대에 징벌이 갖는 의미까지 생각해 볼 수 있는 자료가 되었다.

작품에 그려진 신의 형상을 떠올리면 이 이야기는 참 무섭다는 생각이 든다. 인간의 그 어떤 노력에도 끄떡하지 않는 신의 위엄에 대한 경외감과 함께, 신의 뜻을 알 도리가 없는 인간으로서 결국 속수무책 당해야만 하는 저주와 재앙에 대한 절망감을 느끼게 된다. 차라리 징벌이었다면, 그래서 자신이 뭔가 죄를 저질렀기에 당한 것이겠지 하며 합리화할 수 있다면 그럭저럭 받아들일 수 있는 일일지도 모른다. 하지만 작품은 그러한 합리화보다 더 심중한 의미를 우리에게 던지고 있다. 신은 아무 말 없이 꿈적도 하지 않고 자신의 뜻을 관철한다. 그러할 때 인간은 어떤 노력을 해도 아무 쓸모없이 마냥 당할 수밖에 없다. 그 노력이 신을 달랠 수 있다면, 그래서 재앙에서 벗어날 수 있다면 다행이겠으나 그렇게 '경이원지'해서 가능한 일이 얼마나 될 것인가.

그리하여 이 작품은 인간의 실존적 상황을 다시 한 번 생각하게 한다. 작품에 그려진 사람들의 모습이 위엄스런 신 앞에 서 있는 나약한 인간의 운명이지 않을까 싶다. 불가항력의 재앙 속에서는 지은 죄에 대해 벌을 받는다는 의식이 오히려 재앙을 견뎌 내는 데 위안과 희망이 될 수 있겠다고 여겨진다. 전염병의 재앙에 대한 중세적 의식에 공감이 가는 면이 있는 것이다.

## 5. 옥갑야화 제1화

박지원((朴趾源, 1737-1805)의 기행 문집인 『열하일기(熱河日記)』는 여행의 일정이나 주제에 따라 글들을 묶어 제목을 붙이고 장을 나누어 놓았다. 그 중에서 〈옥갑야화(玉匣夜話)〉는 사신 행차로 북경을 오고간 역관(譯官) 및 사행 무역(使行貿易)에 관한 7편의 이야기와 능력 있는 숨은 선비 허생에 대한 2편의 이야기가 모아져 있다. 이 장 전체를 옴니버스 식으로 구성된 한 편의 소설로 보기도 하고, 이 장의 제7화인 허생 이야기만 따로 떼어서 〈허생전(許生傳)〉이라 하기도 한다.

　작자의 소설사적 위상과 작가 의식을 보여 주기로는 〈옥갑야화〉 제7화 〈허생전〉이 중요한 의의가 있다. 하지만 죄와 벌의 주제를 두고 음미할 만한 작품으로는 〈옥갑야화〉 제1화가 주목된다. 작품의 줄거리는 다음과 같다.[1]

　조선 역관들이 북경의 주고(主顧, 단골집)들과 외상 거래를 해 오던 관례

---

[1] 이우성·임형택 역편, 「옥갑야화」, 『이조한문단편집』 하, 일조각, 1978, 293-315면. 앞으로 인용문의 면수 표시는 생략한다.

가 깨어진 것은 30년 전의 일이 계기가 되었다. 조선의 어느 역관이 북경에 가서 주고를 만나 눈물을 흘렸다. 주고가 어찌된 일인지 사연을 물어 보았다. 역관은 국경을 넘다가 밀반입하려던 남의 은과 자기 것을 모두 빼앗겨 빈손이 되었다고 하고, 귀국을 해도 살 길이 없으니 자결할 수밖에 없다고 하였다. 그의 사정을 알고 측은하게 생각한 주고가 만 냥을 빌려주어 돌아가게 하였다. 역관은 그 돈으로 부를 쌓아 5년 뒤에는 거부가 되었다. 그런 후에는 다시 북경의 사행 길을 가지 않았다. 오랜 후에 지인에게 부탁하여 북경에 가면 옛 주고에게 자기네 온 가족이 염병에 걸려 죽었다고 말해 달라고 하였다. 지인이 부탁받은 대로 하였더니 주고는 슬퍼하면서 백 냥을 주어 제사를 치르도록 하였다. 지인이 돌아와 보니 역관의 집은 이미 염병으로 모두 죽은 후였다. 주고에게 받은 돈으로 제사를 지내고 치성을 드려 주었다.

작품의 서두는 북경 무역에서 외상 거래의 관습이 변했다는 식으로 일반적인 일을 풍속사적 관점에서 서술하는 듯이 하였다. 그런데 그러한 변화의 계기가 된 사건은 시간의 흐름에 따라 자연히 이루어진 인심과 풍속의 변화에 대한 이야기가 아니다. 조선의 어느 역관과 북경의 한 주고 사이에 벌어진 구체적인 사건으로 인해 변화가 일어났던 것이다. 그 사건은 풍속 변화의 계기라는 면보다 오히려 죄와 벌의 문제를 부각하고 있기에 서술자가 내비치는 관점과는 다른 시각에서 작품의 의미를 찾을 수 있다. 사실 서술자도 이야기의 도입을 풍속사의 관점에서 말하는 듯이 했을 뿐 그 내용이 지닌 심각한 주제를 잘 알고 있다.

사건의 발단은 역관이 실제로 겪은 경험적 사실에서 출발했을 것으로 보인다. 역관은 남이 부탁한 은을 숨겨서 국경을 넘으려다가 적발되어 청나라 세관에 압수당했을 뿐 아니라 애초에 허가된 자신의 은까지도 몰수당했다. 아마도 이 일은 사실이었을 것이다. 당시의 사행 무역은 조선의 은을 팔아 북경의 여러 재화를 사 가지고 돌아와 팔아서 이윤을 남기는 형태였다. 역관은 한몫 잡으려고 적법한 것 외에 밀수할 물량까지 운반하였던 것이다. 그러다가 세관에 몰수당했으니 재화를 무역할 밑천이 떨어졌다. 그로서는 이윤은 고사하고 살길조차 끊겨 버린 지경이 된 것이다. 그는 아마도 밀수를 통해 더 큰 이익을 얻으려고 전 재산을 기울여 은을 사 모으고 또 남의 부탁까지 받고서 사신 행차에 참가했을 것으로 생각된다. 그러한 시도가 실패하였으니, "이제 빈손으로 돌아가면 생계가 막연합니다. 차라리 안 돌아가는 것만도 못하지요."라며 한탄할 수밖에 없다.

역관은 이렇게 말하고 나서 칼을 빼어 자결하려고 한다. 이러한 행동은 일단 그의 절박한 처지에서 나온 것이라고 이해가 간다. 그런데 그가 밀수까지 하며 큰돈을 벌려고 한 것으로 미루어 그러한 행동의 배경에는 어떤 의도가 있는 듯이 보인다. 주고에게 돈을 얻어 내려고 과장된 행동을 한 것처럼 생각되는 것이다. 이러한 면에서 그의 자살 시도는 절박한 심정과 의도적인 계산이 반쯤 섞여 있는 행동으로 볼 수 있다.

주고는 자결하려는 역관의 칼을 빼앗고 진정어린 마음으로 위로한다. 역관이 죽으면 남은 처자식은 어떻게 되겠냐고 말하고, 몰수당한 은 삼천 냥 대신에 만 냥을 빌려주겠으니 5년 후 본전만 갚으라고 한다. 주고의 이러한 위로와 도움은 진심에서 우러나온 것이다. 이제 곧 죽게 될 사람을 살리려는 선한 마음에서 선뜻 만 냥을 빌려주었고, 게다가 빈털터리가 된 역관의 사정도 충분히 봐 주어 갚을 기한을 5년으로 길게 잡고 또 이자는 아예 받지도 않겠다고 한 것이다. 단골손님에게 이 정도의 도움을 주는 것이 당연한 듯도 하다. 그렇지만 그 상대가 외국 사람이고 언제 다시 만날지 모르는 상황인 점을 감안하면 참으로 큰 성의와 은혜를 베푼 것이라 하겠다.

5년 사이에 역관은 거부가 되었다. 북경의 주고가 빌려준 만 냥을 밑천으로 큰돈을 번 것이다. 그러자 역관은 사역원(司譯院)의 명부에서 이름을 빼고 다시는 사신 행차에 참가하지 않고 북경 길을 끊어 버렸다. 그 이유는 서술되어 있지 않지만, 추측컨대 원금 만 냥을 돌려주기가 아까워서 그랬을 것 같다. 인생에서 가장 깊은 나락에 떨어져 죽음에 직면했던 그를 살려 준 은인에게 원금조차 갚지 않으려 한 것이다. 이로 보면 애초부터 그에게는 보은의 마음이 없었다고 하겠다.

다른 나라에 살고 있고 서울과 북경 간 삼천여 리나 떨어져 있는 만큼 다시 만나지 않으면 그만이었다. 역관은 이렇게 국가의 경계와 거리상의 떨어짐을 믿고 원금까지 떼어 먹으려는 마음을 가졌을 것이다. 물리적 장벽이 5년 전의 부채 관계를 아무 일도 아니게 만들기에 충분한 조건이라고 판단했을 것이다. 그렇게 믿고 그가 누리는 생활에 만족하며 지냈으면 좋았을지 모른다. 그런 상태로 유보해 둔 채로 비양심적이지만 그럭저럭 조선에서 호의호식하며 살았으면 그만이었을 것도 같다.

그러나 역관에게는 마음 한구석에 찜찜하게 남아 있는 문제를 풀어 버려야 했다. 자신을 죽음에서 구해 준 평생의 은인에게 진 채무를 아무 일도 아니라고 무시해 버리기에는 그에게 수시로 들리는 양심의 소리가 계

속해서 마음의 부담이 되었을 터이다. 그래서 북경으로 가는 지인에게
"연시(燕市, 북경 시장)에서 만약 아무 주고를 만나면 나의 안부를 물어볼 터
인데 나의 온 가족이 염병에 걸려 죽었다고 말해 주게."라는 부탁을 한다.
부채의 원금을 떼어먹으려는 수작치고는 지나치게 심한 거짓말을 꾸며
서 댄 것이다. 버젓이 살아 있고 게다가 아주 부유하게 살고 있는 역관을
보며 지인은 그와 같은 거짓말을 어떻게 할 수 있겠느냐고 반문한다. 그
러자 역관은 그렇게만 말해 주면 백 냥을 주겠노라고 한다. 백 냥으로 만
냥을 대신하려는 속셈을 드러낸 것이다.

그런데 역관은 자기가 내뱉은 말이 얼마나 무서운 말인지를 헤아리지
못했다. 계산속이 빤한 그로서도 전혀 생각하지 못한 점이 있었던 것이
다. 그가 계산에 넣지 못했다기보다 인간의 모든 계산을 훌쩍 벗어난 어
떤 것, 흔히 운명이라 불리는 것이 있다는 사실을 간과하였다고 보는 편
이 더 적절하겠다. 또한, 예로부터 말에 깃든 주술적 효능을 삼가서 '말이
씨가 된다.'는 속담이 있는데, 그는 멀리 외국에 있는 사람과의 약속이라
고 무시하여 말을 조심하지 않았다. 물론 그러한 거짓말 자체가 나쁜 마
음에서 나온 것이기에 말에 앞서 그의 불량함을 탓해야 할 것이다.

북경에 간 지인은 주고를 만나 부탁받은 대로 말을 전하였다. 그 말을
들은 주고는 '얼굴을 가리고 크게 슬퍼하여 눈물이 비 오듯 했다.' 주고는
5년 전이나 지금이나 역관에 대해 진정으로 염려하였고, 역관의 부음을
듣고는 진정으로 애도한 것이다. 이로써 두 사람의 성품과 태도 면에서
참과 거짓, 의리와 타산(打算)의 구별이 뚜렷해진다. 애도를 하고 나서 주
고는 백 냥을 주면서 온 가족이 죽었으면 상주도 없을 것이니 오십 냥으

로는 제사상을 차리고 오십 냥으로는 재(齋)를 지내 주라고 부탁한다. 역관에게 빌려준 만 냥에 대해서는 아무런 미련을 두지 않은 채, 마치 그 돈은 없었다는 듯이 처리해 버리고 다시 백 냥을 건넨 것이다. 지인으로서는 주고의 말과 태도를 보고 무척 놀라고 탄복했을 것이다. 조선에서 부자로 잘살고 있는 역관을 생각하면 그에게 한없이 미안하고 부끄러웠을 것이다.

여기서 돈 백 냥이 지닌 의미에 대해 생각해 보게 된다. 애초에 역관이 주고에게 꾸어 간 돈이 만 냥이고, 그 돈을 떼어먹을 심산으로 지인에게 줄 사례금이 백 냥이다. 역관의 부음을 듣고 주고가 부의금으로 백 냥을 내놓았는데 이는 지인의 사례금과 같은 금액이다. 결과적으로 보면, 돈 백 냥이 삶과 죽음을 갈라놓은 액수가 되었다. 백 냥만 내어 채무 관계를 청산하고 그냥 살려고 했던 역관은 아예 삶 자체를 마감하면서 주고에게 부의금 백 냥을 받은 것이다. 5년 전에 스스로 죽고자 했을 때 만 냥을 빌렸는데, 이제 진짜로 죽고 나서 그 액수에 얹어 또 다시 백 냥을 빌린 셈이 되었다.

지인의 입장으로 다시 돌아가 보자. 주고에게 차마 할 수 없는 거짓말을 한 후 백 냥의 부의금까지 받고 돌아오는 그의 발걸음이 얼마나 무거웠을지 짐작이 간다. 부음을 듣고 북경의 주고가 보인 반응을 상기할 때마다 후회와 부끄러움을 느꼈을 것이다. 주고에게 받은 백 냥은 서울에 돌아가 역관에게 받기로 한 그 액수의 돈이니 공교롭게도 딱 맞아떨어지는 수치였다. 이런저런 생각에 울적한 심사로 서울로 돌아왔을 때, 그의 앞에는 무시무시한 일이 벌어져 있었다. 그가 북경을 다녀온 사이에 역관의 온 가족이 실제로 염병에 걸려 몰살한 것이다. 북경으로 갈 때 거짓말로 들었던 것이 서울에 돌아와 보니 참말이 되어 있었다. 그 광경에 지인이 받았을 놀라움, 처참함, 기괴함 등의 느낌은 작품을 읽는 오늘의 우리에게도 고스란히 전해져 온다.

이러한 충격은 이 이야기가 천벌의 의미를 일깨우기 때문에 더욱 큰 울림으로 다가온다. 나라가 다르고 거리가 수천 리나 떨어져 있으니 꾀를 내어 백 냥만 써서 청산하고자 한 일이었다. 빌린 돈을 떼어먹으려고 그럴 듯한 거짓말로 둘러 대어 꺼림칙한 마음도 없애고 한평생 부자로 살 심산이었다. 비록 거짓말일지언정 역병으로 온 집안이 몰살하였다는 말의 내용이 얼마나 무서운 것인지 당사자는 설마 하는 마음으로 지나쳐 버렸다. 결국 그 거짓말을 참말로 만든 것은 하늘이다. 서로 다른 나라, 수천 리 떨어진 거리이지만 하늘에서 내려다보면 그곳이 그곳일 뿐이다. 사람에게는 최소한의 인간다움을 지킬 양심이 있는데, 그것을 내동댕이친 인간을 하늘이 내려다보고 있었던 것이다.

그럴 듯한 거짓말은 인간의 머릿속에서 이리저리 충분히 계산한 다음에 나온 것이다. 그렇게 계산하는 동안 거짓말이 참말로 바뀔 수 있다는 점은 계산속에 포함되지 않았다. 그러한 인간을 하늘에서 굽어보고 인간다움을 잃어버린 그에게 무서운 징벌을 내렸다. 염병으로 실행된 천벌은 인간의 지혜가 얼마나 하찮은 것인지, 만 냥의 빚을 백 냥으로 대신하려 한 그 알량한 노력이 얼마나 쓸데없는 것인지 새삼 깨우쳐 준다. 하늘이 준 벌이기에 조선 사람과 청나라 사람, 멀리 떨어진 거리 같은 구분은 아무런 작용도 못한다. 만민 공통의 윤리, 인류 보편의 양심에 반하는 행위에 대해서 천벌이 내렸을 뿐이다.

그렇다고 양심을 져버린 조선 역관에게 천벌이 내려졌다고 사필귀정이니 하며 고개를 끄덕이고 말 것인가. 작품의 서술자는 사건을 서술하면서 역관이나 주고, 지인에 대해 평가하는 말을 하지 않았다. 독자로 하여금 스스로 사건을 통해 판단하도록 서술하였을 뿐이다. 이러한 객관적 서술 태도에는 의도가 있는 듯하다. 특히, 천벌을 받은 역관에 대해 평을 하지 않은 것은 그에 대한 동정의 뜻에서가 아닐까 싶다. 밀수까지 하며 돈벌이에 열을 올렸고 제 목숨을 살려 준 은혜를 무시한 사람이기에 역관은 도덕적 비난을 받을 만하다. 그렇지만 그것이 역병으로 온 가족이 몰살하는 벌을 받을 만큼 큰 죄인가는 선뜻 말하기 어려운 면이 있다. 역병은 남녀노소, 신분 고하, 선악 등을 불문하고 사람들에게 덮치는 재앙이다. 역병으로 죽은 사람들은 누구나 비참하고 불쌍한 존재이다. 이러한 점에서 서술자는 역관과 그의 가족에 대해 애도하는 마음을 지녔던 듯하다.

이와 같이 이 작품은 조선 역관과 중국 주고 간의 신의에 관계된 사건을 서술한 것이다. 사건 전개와 인물 형상을 통해 은혜와 배신, 의리와 이해타산의 의미가 대조되어 그려졌다. 그와 함께 말의 내용과 효능에 대한 경계, 그리고 천벌의 의미를 일깨워 준다. 조선 후기 사행 무역의 풍속 변화에 대해 스케치하듯이 서술한 것이지만, 작품에서 다룬 사건은 천벌이란 것이 어떠한 양상과 의미를 지니는지 간략하고도 충격적으로 드러내었다. 굳이 사행 무역의 역사적 배경이나 천벌이라는 부담스런 주제를 상정할 것도 없이, 국적을 떠나서 사람이 양심을 지키며 인간답게 사는 일이 얼마나 소중한 것인지를 말해 주는 작품이다. 간략하고 객관적인 필치로 그려진 짤막한 이야기이지만, 작품에서 느껴지는 깊은 여운은 우리의 머릿속에 오래 남아 있다.

## 6. 춘향전

〈춘향전(春香傳)〉은 18세기 이후 판소리 사설이 독서물로 정착된 판소리계 소설 중 한 편이다. 조선 후기 신분제의 동요와 관권(官權)의 횡포라는 시대상을 배경으로 신분을 초월한 청춘 남녀의 사랑 이야기를 그려 내었다. 당시에 많은 인기를 끌었고 오늘에도 한국 고전 소설의 대표작으로 인정받고 있다.

이 작품은 기본적으로 사랑 이야기이지만 그 속에 징벌의 주제가 비중 있게 다루어지고 있다. 전반부는 춘향과 이 도령의 사랑과 이별을 중심으로 사건이 전개되나, 후반부에서는 변 사또의 수청 요구와 춘향의 거절, 그로 인한 징벌과 구제의 이야기가 펼쳐진다. 전·후반부의 사랑과 징벌의 주제는 서로 긴밀하게 연결되어 작품 전체의 주제를 형성한다. 춘향과 이 도령의 사랑이 신분의 귀천을 뛰어넘어 진실하고 고귀한 가치가 있다는 것이 후반부의 변 사또에 대한 징벌을 통해 증명되는 구조라고 할 수 있다. 이렇게 볼 때, 징벌의 주제는 사랑의 주제를 더욱 고양하는 보조적 기능을 하는 것으로 이해된다. 여기서는 후반부의 사건 전개를 따라가면서 전반부의 의미까지 아우르는 읽기 방식을 통하여 작품에 그려진 징벌의 주제에 대해 살펴보기로 한다.

이 도령의 아버지 이 사또가 동부승지가 되어 떠난 후, 변 사또가 남원에 새로 부임해 온다. 그는 한양을 출발할 때부터 남원 기생으로 이름이 자자한 춘향을 만나려는 기대에 잔뜩 부풀어 있었다. 도착하자마자 기생 점고부터 하였는데 기대했던 춘향은 그 명단에 없었다. 이에 춘향을 불러들이라고 하자 관노의 우두머리인 수노(首奴)는, "춘향 어미는 기생이되 춘향은 기생이 아닙니다."라고 하고, 이방과 호장은 "춘향이가 기생도 아닐 뿐 아니오라 전임 사또 자제 도련님과 맹세가 중하온데, 나이는 다르다 하지만 같은 양반이라, 춘향을 부르면 사또 체면이 손상할까 걱정하옵니다."라고 진언한다.[1] 춘향의 신분이 관장의 분부에 따라야 하는 관기가 아니라는 점과 춘향이 이 도령과 혼약한 사이이기에 같은 양반으로서 그 약혼자를 부르는 것이 온당치 않음을 지적한 것이다.

남원 토박이 노비와 아전들의 이러한 말을 듣고 변 사또는 오히려 크게 화를 낸다. 이속(吏屬)을 모두 쫓아내기 전에 얼른 춘향을 대령시키라고 닦달을 한다. 변 사또의 불호령이 떨어지니 군노와 사령이 춘향 집으로 가서 그녀를 데려오려 하였다. 그러나 눈치 빠른 춘향의 후한 대접을 받고 빈손으로 돌아온다. 다시 행수 기생이 직접 나서서 춘향 집에 가 그녀를 핍박한 끝에 데려온다.

춘향을 대령시키는 과정에서 그녀의 신분이 기생이냐 아니냐 하는 문제가 대두하였다. 변 사또와 행수 기생은 춘향을 기생이라 하고 남원의

---

[1] 송성욱 풀어 옮김, 백범영 그림, 『춘향전』, 민음사, 2011, 103-104면. 앞으로 인용 면수의 표시는 생략한다.

이속과 백성은 기생이 아니라고 하여 서로 대립하고 있다. 이 문제는 나중에 변 사또가 춘향에게 하는 수청 요구의 범죄 유무를 따지는 것과 관련된다. 새로 부임한 변 사또로서는 관청에 소속된 관기를 제 마음대로 하는 것이 무슨 문제냐는 입장인 데 반해, 춘향 본인과 남원 사람들은 양반과 약혼하여 수절하는 유부녀이므로 변 사또가 함부로 할 수 없는 신분이라는 것이다. 춘향의 신분을 두고 이렇게 두 입장이 팽팽히 맞섬으로써 이후에 변 사또의 수청 요구에 대해 죄의 유무를 둘러싸고 치열한 논쟁이 붙게 된다.

춘향이 변 사또 앞에 불려온 자리에서 두 진영 간의 갈등이 일어난다. 춘향을 관기로 보는 변 사또는 자신의 당연한 권리로서 수청을 들라고 명한다. 이에 대해 춘향은 첫마디에 '일부종사(一夫從事)'를 해야 하기에 수청을 들 수 없다고 대답한다. 이미 혼인 약속을 한 남편이 있는 유부녀라는 점을 사또에게 당당하게 내세운 것이다. 이러한 춘향의 거절에 대해 변 사또는 정절을 지키려는 그 마음이 가상하다며 일단 칭찬부터 한다. 그런 다음에 태도를 바꾸어 춘향을 회유하는 말을 한다. 한양으로 돌아간 이 도령이 남원의 춘향을 생각이나 하겠냐면서 응답 없이 절개만 지키다 늙기보다 남원 고을의 수령인 자기를 섬기는 것이 유익할 것이라며 사또 나름으로 조리 있게 달래는 것이다.

변 사또의 회유는 이 도령과 춘향의 신분적 차이, 한양과 남원의 문화적·물리적 거리, 두 청춘 남녀가 처한 이별의 상황 등을 고려하여 현실적 관점에 따른 근거를 대어서 하는 것이었다. 이에 대해 춘향은 '충신 불사이군(不事二君)이요 열녀 불경이부(不更二夫)라.'고 하며 맞선다. 남편에 대한 아내의 처지를 임금에 대한 신하의 그것에 등치하는 논리를 세워놓고, 자기가 지키려는 열(烈)은 관리가 지켜야 할 충(忠)과 동일한 가치임을 말한 것이다. 열녀와 충신을 자신과 변 사또의 이상적인 인간형으로 설정함으로써, 이해타산의 현실적 관점에 대하여 의리와 명분의 이념적 관점을 내세워 상대와 겨룰 태세를 갖추었다.

변 사또 옆에 있던 회계 생원이 춘향이 하는 말을 듣고, "너희 같은 천한 기생 무리에게 충렬 두 자 웬 말이냐."며 꾸짖는다. 이에 대해 춘향은 "충효 열녀도 상하 있소."라고 말한다. 열의 가치는 신분의 고하에 따라 다르지 않다는 말로써 대응한 것이다. 이러한 주장의 근거로 그녀는 조선의 수절 기생을 한 명 한 명 열거한다. 변 사또와 생원의 주장을 받아들여서 자신이 설령 관기라고 하더라도, 기생으로서 양반 사대부에 필적하는 절개를 지킨 인물들이 여럿 있다는 점을 강조한 것이다. 이렇게 하여 그녀가 애초에 제기한 열과 충의 동등성을 다시 한 번 천명하였다.

그리고 나서 춘향은 정곡을 찌르는 말을 한다. "사람의 첩이 되어 배부기가(背夫棄家)하는 법이 벼슬하는 관장님네 망국 부주(忘國負主) 같"[2]다는 것이다. 변 사또에게 수청 들어 이 도령을 배반하는 것은 변 사또가 나라의 은혜를 잊고 임금을 저버리는 것과 같다는 주장이다. 집과 나라, 남편과 군주를 나란히 거론하여 열을 충과 등치함으로써 변 사또에게 항거하는 논변을 펼쳤다. 그러자 변 사또는 다음과 같이 말한다.

---

2   설명의 편의상 이 부분만 구자균 교주, 『춘향전』, 교문사, 1984, 139면에서 인용하였다.

모반과 대역하는 죄는 능지처참하고, 관장을 조롱하는 죄는 율법에 적혀 있고, 관장을 거역하는 죄는 엄한 형벌과 함께 귀양을 보내느니라. 죽는다고 설워 마라.

춘향이 말한 '관장님네 망국 부주'를 이어받아서 먼저 '모반 대역 죄'를 언급한 다음에 '조롱 관장, 거역 관장'을 말하고 있다. 경중의 등급 차이가 뚜렷한 두 부류의 죄에 대해 춘향과 변 사또는 공통적으로 '망국 부주, 모반 대역'의 죄를 가장 무거운 범죄 행위라고 인정한 것이다. 이러한 변 사또의 답변은 춘향에게 항거의 논리를 더욱 확고히 하도록 만드는 것이었다. 그래서 춘향은 그 말에 대해 곧바로 모반 대역과 동등한 차원에서 유부겁탈의 죄를 날카롭게 캐묻는다.

유부녀 겁탈하는 것은 죄 아니고 무엇이오.

앞에서 충과 열의 동등성을 전제로 내세운 터이니, 모반 대역의 불충한 죄와 같은 등급으로 유부녀 겁탈 죄를 추궁한 것이다.

이와 같이 춘향과 변 사또의 대화 속 논쟁은 춘향의 기생 신분 여부, 열과 충의 가치가 지닌 동등성, 죄의 경중에 대한 논리적 비교 등을 거론하며 서로 팽팽히 맞섰다. 그러다가 결국에는 변 사또가 춘향의 항변을 논리적으로 당해 내지 못하고 만다. 논리에서 막혀 버린 변 사또는 이제부터 자신이 지닌 권력을 휘두르며 춘향을 강압적으로 대하게 될 것이다. 이것이 변 사또가 춘향을 만나 그녀의 저항에 부딪힌 후 징벌을 가하는 사건의 경과이다.

여기서 수청 요구가 죄가 되느냐의 문제가 두 사람 간 논쟁의 핵심이 된다. 춘향은 죄가 된다고 하는 반면, 변 사또는 관장의 당연한 권리라며 밀어붙이려 한다. 그런데 서술자는 춘향의 주장이 옳다고 보고 그 방향으로 사건을 이끌어 간다. 이러한 문맥 속에서 서술자나 독자에게는 전반부에 서술된 청춘 남녀의 사랑 이야기가 변 사또에 대한 항거의 논리를 뒷받침하는 근거로 인식된다. 춘향과 이 도령의 진실한 사랑이 변 사또의 수청을 거절하는 당위가 된다는 점을 상기하는 것이다.

유부겁탈이 죄라는 춘향의 항변에 대해 변 사또는 다음과 같이 반응한다.

> 사또 기가 막혀 어찌 분하시던지 책상을 두드릴 제 탕건이 벗어지고 상투가 탁 풀리고 첫마디가 목이 쉬어 "이년을 잡아 내리라." 호령하니

재판권을 가진 수령으로서 죄를 범했다고 판단한 인물에게 징벌을 내릴 수 있다. 그런데 죄의 유무를 판단하는 논리적 근거가 무너진 탓에 그의 징벌은 감정적이고 강압적인 형태로 나타난다. 변 사또는 상투가 풀리고 목이 쉴 정도로 분노에 차서 소리치며 죄인을 다스리고 있다. 엄정하게 판결해야 할 재판관이 분노의 감정에 휩싸여 죄를 묻고 곤장의 벌을 내렸다. 이러한 상태에서 변 사또가 휘두른 징벌의 권력은 정당성을 훼손해 버렸다. 그러므로 벌을 받는 춘향으로서는 자기의 정당한 주장을 관권으로 억누르고 감정적으로 벌을 가한 변 사또의 처분이 한없이 억울한 것이다. 이러한 심정은 한 대 두 대 곤장을 맞을 때마다 그녀가 부르는

'십장가'로 표현되었다. 그렇게라도 해서 호소해 보지만, 막강한 관권에 의해 무고한 백성이 제압당하는 사태에서 상황을 뒤집기에는 역부족일 수밖에 없다.

이처럼 춘향이 벌받는 장면은 변 사또의 흐트러진 자세와 감정적 판결, 그에 대한 춘향의 항거와 더욱 굳어지는 마음이 극적으로 대비되어 있다. 변 사또의 이러한 모습은 뒤에 가서 암행어사 출도 장면에서 그가 오히려 죄인의 신분으로 전락하면서 보여 주는 망가진 모습으로 역전적인 확대가 이루어진다. 그것과 대비되어 춘향은 변 사또에 대한 태도나 암행어사에 대한 것이나 일관된 모습을 보여 준다. 이러한 양상을 보면, 작품 후반부는 변 사또가 춘향에게, 암행어사가 변 사또에게 가하는 두 번의 징벌이 서로 대조되는 모습으로 그려진 것이라고 할 수 있다.

변 사또의 수청을 거부한 춘향은 죄 없이 곤장을 맞고 옥에 갇힌다. 그녀의 무고함을 밝히고 징벌에서 풀어 줄 사람은 이 도령 외에 달리 있을 수 없다. 사랑의 당사자인 이 도령은 자신의 사랑이 무죄의 근거가 됨을 도덕적으로나 법적으로 세상에 밝혀야 할 책임을 지고 있다. 과거 급제하여 암행어사가 된 것은 일단 사랑의 무죄를 입증할 만한 현실적인 힘을 얻은 것이라 할 수 있다. 그렇지만 암행어사가 지방 수령보다 권력이 더 강하다고 해서 그에게 주어진 응분의 책임을 다할 정도는 되지 못한다. 현실적 권력에 더하여 이념적 명분을 얻어야 올바른 방향의 해결이 가능하기 때문이다. 청춘 남녀의 사랑 자체는 하나의 조건일 뿐, 그것이 귀족 자제의 치기어린 애정 행각이 아니라 선남선녀가 지닌 인간성의 정당한 발현임을 만인에게 인정받아야 한다.

이에 이 도령은 암행어사가 되어 남원으로 가는 도중에 백성의 여론을 세심하게 청취한다. 농부, 여성, 남원부민의 공론을 귀담아 들으며 춘향과 변 사또에 대한 백성의 평판에 대해 알아본다. 춘향을 사랑한 책임과 어사로서의 공적인 책임이 유교적 명분 아래 하나로 묶일 수 있는 것이므로, 그 명분을 얻기 위해 신중한 행보를 취하는 것이다.

들에서 일하던 농부에게 넌지시 속내를 떠보니, "지금 춘향이가 수청 아니 든다 하고 형장 맞고 갇혔으니 기생집에 그런 열녀 세상에 드문지라. …… 올라간 이 도령인지 삼 도령인지 그놈의 자식은 한번 간 후 소식이 없으니 사람이 그렇고는 벼슬은커녕 내 좆도 못 되지."라는 대답이 돌아온다. 다리 밑에서 빨래하는 여인들은, "애고 애고 불쌍터라, 춘향이가 불쌍터라. 모질더라 모질더라, 우리 골 사또가 모질더라. 절개 높은 춘향이를 위력으로 겁탈하려 한들 철석같은 춘향 마음이 죽는 것을 두려워할까. 무정터라 무정터라, 이도령이 무정터라."라고 수군댄다. 어사는 이들에게서 춘향은 불쌍하고 변 사또는 모질고 이 도령은 무정하다는 여론을 확인한다. 그리하여 자신의 소임이 무엇인지를 뚜렷이 인지하게 된다. 그것은 바로 무고한 춘향을 구해 내고 백성에게 학정을 일삼은 변 사또를 징치하는 것이다. 이것은 또한 이 도령과 춘향이 나눈 사랑이 도덕적으로나 법적으로 아무 잘못이 없는, 진실하고 보편적인 사랑임을 증명하는 일이기도 하다.

이 어사는 남원에 도착하자 먼저 춘향 집에 들른다. 장모 월매의 정성 어린 기도 모습을 목격하고, 옥에 갇힌 춘향을 만나 그녀의 착하고 굳은 마음을 직접 확인한다. 이러한 재상봉과 대화의 과정은 독자에게 예전에 두 사람이 주인공이 된 사랑과 이별의 이야기를 상기하도록 한다. 그와 동시에 현재 춘향이 처한 위기를 타개하는 일이 어떻게 진행될지에 대해 긴장감을 가지고 지켜보게 만든다. 남원으로 오는 도중에 청취한 백성의 여론과 춘향 집에서의 옛정, 춘향이 갇힌 감옥에서 확인한 사랑의 다짐을 이 어사는 가슴에 깊이 새긴다. 그리고 무고한 춘향에게 벌을 준 인물을 응징해야 한다는 결심을 굳힌다.

이 어사가 감옥에서 춘향을 만난 다음날 변 사또의 생일잔치가 열린다. 그는 거지 차림을 하고 잔치 자리의 말석에 참석한다. 음식상에 대해 투정을 하여 잠시 주목을 받은 후 좌중의 시작(詩作) 놀이에 끼어들어 한 수 시를 써서 던지고 자리를 뜬다.

금준미주(金樽美酒) 천인혈(千人血)이요
옥반가효(玉盤佳肴) 만성고(萬姓膏)라.
촉루락시(燭淚落時) 민루락(民淚落)이요
가성고처(歌聲高處) 원성고(怨聲高)라.
이 글 뜻은,
금동이의 아름다운 술은 일만 백성의 피요
옥소반의 아름다운 안주는 일만 백성의 기름이라.
촛불 눈물 떨어질 때 백성 눈물 떨어지고
노랫소리 높은 곳에 원망 소리 높았더라.

잘 알려진 이 시를 변 사또에 대한 응징의 명분이라는 면에서 이해할 수 있다. 만백성의 피땀, 눈물, 원성을 지적함으로써 일반 백성을 가혹하게 다스린 탐관오리에 대한 징치의 명분을 밝힌 것이다. 양반 사대부의 문자인 한시로 쓴 것을 백성에게도 알아들을 수 있는 한글로 옮겨 서술함으로써 이 시가 지닌 징벌의 의미를 분명하게 드러내었다. 이로써 변 사또의 죄를 다스리는 것은 백성의 여론을 수렴한 결과이자 민정을 수습하는 올바른 방법이 되었다. 이렇게 응징의 명분을 밝힌 시가 제시된 다음에 암행어사 출도 장면이 나오는데, 여기에 징벌의 주제가 집약적으로 그려진다.

이 대목은 장면화의 서사 기법이 잘 구사되었다. 사건의 공간적 배경을 남원 동헌 일대로 제한하고 날이 밝은 후 시간의 경과에 따라 그곳에서 활동하는 인물들의 행동을 묘사하였다. 그러는 중에 그 장소에 등장하는 인물의 말과 행동, 심리를 통해 뭔가 큰 사건이 일어날 것 같은 울렁임이 도처에서 감지되도록 하였다. 변 사또의 생일잔치라고 예고된 자리인 만큼 축제의 장이 펼쳐질 듯싶기에, 그 장소에서 처음 일어난 울렁임은 잔치 준비로 분주한 모습에서 감지된다. 그러다가 거지 차림의 이 어사가 등장하면서 축제의 분위기는 애초의 기대와 다른 방향으로 전환된다. 그가 시 한 수를 남기고 자리를 떴을 때는 불길한 예감이 엄습하는 곳으로 변한다.

곧이어 암행어사 출도의 호령 소리와 함께 애초의 축제적 울렁임은 그곳에 참석한 인물들에게 재앙이 닥친 아수라장으로 순식간에 바뀌어 버린다. 거기에 있던 모든 것이 뒤엎어지고 파괴되고 엉망진창이 되어 동헌 일대가 크게 뒤흔들린다. 얼마 전까지의 질서와 체계는 단숨에 무너지고 그곳은 혼돈과 난장의 세계가 되어 버렸다. 한바탕의 소동 끝에 이 어사가 본색을 드러내고 좌정하자 그제야 장소는 안정을 되찾는다. 이처럼 한 장소를 중심으로 인물과 사건이 역동적으로 변모하는 모습을 생생하게 묘사하였다.

장면화의 기법과 함께 서술 방식에 대해서도 눈여겨 볼 필요가 있다. 다른 대목과 같이 이 장면도 서술자는 전지적 작가 시점으로 서술한다. 그런데 인물의 내면보다는 장소에 모인 인물과 사건을 눈에 보이는 대로 그리고 있다. 생일잔치 자리의 흥성거림을 묘사한 후 이 어사의 등장과 함께 서술의 초점을 그에게 맞춘다. 그의 행동과 말을 묘사하고 나서 분위기가 일변한다. 이때 서술의 초점을 운봉 영장(營將)으로 옮겨서 그를 통해 독자가 변화의 조짐을 감지하도록 이끌어 간다. 뒤이어 춘향을 잡아들이라고 명령하는 변 사또를 그린다. 사태의 변화를 눈치 채지 못하고 잔치 분위기에 취해 버린 그의 완고하고 방탕한 모습에 주목하도록 한 것이다. 이처럼 서술의 초점을 이동하면서 같은 장소에 있는 여러 인물의 서로 다른 행동과 심리를 대비적으로 그려 내었다.

그런 다음에 암행어사 출도를 외치는 어사 부하들의 행동을 문면에 드러낸다.

이때에 어사또 부하들과 내통한다. 서리를 보고 눈길을 보내니 서리, 중방 거동 보소. 역졸을 불러 단속할 제 이리 가며 수군, 저리 가며 수군수군. 서리, 역졸 거동 보소. 외올망건 공단 모자 새 패랭이 눌러 쓰고, 석 자 감발 새 짚신에 한삼 고의 산뜻하게 차려 입고, 육모 방망이 사슴 가죽끈을 손목에 걸어 쥐고, 여기서 번쩍 저기서 번쩍, 남원읍이 우글우글. 청파 역졸 거동 보소. 달 같은 마패를 햇빛같이 번쩍 들어, "암행어사 출도야." 외치는 소리에 강산이 무너지고 천지가 뒤집히는 듯 초목금수인들 아니 떨랴. 남문에서 "출도야." 북문에서 "출도야." 동서문 출도 소리 청천에 진동하고

반복하여 나온 '거동 보소'라는 구절은 각 인물의 행동에 주의하도록 이끈다. 이 말은 또한 여러 곳에 흩어져 있는 인물들이 같은 시간대에 취하는 행동들을 나열하는 역할도 한다. 이 어사, 운봉 영장, 변 사또의 순으로 서술의 대상을 옮긴 끝에 여러 인물의 동시다발적 행동을 묘사하였다. 이렇게 함으로써 이 장면에 이르기까지 언제 무슨 일이 벌어질지 몰라 조마조마하던 사태가 단박에 확 터져 버리는 효과를 얻는다. 가히 일대 사건이 폭발하는 양상을 그려 내었다고 할 수 있다.

여러 인물의 동시다발적 행동에 대한 묘사는 좀 더 이어진다.

"공형 들라." 외는 소리 육방이 넋을 잃어 "공형이오." 등채로 휘닥딱. "애고 죽겠다." "공방, 공방." 공방이 자리 들고 들어오며 "안 하겠다던 공방을 하라더니 저 불 속에 어찌 들랴." 등채로 휘닥딱. "애고 박 터졌네." 좌수, 별감 넋을 잃고 이방, 호방 혼을 잃고 나졸들이 분주하네. 모든 수령 도망할 제 거동 보소. 인궤 잃고 강정 들고 병부 잃고 송편 들고 탕건 잃고 용수 쓰고 갓 잃고 소반 쓰고. 칼집 쥐고 오줌 누기. 부서지는 것은 거문고요 깨지는 것은 북과 장고라. 본관사또가 똥을 싸고 멍석 구멍 새앙쥐 눈 뜨듯 하고, 안으로 들어가서 "어 추워라. 문 들어온다 바람 닫아라. 물 마르다 목 들여라." 관

청색은 상을 잃고 문짝을 이고 내달으니, 서리, 역졸 달려들어 후닥딱. "애고 나 죽네."

위에서 대상 인물들은 크게 두 부류로 나뉘어 묘사되고 있다. 호장·이방·수형리의 삼공형, 이·호·예·병·형·공의 육방(六房), 유향소의 좌수·별감 등 지방 행정의 실무나 자문을 맡은 벼슬아치들과 남원의 부사·군수·현감·현령 등 지방 행정의 책임을 맡은 수령들로 나누어져 그려진 것이다.

실무진은 갑작스런 어사 출도에 따른 제반 의식을 차려야 하므로 이제까지 사또 생일잔치를 위해 배설하였던 온갖 설비를 어사의 좌정을 위한 것으로 급히 바꾸는 일을 해야 한다. 그러니까 어사 부하들의 다그침에 따라 분주하게 움직이는 모습으로 나타난다. 이에 비해 수령들은 변 사또의 휘하에서 지방 행정의 책임을 함께 져야 하므로 어사 출도 자체로써 이미 죄가 폭로된 상황에 놓이게 되었다. 방금 전 생일잔치의 음식과 물건인 강정·송편·용수·소반 등이 수령의 구비물인 인궤·병부·탕건·갓 등의 대용품이 되어 버렸다. 혼비백산한 중에 그나마 복색을 갖추려는 것이 이제까지 해 온 가렴주구의 물건들로 대체된 것이다.

이러한 통렬한 풍자의 핵심 대상은 변 사또이다. 이 와중에 변 사또는 '똥을 싸고 멍석 구멍 새앙쥐 눈 뜨듯 하고', 방안으로 도망해 들어가서는 "어 추워라. 문 들어온다 바람 닫아라. 물 마르다 목 들여라."라며 정신을 놓고 횡설수설하는 모습으로 그려졌다. 앞에서 춘향에게 벌을 줄 때 그는 화가 치밀어 탕건이 벗어지고 상투가 풀린 모습을 보였다. 이제 와서 보여 주는 그의 모습은 두려움으로 인해 똥 싸고, 멍석 구멍으로 주변을 살피고, 두서없이 헛소리를 하는 꼴이다. 변 사또의 신세 전락이 극명하게 대조되도록 그려 놓았다.

이와 같이 암행어사 출도 장면은 서술 초점의 이동과 확산을 통해 울렁이는 분위기와 사건의 극적인 폭발이 연출되었다. 제한된 장소에서 인물의 행동과 심리의 울렁임을 한층 고조하여 징벌의 주제를 효과적으로 드러낸 것이다. 장면 전체가 이 어사에 의한 변 사또의 징벌이라는 의미를 생동하게 그려 내었다. 그러므로 어사 좌정 후에 "본관사또는 봉고파직하라."는 한마디는 벌의 내용을 요약하였을 뿐이다. 징벌의 의미는 풍성한 묘사 속에 이미 다 드러난 뒤이다.

여기서 이 장면이 지닌 미적 특성을 감지할 수 있다. 주제가 집약된 장면을 역동적으로 전개함으로써 사건의 극적 반전과 인물의 신세 역전을 보여 주어 독자에게 통쾌한 느낌을 준다. 평범한 서사 전개라면 어사가 좌정한 후 변 사또를 꿇리고 일일이 죄를 묻고 나서 형벌을 정하는 과정이 서술되었을 것이다. 그런데 서술자는 그 과정을 모두 생략한 채 어사 출도와 난장판의 묘사를 통해 징벌의 의미가 미적 쾌감과 함께 증폭하도록 그려 내었다. 그리하여 징벌 자체가 한바탕의 난장판이자 축제의 장이 되어 그동안 탐관오리의 가렴주구에 한 맺혀 살던 백성의 해방감이 폭발하도록 하였다. 이 장면에서 독자는 극적 반전의 미적 효과와 악인에 대한 징벌의 의미를 동시에 맛본다. 그리하여 서사 전개의 대단원에 이르러 정서적, 도덕적 고양의 상태에 이르게 된다.

어사의 좌정으로 자리가 정리된 후 옥에 갇혀 있던 춘향이 그 장소에 나온다. 바야흐로 변 사또의 징벌과 대비를 이루는 춘향의 구제에 관한 이야기가 전개될 참이다. 그런데 뜻밖에도 어사는 시치미를 뚝 뗀 채 춘향에게 무슨 죄가 있는지를 먼저 묻는다. 그러고서 "너 같은 년이 수절한다고 관장에게 포악하였으니 살기를 바랄쏘냐. 죽어 마땅하되 내 수청도 거절할까?"라고 질책하고 자신에게 수청 들 것을 요구한다. 춘향에게는 실로 여우를 피하니 호랑이를 만난 격으로 잔인한 시험이 아닐 수 없다.

그런데 이 어사가 한 말은 앞에서 춘향과 변 사또의 논쟁 중에 나온 '거역 관장'의 쟁점을 다시 거론한 것이다. 춘향으로서는 이미 탄탄한 논리로써 깨뜨려 버렸던, 차원 낮은 요구일 따름이다. 그래서 그녀는 "내려오는 관장마다 모두 명관이로구나." 하고 탄식만 한다. 반어적 표현으로 이 어사의 요구를 무시해 버리는 것이다.

춘향에게 이 도령과의 사랑은 사또든 어사든 어떤 권력으로도 빼앗을 수 없는 고귀하고 진실한 것이다. 그렇기 때문에 그녀는 목숨을 걸고 그 사랑을 지키고자 하였다. 이 도령 역시 그러한 사실을 잘 알고 있을 뿐 아니라 이미 전날 밤 옥중 상봉으로 확인한 바가 있다. 이러한 맥락에서 이 어사의 수청 요구는 즉흥적으로 나왔을 가능성이 크다. 어젯밤에는 어두컴컴한 감옥에서 상거지의 모습으로 상봉하였지만, 오늘은 어사의 신분을 온 고을에 버젓이 드러내었다. 변 사또의 신세 전락에 대조하여 이 어사의 신분 상승을 동헌 마당에 모인 모든 사람에게 보여 준 것이다. 이러한 때에 감옥에서 나와 동헌 마당에 끌려온 춘향을 보자 애처로우면서도 반가운 마음이 너무 컸다. 이에 예전에 춘향 방에서 '사랑가'로 놀며 즐기던 심정으로 그녀에게 농담을 걸어 본 것이다. 그러므로 이 어사의 수청 요구에 대해 그렇게 심각한 의미를 둘 필요가 없다. 이로 인해 이 도령이 춘향을 구제하여 사랑의 결실을 맺는다는 이야기의 대단원에 흠이 가지는 않는다.

　이상에서 보듯이, 〈춘향전〉의 후반부는 변 사또의 춘향에 대한 벌, 이 어사의 변 사또에 대한 벌 등 두 번에 걸쳐 징벌의 주제를 그려 내었다. 이러한 주제를 펼쳐 보이는 사건은 전반부에 그려진 사랑의 주제가 진실하고 고귀한 가치를 지녔다는 점을 인정하는 방향으로 전개되었다. 춘향이 당한 억울한 벌은 변 사또에 대한 응징을 통해 해소되고, 춘향과 이 도령의 사랑이 결실을 맺는 것으로 귀착한다. 이러한 극적 전환의 중심에 암행어사 출도 장면이 있다. 이것은 정교한 서술과 묘사를 통해 극대화된 미적 쾌감이 징벌의 주제와 잘 어우러진 명장면이다. 이 장면은 변 사또라는 악인을 징치하여 공의(公義)를 구현한다는 의미를 드러내는 데에 그치지 않고, 독자로 하여금 통쾌함과 해방감으로 정서적, 도덕적 고양에 이르도록 이끈다. 우리는 〈춘향전〉을 통해 훌륭한 문학 작품이 주는 충만한 감동을 느낄 수 있다.

## 7. 흥부전

〈흥부전〉은 조선 후기 판소리계 소설의 대표작 중 하나로 그 내용은 널리 알려져 있다. 가난하고 착한 흥부가 제비 다리를 고쳐 주어 복을 받고, 부자면서 나쁜 놀부는 흥부를 따라 했다가 벌을 받는다는 것이다. 착한 흥부와 나쁜 놀부로 인물이 대립되게 그려졌고, 착한 자가 복을 받고 악한 자가 벌을 받는다는 권선징악(勸善懲惡)의 교훈을 주는 작품이라는 것도 익히 아는 사실이다. 이처럼 유명한 이야기라서 오히려 작품에 대한 인상이나 이해가 우리의 머릿속에 굳어진 채로 남은 면이 없지 않다.

작품에 표현된 인물평을 오늘의 시각에서 역전하여 놀부를 긍정적으로 평가하는 식의 해석도 있었다. 그러나 서술자의 태도와 작가 의식으로 보아 놀부가 '나쁜 놈'인 것은 부정할 수 없다. 흥부의 착함에 대하여 찬찬히 들여다볼 필요도 있지만, 놀부의 악함, 그리고 그에게 가해지는 징벌의 양상은 그것대로 주의 깊게 살펴야 할 부분이다. 여기서는 징벌의 상상력이라는 관점에서 놀부에 초점을 맞춰 작품을 살펴보고자 한다.

작품 서두에서부터 놀부는 악인형의 인물로 설정되어 있다. 부모의 유산을 독차지하고 어진 동생을 구박하여 쫓아내었다. 뿐만 아니라 다음과 같은 행동을 한다.

초상난 데 춤추기, 불붙는 데 부채질하기, 해산한 데 개 닭 잡기, 장에 가면 억매흥정하기, 집에서 몹쓸 노릇 하기, 우는 아이 볼기 치기, 갓난아이 똥 먹이기, 무죄한 놈 뺨 치기, 빚값에 계집 뺏기, 늙은 영감 덜미 잡기, 아이 밴 계집 배 차기, 우물 밑에 똥 누기, 오려논에 물 터놓기, 잦힌 밥에 돌피 붓기, 패는 곡식 싹 자르기, 논두렁에 구멍 뚫기, 호박에 말뚝 박기, 곱장이 엎어놓고 발꿈치로 탕탕 치기, 심사가 모과나무에 아들이라.[1]

놀부 심술 타령이라고 하는 위의 대목을 보면 몇 가지 특징이 나타난다. 첫째, 우는 아이, 갓난아이, 늙은 영감, 아이 밴 계집, 곱장이(곱사등이) 등 사회적 약자에게 몹쓸 짓을 하고 있다. 영·유아, 노인, 임신부, 장애인 등은 사회에서 돌봄이 필요한 사람인데 오히려 그들을 때리고 구박하고 해코지하는 것이다. 둘째, 초상, 화재, 시장(상품 매매), 우물(공동 식수), 논농사, 밭농사 등 농촌 공동체의 상호 부조, 공동의 생활, 농사일 등을 방해하고 해악을 끼치고 있다. 더불어 살아야 하는 공동체의 질서와 생업, 인간관계를 파괴하는 행동을 하는 것이다. 셋째, 억매흥정, 빚값 받기 등 돈과 재물에 대한 욕심이 강하게 나타난다. 유산을 독차지하여 호의호식하면서도 더 많은 돈과 재물을 얻으려고 남의 물건 값은 억지를 부려 깎고 제 돈으로는 고리대금을 하는 모습이다. 넷째, 몹쓸 노릇 하기, 볼기 치기,

---

1 김태준 역주, 『흥부전/변강쇠가』, 고려대 민족문화연구소, 1995, 16면. 〈경판 25장본〉 원문(『영인 고소설판각본전집』 3, 인문과학연구소, 1973)을 대교하여 현대어로 옮겨 인용한다. 이하에서 면수 표시는 생략한다.

뺨 치기, (계집) 뺏기, 덜미 잡기, 배 차기, 탕탕 치기 등 집에서나 밖에서나 수시로 폭력을 행사하고 있다. 이러한 버릇은 흥부가 곡식을 빌리러 왔을 때 유감없이 드러난다.

놀부라고 하면 대개 심술궂은 사람 정도로 알려져 있으나, 그가 하는 행동을 보면 심술로만 보기 어려울 만큼 악한 면이 있다. 사촌이 땅을 사면 배가 아프다고 남이 잘되는 꼴을 못 보고 남이 못되면 은근히 좋아하는 것은 사람에게 있는 일반적인 심리이다. 문제는 그것을 실제 행동으로 옮기고 더 나아가 남에게 패악질을 일삼는다는 것이다. 서술자는 계속해서 '놀부 놈'이라는 호칭을 쓰고 있는데, 이는 놀부를 그냥 웃어넘길 만한 악인이 아니라 벌을 받아 마땅한 악인으로 그려 내었음을 말해 준다. 놀부라는 인물을 희화화하여 독자의 웃음을 자아내려는 의도도 분명히 있지만, 인물 설정의 본래 취지는 악인에 대한 징벌의 의미를 드러내는 데 있다는 점을 도외시할 수 없다.

흥부 집이 너무나 가난해 아이들이 굶어 죽게 생겨서 흥부 아내가 흥부더러 형님 댁에 곡식이나 꾸어 오라고 한다. 그러자 흥부는 가기 싫다면서, "형님이 음식 끝을 보면 사촌을 몰라보고 똥 싸도록 치옵나니 그 매를 뉘 아들놈이 맞는단 말이오."라고 한다. 놀부가 먹을 것을 두고 끝을 보고자, 즉 다투어 결말을 짓고자 할 때는 동기간도 몰라보고 마구 때린다는 것이다. 앞에서 본 놀부의 폭력성을 흥부는 익히 알고 있었다. 또한, '똥 싸도록 치다'는 말은 일종의 복선(伏線) 구실을 한다. 뒤에 가서 박통에서 나온 인물들에게 놀부가 심하게 얻어맞는 장면과 놀부의 집이 똥물로 뒤덮이는 장면에 처지가 역전된 모습으로 연결되기 때문이다.

4장 벌받을 사람들 213

그래도 아내가 권하자 흥부가 식량을 얻으러 놀부 집에 간다. 동생을 남처럼 대하는 놀부는, "쌀이 많이 있다 한들 너 주자고 노적 헐며, 벼가 많이 있다 한들 너 주자고 섬을 헐며"로 시작하는 사설을 늘어놓는다. 한 톨의 곡식, 한 섬의 겨도 줄 것이 없다는, 자신의 재물에 대한 악착같은 집착과 고수의 태도가 고스란히 드러나는 사설이다. 그러고는 '몽둥이를 지끈 꺾어 손 잰 승(僧)의 비질하듯 원 화상의 법고 치듯 아주 쾅쾅' 흥부를 '두드린다.' 이에 흥부는 울면서, "방약무인 도척이도 이에서 성현이요, 무거불측 관숙이도 이에서 군자로다. 우리 형제 어찌하여 이다지 극악한고?"라며 탄식한다. '형제'라고 한 것은 형의 악함에 동생인 자기도 일말의 책임이 있는 듯이 겸손하게 말한 것으로 보인다. 이렇듯 남의 허물을 감싸는 어진 성품의 흥부조차도 놀부의 극악함을 한탄하고 있다.

이제 이야기는 흥부와 그 아내의 갖은 고생, 이어서 제비의 도래와 치료, 그리고 제비의 보은으로 전개된다. 바야흐로 착한 흥부가 복을 받는 이야기가 펼쳐지는 것이다. 흥부가 받은 제비의 '보은 표'(報恩瓢)는 네 통이 열려 각기 신이한 약, 온갖 세간, 목수와 오곡, 양귀비 등이 나온다. 흥부가 큰 부자가 되었다는 소문을 들은 놀부는, '이 놈을 욱대겼으면 반을 나를 주리라.'고 생각하고 흥부 집으로 간다. 제 버릇대로 억지 부리고 윽박질러 흥부의 재산을 빼앗아 오겠다는 심보이다. 흥부에게서 전후사연을 들은 놀부는 화초장 하나만 짊어지고 돌아온다. 흥부의 재물을 빼앗는 것보다 자기도 흥부처럼 해서 더 큰 부자가 되는 것이 낫겠다 싶어서이다.

놀부는 동지섣달부터 제비 오기를 기다리다가 아예 그물 막대를 둘러메고 제비를 몰러 나간다. 제비인 줄 알고 몰았더니 갈까마귀라서 허탕을

친다. 그럭저럭 몇 달이 지나 삼월 삼일이 다다르니 강남에서 제비가 날아온다. 놀부가 '사면에 제비 집을 지어 놓고 제비를 들이모니 그중 팔자 사나운 제비 하나가 놀부 집에 흙을 물어 집을 짓고 알을 낳'는다. 놀부는 밤낮으로 제비 집을 살피면서 가끔씩 알을 만져 보기도 하니 다른 알은 다 곯아 버리고 하나만 겨우 깨어 제비 새끼가 나왔다. 그것이 자라는 것을 지켜보면서 흥부네 제비처럼 구렁이가 와서 떨어뜨리기를 고대했는데 뱀은 오지 않는다. 민망하고 답답한 놀부는 '제 손으로 제비 새끼를 잡아 내려 두 발목을 자끈 부러뜨리고 제가 깜짝 놀라 이른 말이, "가련하다, 이 제비야." 하고'는 조기 껍질로 부러진 다리를 동여매어 준다. 놀부의 이러한 행동은 웃기기도 하지만 제비의 처지를 생각하면 가증스럽기 그지없는 것이다.

이렇게 제비 다리 부러뜨리기의 장면을 통해 놀부의 악한 행동이 더욱 극명하게 드러난다. 앞에서 보았던 심술 타령 대목은 인간 사회에서의 악행들이 나열되었는데 이제 그 범위를 뛰어넘어 제비로 대표되는 생명 세계, 즉 자연계에서 악행을 감행하는 양상이다. 아무런 죄의식도 없이 제비 다리를 부러뜨리고, 시치미 뚝 떼고 가련하다는 등의 위선적인 말을 하면서 제비를 치료해 준다. 애초에도 놀부의 악행이 사회 질서를 어지럽히는 것이었으나 이제 도를 한참 지나쳐 생명과 자연의 세계까지 위협하고 있다. 가히 인간의 탐욕에 의한 자연의 착취라고 할 수 있다.[2] 이에 대해 제재를 가하지 않는다면 인간과 동물을 포함한 생명의 존엄성은 보호

---

2  정충권, 『흥부전 연구』, 월인, 2003, 340면.

받지 못하게 될 터이다.

놀부에게 봉변을 당한 제비는 구월 구일이 되자 강남으로 돌아간다. 그 제비의 다리 저는 연고를 알게 된 제비 황제는, "이놈이 제 전답 재물이 유여하되 동기를 모르고 오륜에 벗어난 놈을 그저 두지 못할 것이오, 또한 네 원수를 갚아 주리라."고 한다. 인간 사회의 윤리를 저버린 것과 제비에게 원수 짓을 한 것에 대해 응징을 하겠다는 것이다. 그리고 이듬해 제비가 '보수 표'(報讐瓢)라고 새긴 박 씨를 가져다 놀부 집에 떨어뜨린다.

이로부터 놀부가 벌을 받는 이야기가 진행된다. 작품의 후반에 해당하는 이 부분은 사건 전개라기보다 장면 제시의 방식으로 서술되어 있다. 놀부 집 앞마당에서 박 한 통 탈 때마다 박에서 군상(群像)이 나와 한바탕 소동을 벌이며 놀부를 못살게 굴다가 돈을 뜯어내고는 사라지는 식이다. 흥부의 보은 박이 네 통인 데 비해 놀부의 보수 박은 열세 통이어서 양적으로도 많고 사설도 다채롭다.

놀부 박 사설의 의미를 좀 더 분명히 드러내기 위해 이야기의 구조를 세 가지 측면에서 정리해 보고자 한다. 먼저, 이야기를 이끌어 가는 인물 간의 관계에 주목할 필요가 있다. 놀부의 뜻에 따라 째부(째보)가 박을 타고 놀부 아내는 보다 못해 놀부를 말리는 양상으로 전개된다. 박 타는 일을 놓고 놀부, 째부, 놀부 아내의 세 인물이 밀고 당기는 관계를 형성하는 것이다. 여기서 째부의 역할이 흥미롭다. 그는 한 통에 열 냥씩 받고 박을 타는 삯일꾼이면서, 여덟 번째 박을 탈 때 "이왕 시작한 것이니 어서 타고 구경하세."라고 말하는 데서 알 수 있듯이, 조장(助長)꾼이자 구경꾼이기도 하다. 열한 번째까지 박을 타는 사람은 째부로 나오지만 애초에 박을 타려 할 때 '김지위, 이지위, 동네 머슴, 이웃 총각, 건넛집 쌍언청이를 다 청하'였다고 했으니, 쌍언청이인 째부 외에도 구경꾼은 더 있었다. 놀부가 벌받는 장면을 여러 사람이 구경하고 있었던 것이다.

이를 통해 놀부를 징벌하는 것이 관중 앞에서 펼쳐진 공연과 같은 양상으로 이루어졌음을 알 수 있다. 벌을 받는 놀부로서는 끔찍한 일이지만 구경하는 사람들은 연희(演戲)를 보고 즐기듯이 하는 것이다. 그러면서 박에서 나온 인물들에게 악한 놀부가 당하는 모습을 당연시하고 통쾌하게 여긴다. 이러한 양상은 죄를 드러내어 벌을 준다는 의미는 다소 퇴색하는 대신 나쁜 사람을 놀리고 골려 준다는 놀이의 성격은 커진다. 박통에서 나온 인물들이 한바탕 신나게 놀고 구경꾼들은 그것을 바라보며 즐기는 가운데 벌을 받는 당사자는 모든 재산을 잃고 파멸해 가는 것이다.

놀부는 제 욕심에 점점 더 패망의 길로 빠져들지만 옆에서 지켜보는 놀부 아내는 속이 타들어 간다. 그녀는 놀부와 같이 몰락하는 것에 대해 제정신을 가지고 지켜보면서 진심으로 두려워하고 애통하는 인물이다. 그녀를 통해 징벌이 지닌 원래의 효능과 의미가 드러난다고 할 수 있다. 이러한 놀부 아내에 대하여 구경꾼의 입장에서 즐겁고 통쾌한 마음 한 구석에 안쓰러움과 불쌍함을 느끼게 된다. 아무리 악한 인물이라도 그와 얽혀서 동반 파멸하는 가족에 대해서는 동정의 시선이 갈 수밖에 없는 것이다. 이처럼 놀부 박 사설에 세 인물을 배치한 것은 악인을 놀이적 분위기 속에서 벌주는 통쾌함과 죄인에 연좌된 가족에 대한 동정심을 이끌어 내고자 한 것으로 보인다.

다음으로, 열세 통의 박에서 나오는 인물을 구분해 살펴볼 필요가 있다. 순서대로, ① 가얏고장이, ② 노승, ③ 상제(喪制), ④ 무당, ⑤ 등짐꾼(등짐장수), ⑥ 초란이, ⑦ 양반, ⑧ 사당거사, ⑨ 왈짜, ⑩ 소경, ⑪ 장비(張飛), ⑫ 보통 박, ⑬ 똥 줄기 등이다. 열두 번째와 열세 번째 박은 그 앞까지 인물이 나온 것과는 다른 양상이다. 열한 번째 박의 장비로써 놀부를 벌하는 인물은 모두 나왔기에 뒤의 두 박은 여분이라 할 수 있다. 보통 박으로 국을 끓여 먹는 잠시의 휴식 다음에 마지막 박에서 나온 똥 줄기가 징벌의 대미를 장식한다. 이 두 박을 제외한 나머지 박에서 나온 인물들은 몇 가지 기준에 따라 분류해 볼 수 있다.

첫째, 마을에 상주하는 인물과 지나가는 인물로 나눌 수 있다. 가얏고장이, 노승, 등짐꾼, 초란이, 사당거사 등은 예인, 시주승, 상인 등으로 마을에 들어왔다가 나가는 데 반해 상제, 무당, 양반, 소경 등은 어느 마을에나 있는 인물이다. 둘째, 연희와 관련된 인물과 그렇지 않은 인물로 구분할 수 있다. 노승, 무당, 초란이, 양반 등은 탈춤의 등장인물이고 가얏고장이, 사당거사, 왈짜, 소경은 연희의 반주자 또는 등장인물이다. 이에 비해 상제, 등짐꾼, 장비는 연희와 관련성이 별로 없다. 셋째, 여러 인물 중에 장비가 특이한 존재이다. 다른 인물은 무리 지어 나오고 조선 후기에 실재한 데 비해, 장비만은 혼자 등장하고 소설 속의 허구적 인물이다. 이와 같이 인물 분류를 해 보면 이들이 놀부를 벌하는 것의 의미를 어느 정도 구조화하여 이해할 수 있다.

끝으로, 형벌을 명령하고 집행하는 인적 조직을 정리해 볼 필요가 있다. 놀부에 대한 징벌은 제비 황제의 명령으로 시작되었다. 놀부에게 봉변당한 제비는 그 명령을 전달하는 전령사의 구실을 하였다. 열한 통의 박에서 나온 인물은 황제의 명령에 따라 벌을 주는 집행관의 역할을 맡았다. 명령자-전령사-집행관으로 이루어진 조직이 마련된 것이다. 이는 최고 권력인 황제가 명령을 내리고 그것을 전달받은 관원이 형벌을 집행하는 중세 사회의 법률 운용 체제에 부합하게 설정한 것이다.

그런데 비록 황제라는 칭호를 붙이고 있지만 제비 황제는 강남의 제비 왕국이라는 환상 세계에 속한 존재이다. 놀부에 대한 징벌은 환상 속의 최고 권력이 환상적 존재를 동원하지 않고 현실적 인간의 손을 빌려 벌을 가한다는 특징이 있다. 또한, 비록 죄인을 심문하고 벌주는 일을 하고 있지만 박에서 나온 인물은 실제로 형벌을 집행할 권한을 갖고 있지 않은 사람들이다. 오히려 그들은 농촌 공동체의 구성원이거나 마을에 왔다가 가는 나그네로서, 관원이 아니라는 점에서는 놀부와 별 차이가 없다. 이들이 죄인을 심문해 벌하는 것은 실제의 법 집행에서는 있을 수 없는 일이다. 이렇게 보면 놀부에 대한 징벌은 법 집행의 사실적 재현보다 공동체 차원에서 악인에 대한 응징을 표현한 것이라 할 수 있다.

이와 같이 놀부 박 사설은 장면 제시의 방식으로 서술되었으면서도 일정한 구조를 갖추고 있다. 이러한 구조를 통하여 놀부가 벌받는 것의 의미가 드러난다. 이제 서술 방식과 이야기의 구조를 통해 드러나는 징벌의 의미에 대해 살펴보기로 한다.

놀부에 대한 징벌 이야기의 핵심은 그가 가진 전 재산을 잃고 알거지가 되는 과정이 서술되었다는 것이다. 박을 타기 위해 놀부와 째부가 품 삯을 흥정하는 데서부터 돈에 대한 관심이 이야기의 중심 내용임을 나타낸다. 박 타는 값은 한 통에 열 냥으로 정해졌는데, 이는 흥부가 온갖 품

팔이를 하며 돈을 벌 때 '술만 먹고 말 짐 싣기, 오 푼 받고 마철 박기, 두 푼 받고 똥재 치기, 한 푼 받고 비(빗자루) 매기' 등의 품삯에 비해서 월등히 많은 돈이다. 노동의 강도에서 비교가 안 되는 데도 놀부는 기꺼이 지불한다. 시세에 따른 노임을 무시할 만큼 놀부의 박에 대한 기대가 컸음을 말해 준다.

첫 번째 박에서 나온 가얏고장이에게 백 냥을 주는 것에서 시작하여 노승에게 오백 냥, 상제·무당에게 오천 냥, 등짐꾼에게 오백 냥, 초란이·양반에게 오천 냥을 뜯긴다. 여기까지 지켜보던 놀부 아내는 다음과 같이 반응한다.

놀부 계집이 이 말을 듣고 땅을 두드리며 울고 하는 말이, "애고애고 원수의 박일네라. 난데없는 상전이라고 곡절 없는 속량은 무슨 일인고. 이만 냥 돈을 이름 없이 풀 쑤었으니 나의 못할 노릇 그만하오."

양반에게 뜯긴 돈까지만 계산하면 21,100냥이니 놀부 아내는 셈을 거의 정확히 한 것이다. 또한, 그녀의 말은 놀부 집안이 대대로 자기네 노비였다는 양반의 주장에 대해 반박한 것이기도 하다.

하인을 불러 농을 열고 문서를 주섬주섬 내어 놓고 하는 말이, "네 이 문서를 보라. 삼대가 우리 종이로다. 오늘이야 너를 찾았으니 네 속량(贖良)을 하든지 연년이 공(貢)을 하든지 작정하고 그렇지 아니하거든 너를 잡아다가 부리리라."

이와 같이 양반이 문서를 증거로 내밀면서 속량하기를 강권하였던 것이다. 놀부 아내는 "난데없는 상전이라고 곡절 없는 속량은 무슨 일인고."라며 양반이 불쑥 들이민 문서를 믿을 수 없다고 하였다. 그녀의 반론에 주의한다면 양반의 주장은 박에서 나온 다른 인물들의 억지스런 말, 강압적 행동과 동궤에 놓이는 것이라고 할 수 있다. 말하자면, 양반의 말만 가지고 놀부의 선대를 노비로 단정하기 어렵다는 것이다.

이후로도 놀부는 사당거사에게 전답 문서를 빼앗기고 왈짜, 소경에게 오천 냥을 더 뜯긴다. 째부가 일곱 번째 박까지 한 통에 열 냥씩, 여덟아홉 번째 박은 두 통에 열 냥씩, 열 번째 박은 놀부가 직접 타서 제외하고, 열한 번째 박까지 타고 도망갔으니, 도합 85냥을 가져간 셈이 된다. 이로써 놀부가 알거지가 될 때까지 뜯긴 돈은 모두 31,185냥이다. 여기에 사당거사에게 빼앗긴 전답 문서의 농토가 놀부의 재산에 포함된다. 〈허생전〉에서 허생이 변씨에게 만 냥을 빌려 은(銀) 십만 냥으로 갚은 것과 비교하면, 농촌 지주인 놀부가 지녔던 현금은 도시 무역상이 크게 한판 벌기 위한 밑천의 3배 규모이다. 놀부가 현금과 농토의 비율을 어느 정도로 해서 재산을 관리했는지는 알 수 없지만, 대강 농토를 현금만큼의 값으로 치면 놀부는 육만 냥이 넘는 재산을 가진 부자이다. 이는 허생이 무역으로 벌어서 변씨에게 갚은 은화(동전의 4배 가치[3]) 십만 냥의 약 6분의 1에 해당한다.

이러한 규모의 재산을 놀부는 모두 잃어버리는 것이다. 그것도 자신이

---

3  신병주, 「역사에서 길을 찾다(32)-조선시대 화폐 이야기」, 『세계일보』, 2009. 2. 17.

해 왔던 억지와 윽박 등 강압적인 방식에 제가 도로 당하면서 재산을 빼앗겨 버렸다. 억매흥정, 고리대금까지 하며 돈을 모으고 동생조차 한 푼도 주지 않던 놀부에게 전 재산을 잃는 것은 죽음과도 같은 재앙이다. 인물들이 박에서 나와 놀부가 목숨보다 더 소중히 지키는 재물을 빼앗음으로써 그에 대한 징벌의 의미를 뚜렷이 드러내었다.

그런데 돈을 가져가는 사람들은 연희자인 가얏고장이·초란이·사당거사, 종교인인 노승·무당·소경, 그 밖에 상제, 등짐꾼, 왈짜 등이어서 놀부가 뜯긴 돈은 일상생활의 필수 비용보다는 문화생활, 종교 활동, 인간관계 유지 등에 쓰인 것이다. 백 냥, 오백 냥, 오천 냥 등 값은 다르지만 행사나 물품의 가치에 따라 비용을 지불하였다. 이로 보아 놀부가 인물들에게 돈을 뜯기는 것은 생활에 필수적인 비용 외에 부가적으로 돈이 나가는 것에 상응하는 내용이라고 할 수 있다. 특히 등짐꾼이 요지경을 내놓고 오백 냥을 받아 가는 데에서 부자가 사치품을 사는 것을 연상할 수 있다. 그렇다면 놀부에 대한 징벌의 이야기에는 우의(寓意)가 있는 것으로 보인다. 모아 놓은 돈을 불요불급(不要不急)한 곳에 써 버려서 탕진하는 모습을 징벌을 당하는 것으로 표현했다고 할 수 있다. 재산의 탕진, 돈의 낭비라는 현실적인 과정을 박에서 나온 인물들이 돈을 빼앗아 가는 양상으로 그려 낸 것이다. 이렇게 우의적 의미로 보더라도 재산을 탕진하여 알거지가 되는 것은 재앙임에 분명하다.

재산 박탈과 함께 징벌의 의미가 잘 드러나는 것은 평소 폭력을 쓰던 놀부가 박에서 나온 인물들에게 무지막지하게 폭력을 당한다는 점이다. 이는 억지와 윽박질로 돈을 모은 놀부가 인물들의 억지와 강압에 돈을 뜯기는 것과 더불어 자업자득(自業自得)의 형벌이라 하겠다.

여러 하인이 달려들어 열 손가락을 벌여다가 팔매 뺨을 눈에 불이 번쩍 나도록 치며 덜미 잡고 오둠지진상하여 꿇리거늘, 양반이 분부하되 "네 그놈의 대가리를 빼어 밑구멍에 박으라. 네 달아나면 면할까. 바람개비라 하늘로 오르며 두더지라 땅으로 들까. 상전을 모르고 거만하니 저런 놈을 사(私)매로 쳐 죽이리라."

번개 소고 번뜩이고 긴 염불 쩌른 염불 하며 나오면서, 일변 놀부를 사족(四足)을 뜨며 헹가래를 치니 놀부가 오장이 나올 듯하여 살려지라 애걸하니

이렇듯 지껄이다가 그중에 한 왈짜가 내달아 하는 말이, "그렇지 아니하다. 놀부 놈을 어서 내어 발기자." 하니 여러 왈짜가 대답하되, "우리가 수작하느라고 이때까지 두었지. 벌써 찢을 놈이니라." 하니 악착이가 내달아 하는 말이, "그 말이 옳다." 하고, 놀부를 잡아들여 찢고 차고 굴리며 주무르고 잡아 뜯고 사(私)주리를 하며 회초리로 후리며 다리 사북을 도지게 틀며 복숭아뼈를 두드리며 용심지를 하여 발샅을 단근질하여 여러 가지 형벌을 쉴 사이 없이 갈마들여 가며 족치니

양반 앞에서 팔매 뺨 맞고 덜미 잡히고 멱살 잡혀 번쩍 들리고 무릎 꿇린다. 사당거사에게 팔다리가 들려 헹가래질을 당해 오장이 나올 듯하다. 왈짜에게 가장 심하게 당하여, 찢기고 채이고 잡아 뜯기고, 주리 틀리

고 다리 사북 틀리고 발샅을 단근질(불로 지짐) 당하는 등 온갖 형벌을 받는다. 무수한 폭력이 놀부의 몸에 가해지는 모습으로 형벌의 집행을 그려낸 것이다.

그런데 양반, 사당거사, 왈짜는 박에서 나오면서 저희끼리 풍월, 창(唱), 재담 등을 하면서 한바탕 노는 한편으로 문득 생각났다는 듯이 놀부에게 폭력을 가하고 있다. 유희와 형벌이 결합된 이 장면들은 뭔가 기괴(奇怪)한 느낌을 준다. 전혀 어울릴 것 같지 않은 두 가지 행위가 섞이면서 웃음도 울음도 아닌, 통쾌하면서도 불쌍하고 신나면서도 섬뜩한 묘한 감정을 일으키는 것이다.

이러한 기괴함은 장비의 등장으로 더욱 심화된다. 그는 우선 놀부를 다음과 같이 꾸짖는다.

"이놈 놀부야, 네 세상에 나서 부모에게 불효하고 형제 불화할뿐더러 여러 가지 죄악이 많기로 천도가 무심치 아니하셔 날로 하여금 너를 죽여 없애라 하시기로 왔거니와 너 같은 잔명을 죽여 쓸데없으니 대저 견디어 보아라."

인륜을 거스른 것에 대한 하늘의 벌이라는 것을 말하였다. 그런데 이러한 훈계보다 이어지는 명령이 이상한 방식의 폭력이라서 더욱 주목된다.

장비가 벌거벗고 멍석에 엎드려 분부하되, "이놈 주먹을 쥐어 내 다리를 치라." 하니 놀부가 진력하여 다리를 치다가 팔이 지쳐 애걸하니 장비가 호령하되, "이놈 잡말 말고 기어올라 발길로 내 등을 찧으라." 하거늘, 놀부가 그 등을 쳐다본즉 천만 장이나 한지라. …… "정 올라가기 어렵거든 사닥다리를 놓고 못 올라갈까." 놀부가 마지못하여 죽을 뻔 살 뻔 올라가서 발로 한참을 차더니 또 다리 지쳐 꿈적할 길 없는지라. …… 기어 내리다가 미끄러져 모잽이로 떨어져 뺨이 사태 나고 다리 접질려 혀가 빠지고 엎드려 애걸하니

장비는 폭력을 행사하는 대신 놀부로 하여금 힘을 다해 자기를 치도록 명한다. 그는 힘세고 우람한 거인이라서 놀부가 아무리 치더라도 끄떡없다. 거인의 등에 사다리를 타고 올라가 온 힘을 다해 치다가 지쳐서 모로 떨어져 몸이 망가지는 놀부가 애처로우면서도 우스꽝스럽다. 거인 등에 붙은 놀부의 모습에서 사람이 아무리 발버둥 쳐 보았자 거대한 힘 앞에서는 아무 소용이 없음을 느끼게 된다. 놀부의 욕심이란 하늘의 뜻에 비추어 보면 한 줌도 안 되는 것이다. 이처럼 거인 장비의 등장으로 놀부에 대한 징벌의 이야기는 인간 존재의 하찮음을 일깨우는 데까지 나아간다.

그리고 열두 번째의 박은 보통 박이라서 국을 끓여 먹고, 열세 번째 박에서는 똥 줄기가 쏟아져 나와 놀부의 집을 뒤덮는다.

홀연 박 속으로부터 광풍이 대작하며 똥 줄기 나오는 소리 산천이 진동하는지라. 온 집이 혼이 떠서 대문 밖으로 나와 문틈으로 엿보니 된똥, 물찌똥, 진똥, 마른똥, 여러 가지 똥이 합하여 나와 집 위까지 쌓이는지라.

고대광실의 부잣집이 똥물로 덮인 모습이 놀부 징벌의 끝이자 작품의 대단원이 되었다. 금빛과 똥색의 유사성에 따른 은유적 심상으로써 징벌

의 의미를 마무리 지었다. 놀부가 평생 쌓아올린 금빛 부라는 것이 한갓 똥물처럼 더럽고 천한 것임을 심상으로 보여 준 것이다.

　이와 같이 〈흥부전〉을 놀부에 초점을 두고 살펴보면 징벌의 상상력에 의해 작품의 의미 구조가 짜였음을 알 수 있다. 놀부는 그저 심술궂은 사람이 아니라 악행으로 인해 벌을 받아야 할 인물로 그려졌다. 법 집행의 권한을 가진 관원 대신에 마을 구성원이나 왕래자가 놀부를 벌하는 모습에서 공동체의 안녕을 위한 악인의 징치라는 의미가 드러난다. 징벌의 장면들은 유희와 형벌이 섞인 채 기괴한 느낌을 주는데, 이는 놀부의 부와 악행에 대한 경멸과 응징에다가 인간 놀부와 그 가족에 대한 연민이 복합된 심리의 표출로 생각된다. 이러한 놀부 박 사설은 고전 소설 중에서 가장 인상적인 한 장면으로 기억될 것이다.

## 8. 장화홍련전

〈장화홍련전(薔花紅蓮傳)〉은 조선 후기에 나온 작자 미상의 한글 소설이다. 이본 중에는 효종대의 무신 전동흘(全東屹)이 철산 부사로 있던 1656년에 일어난 사건이라고 역사적 사실처럼 기록된 것도 있다. 그러나 대개는 19세기에 유통된 한글 소설 속의 허구적 이야기로 널리 알려졌다. 계모가 전실 자식을 구박, 모함하는 것이 주요 내용이어서 보통 계모형 가정 소설로 분류한다. 그렇지만 살인 사건의 피해자가 나타나 고을 수령에게 호소하여 범인을 잡아 처벌하는 내용인 점에서 송사(訟事) 소설로 보기도 한다. 작품에 서술된 이야기의 원천을 따지자면 원한을 품고 죽은 귀신이 나타나 사건의 전말을 폭로하는 아랑형 전설에서 변용된 소설이기도 하다.

  이처럼 가정 내 갈등, 송사 사건, 원혼담 등이 작품이 지닌 성격의 일면을 말해 주지만, 이러한 면들을 종합하여 내용을 파악할 필요가 있다. 그렇게 할 때 주목되는 것이 작품에서 다룬 죄와 벌의 문제이다. 징벌의 주제를 중심에 두고 내용을 살펴보면 위의 여러 성격을 아울러서 이해할 수 있다. 이에 먼저 작품에서 선명하게 드러나는 선악의 구분, 그에 따른 인물의 대립과 갈등에 대해 주의해 볼 만하다. 이러한 이분법적 대립 구조 속에 선인형과 악인형 인물이 어떻게 묘사되었는지 살펴보는 것도 흥미로울 것이다. 그리고 주요 사건을 당할 때 나오는 인물의 정서적 반응, 그가 처한 상황의 분위기 등도 주제를 드러내는 데 중요한 역할을 한다. 이러한 점들을 살펴서 징벌의 주제와 관련한 작품의 문제의식 및 문제 해결 방향에 대하여 논의해 볼 수 있다.

잘 알려진 것처럼, 작품의 줄거리는 계모 허씨에게 구박과 모해를 받아 죽은 장화와 홍련이 귀신이 되어 철산 부사에게 나타나 억울한 사연을 아뢰고, 부사가 살인 사건을 처리하여 자매의 원한을 풀어 주었다는 것이다. 계모의 악한 성품과 행실이 두드러지게 묘사되는 한편, 계모로 인해 고통받고 죽임까지 당하는 자매의 사연이 눈물겹게 그려진다. 자매는 죽어서 원귀로 나타나 부사에게 호소한 끝에 원한을 풀고 보상도 얻음으로써 독자에게 사필귀정, 권선징악의 안도감을 선사한다.

이렇게 독자의 흥미를 끄는 요소들이 있지만 작품 전체로 보면 사건의 구성이 매끄럽지 못한 곳이 몇 군데 있다. 허씨가 쥐의 가죽을 벗겨 피를 바른 고깃덩이를 장화의 이불 밑에 넣어 두었다가 꺼내어 보여 주자 배 좌수가 한밤중에 장화를 깨워 장쇠를 시켜 외가로 보내는 사건이 그렇다. 이 일은 하룻밤 사이에 일어난 것처럼 서술되었는데 며칠을 두고 벌어질 일을 무리하게 압축한 것일 뿐 아니라 그렇게 소동이 일어나는 동안 장화와 홍련이 깊은 잠에 빠져 있었다는 것도 납득이 안 간다. 또한, 장화가 죽은 후 홍련이 청조를 따라 산속으로 들어갈 때 '황금 같은 꾀꼬리는 양류(楊柳)에 노래하여 구십춘광(九十春光)을 희롱하고'라 하였으나, 정작 물에 빠지려 할 즈음에는 '중추(仲秋) 팔월 망간(望間)이라'고 하여[1] 시간이 갑자기 봄에서 가을로 바뀌어 버렸다. 그리고 장화와 홍련이 죽은 못에서 울음소리와 함께 계모의 모해를 사설로 풀어내어 지나는 사람마다 알 수 있었는데도 정동우(鄭東祐)라는 강직한 부사가 온 다음에야 사건이 알려진 것으로 서술하고 있다. 이렇게 몇몇 부분에서 사건 구성의 부자연스러움이 나타난다.

이와 함께 작품의 현실적 주제가 희미해진 점도 지적할 만하다. 가정에서 벌어진 갈등은 원래 현실적인 이유가 있었는데, 사건이 전개되면서 점차 후면으로 밀려나 어렴풋하게만 남게 되었다. 계모 허씨가 전실 자식을 모해하여 죽게 만든 근본 이유는 홍련의 다음과 같은 진술에 잘 나타나 있다.

계모의 시기함으로 인하여 장차 이십이 되도록 혼인을 정하지 못하게 하오니 이는 다름이 아니오라 본래 집안이 영체(零替)하다가 소녀의 어미 자산이 많사와 전답이 천여 석 낙이요 돈이 수만금이요 노비가 수십 명이온대 소녀 형제 출가하오면 재물을 많이 가질까 하여 시기지심을 품어 소녀 형제를 죽여 없애고 자기 자식으로 하여금 모두 가지게 하고자 하여 밤낮으로 소녀 형제 없앨 계책을 생각하다가

애초 배 좌수네는 장화, 홍련의 친모 장씨가 많은 재산을 갖고 시집와

---

[1] 신해진, 『조선후기 가정소설선』, 월인, 2000, 604-605면. 고어로 된 원문을 현대어로 풀어쓰고, 앞으로 인용문의 면수 표시는 생략한다.

가산이 넉넉한 상태였다. 그런데 후실로 들어온 허씨가 그 재산을 모두 자기 소생에게 주려고 자매를 모해하여 죽였다고 하였다. 전실이 가져왔다 할지라도 배 좌수네 재산인 만큼, 집안의 새로운 안주인이 된 후실이 그것에 대한 소유권과 처분권을 온전히 갖고자 한 것이다. 이는 배 좌수네 가족 간의 경제적 관계에서 현실적으로 발생할 수 있는 갈등의 요인이라고 할 수 있다. 후실이 들어온 가정에서 발생하는 이러한 현실적 문제를 중심으로 사건을 전개하였다면, 당대의 중요한 사회 문제 중 하나를 포착한 현실주의 계열의 소설이 되었을 터이다. 이렇게 하지 않은 데에 작품이 지닌 중세 소설적인 특성이 있다.

위와 같이 자연스러운 사건 전개와 현실적인 주제를 다소간 도외시한 것에 비해, 극단적인 인물 형상과 몹시 슬프고 애통한 심정, 인물이 놓인 상황의 음침한 분위기 등을 강조한 것이 작품에서 드러나는 특징이다. 서술자가 악인형 인물에 붙인 수식어로 보면, '용렬한, 어리석은, 못생긴' 배 좌수, '흉녀, 간악한, 요악한, 극악한' 허씨, '짐승 같은, 간악한, 무도불측한' 장쇠 등으로 인물을 묘사한다. 이들에게는 선악의 명확한 구분에 따른 평가적 수식어가 붙고 가차 없는 질책과 저주와 경멸이 쏟아진다. 이에 비해 선인형 인물인 장화와 홍련에 대해서는 수식어가 적은 대신에 행동과 심리 상태를 표현하는 말이 동원된다. '주야로 슬퍼하다, 비회를 금치 못하다, 방성통곡하다, 슬프고 원통하다, 서로 붙들고 통곡하다, 통곡 기절하다, 애원 처절하다, 흉격이 막히다, 눈물만 흘리다, 옥루 만면(玉淚滿面)하다, 참혹하고 가련하다.' 등으로 표현하는 것이다.

서술자의 개입도 빈번하게 이루어진다. 한밤중에 외가로 떠날 때 장화와 홍련이 서로 떨어지지 않으려 하는 장면에서, '간악한 모자와 못생긴 배 좌수는 일호 반분이라도 측은하고 불쌍한 생각이 없고 도리어 장화더러 흉증(凶證)을 떤다 하며 시악(恃惡)이 심상하더니'라고 서술되어 있다. 장화가 물가에서 하늘을 향해 통곡하는 모습을 보고, '저 무도불측한 장쇠놈은 조금도 측은히 생각지 않고 다만 성낸 빛으로 재촉하기를 마지아니하'고, 장화가 살려 달라고 애원하는 데에도 '토목 같은 장쇠놈은 조금도 궁측히 여기는 빛이 없어 마침내 듣지 아니할 뿐 아니라 도리어 분을 내어 물에 떠다 넘어뜨리는지라.'라고 하였다. 서술자는 장화의 처지에 대해 불쌍히 여기는 것이 인간의 마땅한 성정인데도 장쇠는 그러한 마음이 전혀 없어 무도불측하고 토목 같은 인물이라고 매도하였다.

　이러한 양상을 통해 작자가 애초부터 각 인물에 대한 선악의 판단을 전제하고 인물 묘사와 사건 서술을 하였음을 알 수 있다. 악인형 인물의 말과 생각, 외모와 행동 등은 전부 부정해야 할 것으로 그린 반면, 선인형 인물의 그것들은 동정받고 옹호되어야 할 것으로 서술하였다. 허씨가 후실로 집안에 들어와 겪을 법한 적응의 과정이나 일상생활에서 부딪칠 집안사람과의 갈등 등은 서술자의 관심에서 벗어나 있다. 그 대신에 전실 자식에 대한 시기와 질투, 재산과 가권(家權)에 대한 집착, 사악한 모략과 살해의 사주 등 그녀가 벌이는 악행을 그려 내는 데에 집중하였다. 그리고 이러한 악행은 모두 그녀가 지닌 간악한 성품에서 나온 것이라고 전제하였다. 본성 자체가 악하기 때문에 그가 하는 모든 것이 악하다는 관점에서 허씨라는 인물을 형상화한 것이다.

　이러한 인물 평가의 관점은 허씨가 작품에 등장할 때부터 적용되어 다음과 같은 외모 묘사가 이루어졌다.

　얼굴은 한 자 넘고 두 눈은 퉁방울 같고 코는 질병 같고 입은 메기 같고 머리털은 돼지털 같고 키는 장승같고 소리는 이리와 승냥이 소리 같고 허리는 두어 아름 되는 중에, 또한 곰배팔에 수중다리에 쌍언청이를 다 겸하였고 그 주둥아리가 길기는 칼로 썰 지경이면 열 사발이나 되겠고 얼굴의 반반하기는 새로 만든 멍석 같으니, 그 형용은 차마 견디어 보기 어려운 중에 그 마음 쓰는 법이 더욱 망측하여 이웃집 흉담하기, 일가 간에 이간하기, 불붙는 데 키질하기, 별별 남 못할 노릇을 찾아가며 다하니

　서술자는 외모가 못생긴 사람이 꼭 악한 법은 없다는 경험적 진실을 모르지 않았을 것이다. 그런데도 의도적으로 못난 외모와 악한 심성을 등치하는 방식으로 인물을 묘사하고 있다. 보통보다 조금 못한 정도의 외모일지라도 아주 심하게 왜곡해 묘사함으로써 그의 속마음도 그런 모양을 하고 있을 것이라고 생각하도록 꾸며 놓았다. 이어지는 사건에서 장쇠를 시켜 장화를 살해하고, 온갖 거짓말로 죄를 덮으려 하는 행동까지 연결 지어 보면, 허씨의 외모는 그 자체로 악한 본성이 표면에 드러난 것이라 할 수 있다.
　이렇게 어떤 인물이 지닌 모든 것을 악한 성품 탓으로 돌리는 데에는 선악에 대한 이분법적 의식이 작용한 것이다. 선은 선, 악은 악이라는 식으로 인물을 묘사함으로써 독자에게 악에 대한 분노와 증오의 감정을 불러일으키려는 의도를 내보인다. 허씨, 장쇠, 배 좌수까지 악인형 인물에

대해 마음껏 비난하고 저주하도록 함으로써 소설 읽기를 통한 카타르시스를 맛보게 하려는 것처럼 보인다.

이에 반해 장화와 홍련에 대해서는 한없는 연민과 동정을 일으키도록 그려 내었다. 허씨의 마수에 빠지기 전인데도 친모 장씨의 죽음을 맞으면서부터 자매의 일상은 온통 슬픔으로 채워졌다. '장화 형제 그 모친의 신체를 붙들고 벽용(擗踊) 애통하는 형상은 비록 철석간장(鐵石肝腸)이라도 슬퍼하지 않을 자 없더라. …… 선산에 안장하고 장화 형제 주야(晝夜) 슬퍼하더니 …… 삼상(三喪)을 다 마치매 형제의 망극지통(罔極之痛)이 더욱 새로움을 금치 못하더라.'와 같이 애통한 심정으로 눈물에 젖어 지냈던 것이다. 이러한 자매의 태도는 허씨가 집안에 들어온 후에도 계속된다. 그리하여 배 좌수가 늘 그들의 방에 가 위로할 정도로 슬픔에 빠져 하루하루를 보낸다.

이러한 상태에 있던 장화는 허씨의 흉계로 인해 외가로 보내진다. 장쇠에게 이끌려 가던 도중 산속의 못에 떠밀려 죽임을 당한다. 집에서 쫓겨나 외가로 가다가 죽음에 이르는 과정에서 장화는 여러 번 호소하였다. 집에서 나올 때는 아버지 배 좌수에게 통사정을 하고, 동생 홍련과 눈물로 작별하였다. 장쇠에게 핍박을 당할 때는 하늘에 호소하다가 그에게도 애원하였다. 장화의 행동을 서술하는 데에 방성통곡과 한없는 눈물과 애통하고 억울한 심정의 토로가 반복적으로 이루어진다. 장화가 죽은 다음에는 홍련의 자살 사건이 벌어지는데, 이에 대한 서술도 온통 감정적 표현이 동원된다. 홍련은 꿈에 언니를 만나고, 아버지에게 호소하고, 장쇠로부터 언니의 죽음을 알게 되고, 청조를 따라가 언니가 죽은 곳에서 자살한다. 그녀가 취한 일련의 행동에도 실성통곡, 기절, 눈물, 애통함 등의 말들이 따라다닌다. 장화와 홍련이 당한 억울한 죽음의 과정이 애통하고 처절한 정서가 충만한 모습으로 그려진 것이다.

이와 같이 서술자는 선과 악을 이분법적으로 나누어 선인은 애통하고 처절한 심정에, 악인은 모든 것이 사악하고 흉측한 것에 중점을 두어 서술하였다. 이렇게 함으로써 독자가 선인에게는 무한한 동정을, 악인에게는 극단의 혐오를 느끼도록 이끌고 있다. 이러한 서술 태도로 보아 이 작품은 서사 전개의 합리성을 추구하기보다 각 장면에서 감상적(感傷的) 반응을 끌어내려는 대중 소설적 성격을 지녔음을 알 수 있다.

선인형 인물의 고난이 집약되어 그려진 것은 장화가 장쇠에게 떠밀려 못에 빠져 죽는 사건이다. 이 사건에서 장화가 물에 빠지기 전에 하늘과 장쇠에게 호소하는 대목이 서술의 분량이 가장 많다. 하늘을 향하여 탄식, 호소하고 장쇠를 붙들고 애원, 간구하는 말이 번갈아 가며 길게 서술되어 있다. 이와 같은 호소의 말은 홍련이 언니의 죽음을 알고 난 후 집을 떠나면서 남긴 유언에서도 나타난다. 나아가 장화와 홍련이 귀신이 되어 철산 부사에게 현신하여 자신들의 억울한 죽음과 신원(伸寃)을 간구하는 데에서 호소의 방식은 정점에 이른다. 이러한 양상으로 볼 때, 호소의 형식은 작품의 핵심적인 말하기 방식이자 주제 구현의 주요 수단이라고 할 수 있다.

그런데 장화가 죽기 직전에 하는 호소와 홍련이 귀신으로 나타나 부사에게 하는 호소 사이에는 얼마간 차이가 있다.

유유창천(悠悠蒼天)아, 이 어찐 일이니까? 무슨 일로 이 장화를 내시고 또한 천고에 없는 누명을 쓰고 이 깊은 물에 빠져 죽게 하시나이까? 유유창천은 굽어 살피소서. 이 장화는 세상에 나온 후로 대문 밖을 나지 않았거늘 오늘 이런 애매한 누명을 쓰고 다시 씻어 버리지 못하고 속절없이 원혼이 되게 하시나이까?

소녀 이 일을 아옵고 너무 원통하와 스스로 생각하온즉 소녀 구차히 살다 가는 또 그런 흉계에 빠져 죽기를 면치 못하겠는 고로 형의 죽은 곳에 빠져 죽었사온데, 소녀 죽기는 원통치 아니하오나 형의 불측한 누명을 신설할 길이 없사온 고로 더욱 원혼이 되온지라. 그 지원극통한 사정을 아뢰고자 하와 등내(等內)마다 이렇게 들어온즉 모두 놀라 기절하여 다시 일어나지 못하옵는 고로 세세한 사정도 품달치 못하였삽더니 오늘날 천행(天幸)으로 명찰(明察)하신 원님이 내려오셨단 말을 듣삽고 당돌히 들어와 자세한 연유를 아뢰오니

장화는 하늘에, 홍련은 부사에게 지원극통한 사정을 호소하고 있다. 그들은 친모가 돌아간 후 계속해서 애통하고 처절한 심정으로 지내왔다. 억울한 죽음을 전후해서는 그러한 심정이 더욱 심해졌다. 그래서 하늘을 우러러, 부사를 대면하여 호소를 하는 것이다. 그런데 장화는 반응이 없는 하늘에 호소한 데 비해, 홍련은 '천행으로' '명찰하신 원님'을 만나 호소를 하였다. 죽기 전의 장화가 하는 호소와 죽은 후 귀신이 된 홍련이 하는 호소는 그 대상이 하늘에서 지방 수령으로 바뀌어 있는 것이다.

4장 벌받을 사람들　235

이럴 경우, 자매의 호소가 받아들여져 그들이 원하는 바를 얻기에는 하늘보다 부사가 실현 가능성이 높을 것이다. 하늘이 관념상의 도덕적 준칙이라면 부사는 현실 세계의 심판관이기 때문이다. 하늘의 반응과 역할은 장화가 죽은 후 범이 나타나 장쇠의 두 귀와 한쪽 팔다리를 물어뜯은 것이라든지, 홍련의 말 속에 천행이라 언급되었다든지 하여 어느 정도 표현되어 있긴 하다. 그렇지만 장화와 홍련의 원통함을 풀어 줄 존재는 막연한 하늘이 아니라 사회 제도상 법적 권한을 지닌 부사이다. 아무리 하늘에 호소한다 해도 부사의 판결과 형벌만큼 실제적인 효과를 얻지는 못한다. 그러기에 장화보다는 홍련이 좀 더 현실적인 성과를 바라며 호소한 것이라 하겠다.

그런데 장화와 홍련의 호소 대상이 하늘에서 부사로 바뀌는 데에는 여러 번의 실패가 있었다. '등내마다 이렇게 들어온즉 모두 놀라 기절하여 다시 일어나지 못'했으므로 원귀의 호소는 부사에게 전해질 수 없었다. 그러한 과정을 거친 끝에 '강직하고 지식이 넉넉한' 정동우 부사가 부임한 후에야 자매의 호소가 전달될 수 있었다. 이렇게 하늘에서 부사로 호소의 대상이 힘겹게 바뀌는 데에는 문제 해결 능력을 지닌 관리를 만나기가 실제로는 무척 어렵다는 생각이 담겨 있다. 나아가 당대 사회에서 원통하고 억울한 백성의 사정을 듣고 해결해 줄 제도적, 법적 장치가 갖추어져 있지 않다는 점을 시사한다. 부당하고 억울하게 피해를 입은 자가 법과 제도에 호소하여 원한을 풀고 문제를 해결하는 일은 당대 사회에서는 아주 힘든 것임을 자매의 호소 과정에서 보여 주는 것이다. 그리하여 이 작품은 선인과 악인의 대립, 갈등으로 사건을 전개한 이면에, 시대 배경인 조선 후기의 부조리하고 비관적인 사회 현상을 반영하는 의의를 지니고 있다.

호소의 대상 변화와 함께 호소의 주체가 보여 주는 면모에도 주목할 만하다. 호소를 하는 장화와 홍련은 살아서도 애통하고 처절하고, 죽어서도 원통하고 처참한 존재이다. 죽기 전의 장화의 심정이나 죽어 귀신이 된 홍련이나 서로 비슷한 심정에서 대상에게 호소한 것이다. 이는 작품에 그려진 상황 속에서는 산자나 죽은 자나 별반 다를 바 없는 심리적 상태에 있다는 점, 따라서 삶의 조건상 살아 있어도 죽은 것과 다름없다는 점을 의미한다. 사실 장화와 홍련은 친모의 죽음 이후 늘 자기 방에 틀어박혀 눈물로 세월을 보냈고 허씨가 들어온 후 갖은 구박과 모해를 받으면서 애통함은 더욱 심해졌다. 그러다가 흉계에 말려 죽어서 원귀가 되었으니 귀신의 심정도 살았을 때와 그리 다르지 않았다. 사람이나 귀신이나 모두 슬프고 억울하고 처참할 따름이다.

악인은 명백히 규정되어 있고 그의 죄도 변명의 여지없이 뚜렷하다. 죄에 상응하는 벌은 마땅히, 반드시 가해져야 한다. 악인 허씨와 장쇠는 그렇게 죄를 지었고 그렇게 벌을 받아야 했다. 본성이 악하기 때문에 그들이 하는 모든 말과 생각과 행동이 악하고 심지어 타고난 외모도 악하다. 장쇠의 경우, 죄를 지은 후 범의 응징으로 육체가 상한 모습을 통해서 악의 징표를 드러내기도 하였다. 문제는 그렇게 흉악한 자들의 죄를 어떻게 밝혀서 어떻게 처벌할 것인가에 있다. 악인을 처벌하지 않는다면 악한 죄는 감추어지고, 당한 이들의 원통함은 더욱 쌓여만 갈 것이다. 작품에서는 이러한 문제를 해결하는 방식으로, 앞에서 살핀 것처럼 호소라는 형식을 제시하였다. 하늘에 호소하는 것은 별로 실효가 없으므로 법과 제도에 호소하라는 것이다. 현명한 판관을 만나기가 무척이나 어렵겠지만 그럼에도 포기하지 말고 죽을 때까지, 죽은 후에 귀신이 되어서라도 호소하라는 것이다.

그런데 작자의 이러한 권유에는 그다지 낙관적인 전망이 들어 있는 것 같지 않다. 자매가 강직하고 명찰한 부사를 만나기까지 여러 번의 실패를 거치는 양상에서 그러한 뜻을 짐작할 수 있다. 게다가 범죄 사건이 부사의 성품과 능력에 의해서만 해결되지는 않는다는 점도 그러한 추측을 부추긴다. 사건 해결의 과정에서 부사는 귀신이 지시하는 바에 따라 범인을 가려내는 것이다.

원귀가 된 홍련의 호소로 부사는 배 좌수와 허씨를 잡아들여 심문을 한다. 하지만 허씨가 장화의 낙태 증거로 마른 고깃덩이를 내놓자 죄를 밝히지 못한 채 일단 피의자를 방면한다. 그날 밤 장화와 홍련이 다시 나타나 그 고기를 갈라 보라고 알려 준다. 다음날 자매의 말에 따라 고기를 반으로 가르니 그 속에 쥐똥이 가득 들어 있었다. 이로써 장화를 살해하는 명분이 되었던 낙태의 증거가 거짓임이 드러난다. 결국 사건의 전말이 밝혀지고 허씨에게 능지처참의 형이, 장쇠에게는 교수형이 내려진다. 원귀가 거듭 나타나 지시한 대로 부사가 심문하였기 때문에 사건의 전말이 밝혀지게 된 것이다. 자매가 살았을 때의 호소도 그렇지만, 그들이 죽은 후 귀신이 되어 호소하는 것도 여러 차례의 실패와 반전을 겪고 나서야 겨우 해결을 볼 수 있었다. 이러한 문제 해결의 과정은, 명찰한 부사를 만나는 과정과는 조금 다른 방식으로, 억울하게 피해를 당한 백성의 원한을 풀어 주는 것이 현실적으로 무척 어렵다는 사실을 드러내고 있다.

이렇게 하여 죄 지은 악인에 대한 응징이 결말을 보았다. 여기서 이야기가 끝나지 않고 범죄에 억울하게 희생된 장화와 홍련에 대한 보상의 이야기가 더 진행된다. 배 좌수가 세 번째로 얻은 아내 윤씨에게서 태어난 두 딸이 다시 장화와 홍련의 이름을 얻는다. 그들이 순탄하게 자라나 훌륭한 배필과 혼인하고 자손을 낳아 다복한 인생을 살아간다. 장화와 홍련의 억울함을 알고 부녀간의 미진한 인연을 이어 주려는 옥황상제의 배려에 의해 재생의 보상을 얻은 것으로 되어 있다.

그런데 인물이 같은 이름으로 재생한 이야기에서는 어쩔 수 없이 그들이 지나온 예전의 삶을 상기하게 된다. 계모 허씨에게 온갖 구박과 모해를 당하다가 죽임을 당한 장화와 홍련은 철산 부사에게 두 명의 원귀가 되어 나타났다. 사건이 밝혀져 못의 물을 퍼내었을 때, 자매는 생시와 조금도 다르지 않은 모습의 시신으로 드러났다. 그리고 이제 같은 이름을 가지고 재생하여 아버지와의 미진한 인연을 이어서 살아간다. 이로써 작품에는 살았을 때의 장화와 홍련, 원귀 모습의 장화와 홍련, 생시와 똑같은 시신으로서 장화와 홍련, 재생하여 다복하게 사는 장화와 홍련 등 네 가지 형상이 나오게 되었다.

이 중에서 앞의 두 형상은 마음속 원한을 말로 호소하는 데 비해, 뒤의 두 형상은 말이 없이 형상만 나타나 있다. 앞의 둘은 호소의 말을 통해 어떻게든 자신의 존재를 드러내고자 하였다. 그런데 뒤의 둘은 어떤 말도 할 수가 없는 상태이거나 존재하여도 대사가 부여되지 않은 인물로 서술된다. 사건을 이끌어 가는 주체는 모해를 당하여 죽기 직전에 하늘에 호소하거나 유언장을 써서 호소하는 장화와 홍련, 그리고 부사 앞에 나타나 원통함을 호소하는 원귀로서의 장화와 홍련이다. 그들의 시신과 재생한 존재는 말없이 누워 있거나 일정한 역할만 서술될 뿐 주체적으로 사건을 일으킬 수 없는 인물이다.

이러한 점을 고려한다면, 재생한 장화와 홍련은 그 전에 시신인 채로 말없이 누워 있던 형상에서 그리 멀지 않은 존재라고 할 수 있다. 재생 이후 보상받은 삶과는 정반대의 상태에 있었던 장화와 홍련, 살았을 때나 죽었을 때나 공히 애통하고 처참한 심정을 품고 있었던 장화와 홍련의 인물 형상이 중요하다. 그들이 재생과 복된 삶의 보상을 받았다 할지라도 그것은 사건 전개상 대단원에 이르러 얻은 형식적인 결과일 뿐이다. 독자에게 행복한 결말이라는 안도감을 줄지는 몰라도 그것의 현실적 의미는 별로 와닿지 않는다.

그리하여 이야기가 모두 끝나고 나서도 장화와 홍련이 지녔던 감정 상태와 그들이 놓인 상황의 비관적인 분위기는 인상적으로 남는다. 보상과 행복은 이야기가 도달한 결말일 뿐, 작품이 처음부터 문제 삼았고 사건이 진행되는 동안 끊임없이 상기한 장화와 홍련의 심리 상태가 강한 여운을 남기는 것이다. 이 점이 조선 후기의 대중 소설로서 작품이 지닌 미학적 의의라고 할 수 있다. 사건의 구성과 전개가 다소 부자연스럽더라도, 당대 사회의 현실적 모순과 부조리가 선악의 이분법에 의해 가려졌더라도, 현실 세계에서 명철한 판관을 만나는 것이 무척 드문 일이라 하더라도, 다른 무엇보다도 두 여성 주인공이 주는 감정적 흡입력이 작품의 서사 세계에 몰입하게 만드는 동인이라 하겠다.

이렇듯 〈장화홍련전〉은 악은 악, 선은 선이라는 이분법적 사고를 바탕으로 악에 의해 피해를 입은 선이 호소의 말하기 방식에 의존하여 억울함을 알려 결국에는 원한을 푸는 내용의 작품이다. 여러 가지 제약과 모순으로 인해 사회 제도적으로 문제 해결의 길이 막힌 당대의 대중에게 장화와 홍련의 사연은 현실감 있게 다가왔을 것이다. 이 세상에서는 악을 법적으로 징치하지 못하므로 세상을 떠나 귀신이 되어서라도 끊임없이 호소해야 하지 않는가 하는 절박한 심정에서 나온 이야기인 것이다. 작품 전반에 편만해 있는 장화와 홍련의 애통한 감정과 귀곡성이 당대 사회의 암울한 분위기를 시사하고 있는 듯하다.

## 9. 변강쇠가

〈변강쇠가〉는 〈가루지기타령〉이라고도 하는데, 신재효(申在孝, 1812-1884)가 당대의 판소리 사설을 바탕으로 개작한 6마당 중의 한 작품이다. 조선 후기 하층민의 생활상과 민간 신앙의 양상, 불행한 운명에 굴복하지 않는 여성 인물, 문예 미학적인 면에서 기괴미(奇怪美) 등이 작품에서 중요한 의의를 지니는 것으로 평가된다. 그중에서 작품이 보여 주는 기괴미가 독자의 흥미를 자극하는데, 그것을 구성하는 요소로는 옹녀의 청상 살(靑孀煞), 변강쇠와 옹녀의 성행위, 장승 동티가 난 시신 형상 등을 들 수 있다. 대체로 남녀 간 성(性)에 대한 적나라한 묘사와 성과 관련된 강렬한 인상의 사건이 이러한 미감을 자아낸다고 할 수 있다. 조선 후기 성 문학의 대표작이라 할 만한 성격을 갖고 있는 것이다.

그런데 작품 말미에서 서술자는 성에 미혹한 오입쟁이를 징계하기 위한 사설이라고 적어 놓았다. 이는 작품에서 큰 비중을 차지하는 성에 대한 탐닉의 부분을 의식하여 서술자 스스로 작품을 방어하기 위한 진술이라고 할 수 있다. 그렇다고 하더라도 이 언급은 이것대로 작자의 의도를 생각해 볼 필요가 있다. 성에 탐닉하다가 죄를 짓고 벌을 받는 내용이라고 한다면, 이는 작품이 죄와 벌의 문제를 주제의 하나로 다루고 있다는 뜻이 된다. 여기서는 이 점에 초점을 두어 작품을 살펴보고자 한다.

작품에는 성과 관련된 인상적인 장면이 여러 번 연출되었다. 그중 장승 동티로 죽은 강쇠의 송장 형상이 압도적이라 할 만하다.

불끈 일어 우뚝 서며, 건장한 두 다리는 유엽전(柳葉箭)을 쏘려는지 비정비팔(非正非八) 빗디디고, 바위 같은 두 주먹은 시왕전에 문지긴지 눈 위에 높이 들고, 경쇠 덩이 같은 눈은 홍문연(鴻門宴) 번쾌(樊噲)런지 찢어지게 부릅뜨고, 상투 풀어 산발하고, 혀 빼어 길게 물고, 짚동같이 부은 몸에 피고름이 낭자하고, 주장군은 그저 뻣뻣, 목구멍에 숨소리 딸각, 콧구멍에 찬바람 왜, 생문방(生門方) 안(案)을 하고 장승 죽음 하였구나.[1]

부릅뜬 방울눈, 풀어져 흘러내린 머리카락, 길게 늘어진 혀에, 퉁퉁 부은 온몸은 피고름 범벅이고, 주먹 쥔 두 팔은 눈 위로 들고, 성기는 뻣뻣한 채 우뚝 선 자세로 죽은 모습이다. 민간 신앙에서 길하다고 여기는 방위인 생문(生門)이 벽으로 막힌('안(案)을 한') 방에서 '장승 죽음'을 한 것이다.

이 형상이 죄인에게 가해진 징벌의 의미를 지닌다는 것은 분명하다. 작품은 이 장면을 경계로 두 부분으로 나누어지는데, 전반부는 징벌의 과정, 후반부는 해원(解冤)의 과정이라고 할 수 있다. 죄를 지어 징벌이 가해

---

[1] 강한영 교주, 「변강쇠가」, 『신재효 판소리사설집』, 교문사, 1984, 571면. 김태준 역주, 『흥부전/변강쇠가』, 고려대 민족문화연구소, 1995 참조 이하에서 인용 면수의 표시는 생략한다.

4장 벌받을 사람들  243

지는 데에서 작품이 끝나지 않고 죄인에 대한 연민, 징벌의 억울한 측면에 대한 위로의 한마당이 펼쳐진다. 그리하여 전반부는 남녀 주인공이 결연하여 생활하는 이야기가 전개되는 서사적 성격이, 후반부는 송장을 치기 위해 여러 놀이패가 등장하여 한바탕 판놀음을 벌이는 연극적 성격이 우세하다.

작품 전반부는 옹녀와 강쇠가 만나 살아가는 이야기가 펼쳐진다. 평안도 월경촌의 절세미인 옹녀에게 청상 살이 끼어 열다섯부터 스무 살까지 매년 남편이 죽어 나간다. 뿐만 아니라 그녀와 조금이라도 관계한 남자는 모조리 죽는다. 그리하여 황해·평안 양도에서 그녀에게 훼가출송(毁家黜送)의 벌을 내린다. 남자의 씨를 말리는 음란한 여자라고 하여 옹녀의 집을 부수고 마을에서 내쫓는 것이다. 작품의 서두부터 죽음과 죽음의 원인인 살(煞), 그리고 징벌 등의 주제가 다루어지는데 이것이 작품 전체로 확대된다.

옹녀의 청상 살로 인해 남자들의 죽음이 이어지고 그에 대해 여인에게 벌을 주는 서두의 전개는, 강쇠가 장승 동티로 죽고 중·초라니·풍각쟁이패가 차례로 죽은 후 송장 치기의 판놀음이 벌어지는 작품 후반부의 전개와 대응한다. 서두에 그려진 징벌의 주제가 뒤에서 해원의 주제로 확장되었을 뿐 서사 전개의 구성 방식은 유사한 것이다. 작품은 애초부터 죄와 그 죄로 인한 죽음, 죄에 대한 징벌과 벌받은 자에 대한 해원의 주제에 초점을 맞추어 서사 세계가 구축되었다고 할 수 있다.

옹녀의 추방은 분명 징벌의 의미를 갖는 것이다. 하지만 정작 본인은, "어허 인심 흉악하다. 황·평 양서(兩西) 아니며는 살 데가 없겠느냐. 삼남

좆은 더 좋다더고."라며 옛 터전을 훌훌 떨쳐 버리고 새로운 땅을 찾아서 떠나간다. 이 말의 뒷부분에 음란한 성격이 드러나 있긴 하지만 작품에서 줄곧 강조되는 것은 그녀의 생활력이다. 청석골에서 강쇠를 만나 합궁을 치른 후 사람이 많이 모이는 곳을 찾아다니며 도방 살림을 하고, 그렇게 살다 못해 지리산에 들어간 후에도 부지런히 생계를 꾸려 나간다. 그러다가 강쇠가 죽은 후에는 송장 치기를 위해 큰길가에 나앉아 지나가는 남자들을 유혹한다. 이렇듯 옹녀는 음란함과 생활력, 즉 과도한 성적 욕망과 삶의 의지를 모두 지닌 인물이다.

그러므로 그녀에게 죄를 묻는 것은 양가적 감정을 일으킨다. 청상 살로 인해 애초에 살던 곳에서 훼가출송을 당하고, 천생연분으로 만나 함께 살림을 꾸렸던 강쇠가 장승 동티로 죽어 또 다시 벌을 받는 것은 그녀의 음란함이 죄이기 때문이다. 그러나 그것은 본인으로서는 어찌해 볼 수 없는, 청상과부로 살아야 할 팔자를 타고난 운명으로 말미암은 것이다. 그녀가 강쇠와 결연한 후 이곳저곳에서 닥치는 대로 도방 살림을 하고, 그래도 살림이 어려워 산에 들어가 화전을 일구어 먹고살려고 애쓰는 것은 누가 보더라도 삶을 성실히 살아가는 생활인의 모습이다. 이러한 그녀를 동정하고 응원하지 않을 이유가 없다.

이처럼 옹녀는 독자가 음란하다고 비난하면서도 불쌍히 여길 수밖에 없는 인물이다. 여기에서 징벌과 해원의 주제가 함께 나타나는 작품의 특징을 설명할 실마리를 찾을 수 있다. 주인공 옹녀는 징벌에 더하여 해원을 받아야 할 존재이고, 또 다른 주인공 강쇠는 죄가 훨씬 중하여 징벌의 비중이 크지만 그 역시도 해원의 이유를 지닌 존재이다. 둘은 나쁘기도 하고 불쌍하기도 한 사람이다. 남녀 주인공의 인물 형상이 양가적으로 그려졌기 때문에 작품에서 두 가지 주제가 나란히 나타나는 것이다.

죄를 타고난 옹녀에 비해 강쇠는 스스로 죄를 쌓아 가는 인물이다. 서술자는 그를 등장시키며 '천하의 잡놈으로 삼남에서 빌어먹다 양서로 가느라고' 길을 떠난 인물로 서술하였다. 그러한 강쇠가 청석골 좁은 길에서 옹녀를 만나자 사주 궁합을 보아 천생배필이라 단정한다. 그리고는 대낮에 바위 위에 올라가 성행위를 한다. 훼가출송당한 여자와 유리걸식하는 남자가 만나 파격적인 혼례식을 치르는 것이다. 서로 상대방의 성기를 자세히 살피며 부르는 기물 타령은 성적 욕망을 극대화하는 동시에 재치 있는 비유를 통해 '제사상·세간살이 걱정 없다'는 생활의 의지를 드러내었다. 그리하여 두 사람은 즐거운 성적 유희와 희망 어린 삶의 의지를 지니고 새 출발을 한다.

이렇게 출발은 좋았으나 둘이 함께 살면서 문제가 발생한다. 여기저기 다니며 도방 살림을 하는 중에 강쇠의 애초 성격인 천하잡놈의 본색이 드러난다.

계집년은 애를 써서 들병장사, 막장사며, 낯부림, 넉장질에 돈냥 돈관 모아 놓으면, 강쇠 놈이 허망하여 댓 냥 내기 방 때리기, 두 냥 패에 가보하기, 갑자꼬리 여수(與受)하기, 미골(尾骨) 회패 퇴기질, 호홍호백(呼紅呼白) 쌍륙 치기, 장군 멍군 장기 두기, 맞혀 먹기 돈치기와 불러먹기 주먹질, 걸·개 두기 윷놀이와 한 집 두 집 고누 두기, 의복 전당 술 먹기와 남의 싸움 가로막기, 그중에 무슨 비위 강새암, 계집 치기, 밤낮으로 싸움이니 암만 해도 살

수 없다.

강쇠는 밖에 나가면 온갖 노름, 싸움질, 술 먹기를 일삼고, 집에 들어오면 아내 구타, 부부 싸움으로 날을 보낸다. 그의 행동 방식과 생활 습관이 건달, 난봉꾼, 불량배의 체질인 것이다. 이러한 강쇠의 성격과 행동은 공동체의 질서를 어지럽히고 가정의 화목을 깨트린다는 점에서 죄의 속성을 지니고 있다.

견디다 못한 옹녀가 산속에 들어가 살자고 제안하니 강쇠는, "그 말이 장히 좋의. 십 년을 곧 굶어도 남의 계집 바라보며 눈웃음하는 놈만 다시 아니 보거드면 내일 죽어 한이 없네."라며 선뜻 동의한다. 이 말에서 그가 옹녀를 구타한 이유가 드러난다. 절세미인인 옹녀에게 뭇 남자가 눈독을 들이는 것을 참을 수 없어 사내들에 대한 적개심과 질투심을 오히려 제 아내에게 돌려 분풀이한 것이다. 이는 나중에 임종할 때 옹녀에게 퍼붓는 저주의 말로도 고스란히 되살아나는 심리이기도 하다. 이로써 보면 그의 성격 중 '강새암', 즉 질투심이 죄를 키우는 원인 중 하나라고 하겠다.

그리하여 두 사람은 지리산에 들어가 허물어진 기와집을 찾아 자리를 잡는다. 새로운 터전을 얻은 옹녀는 열심히 살려고 하나 강쇠는, '낮이면 잠만 자고 밤이면 배만 타'는 생활을 이어 간다. 둘만이 살게 되었는데도 제 버릇을 못 고치고 여전히 건달의 행태를 보이는 것이다. 보다 못한 옹녀가 나무라도 해 오라고 하자, "나 같은 오입쟁이 나무 지게 지단 말가."라며 거드름을 피우면서 겨우 밖으로 나간다. '화방 퇴물' 오입쟁이의 솜씨로 부르는 노래 가사에 그의 인생관이 표현되었다.

일출이작(日出而作) 요순 백성 어찌 편타 할 수 있나. 하·은·주 석양 되고 한·당·송 풍우 일어 갈수록 일이 생겨 불쌍한 게 백성이라. 일 년 사절 놀 때 없이 손톱 발톱 잦아지게 밤낮으로 벌어도 불승기한(不勝飢寒) 불쌍하다. 내 평생 먹은 마음 남보다는 다르구나. 좋은 의복 갖은 패물, 호사를 질끈 하고, 예쁜 계집, 좋은 주효(酒肴), 잡기로 벗을 삼아 세월 가는 줄을 모르고 살쟀더니, 층암절벽 저 높은 데 다리 아파 어찌 가서, 억새 폭·가시덩굴 손이 아파 어찌 베며, 너 뭇 묶어 온 짐 되면 어깨 아파 어찌 지고, 산고곡심(山高谷深) 무인처에 심심하여 어찌 올꼬.

사시사철 손발이 닳도록 일만 하는 백성이 불쌍하다면서 자기는 호의호식, 주색잡기로 세월을 보내고 싶다는 것이다. 그러나 이제 그것은 가망이 없고 나무하러 가는 신세가 되었다. 그런데 막상 노동을 하려고 하니 제 몸이 상할까 걱정이다. 여기서 무위도식, 향락주의, 게으름에 젖어 있는 그의 생각과 태도가 분명히 드러난다. 이 또한 그의 죄를 더하는 원인이 된다. 그렇지만 위와 같은 강쇠의 희망은 누구나 품을 법한 것이기에 이해와 동정을 살 만한 측면도 있다. 이러한 점은 뒤에 가서 벌받고 죽은 자에 대한 해원의 판놀음에서 뎁득이가 상기하는 강쇠의 면모이기도 하다.

나무꾼 아이들이 부르는 노래를 듣다가 산속으로 들어간다. 거기서도 나무는 하지 않고 늘어지게 잠만 잔다. 한숨 잘 자고 일어나니 저녁때가 되었다. 옹녀에게 잔소리 들을 것을 귀찮게 여긴 강쇠는 함양 마천 가는 산길에 서 있는 장승을 발견하고 "벌목정정 애 안 쓰고 좋은 나무 거기 있다. 일모도궁(日暮途窮) 이내 신세 불로이득(不勞而得) 좋을씨고."라며 반거 한다. 그의 게으른 성격이 다시 한 번 드러나는 대목이다. 이에 더하여 장승에게 다음과 같이 호령한다.

네 이놈, 뉘 앞에다 색기(色氣)하여 눈망울 부릅뜨니. 삼남 설축 변강쇠를 이름도 못 들은다. 과거, 마전, 파시평과 사당 놀음, 씨름판에 이내 솜씨 사람 칠 제, 선취(先取) 복장(腹腸) 후취 덜미, 가래딴죽, 열두 권법, 범강·장달· 허저라도 다 둑 안에 떨어지니 수족 없는 너만 놈이 생심이나 바울쏘냐.

시장판을 돌아다니며 싸움깨나 했던 솜씨를 으스대며 삼남 지방의 '삼남 설축'('삼남 지방을 정리한(걷은/치운/설거지한) 부류'의 뜻인 듯)인 자기를 당해 낼 수 있느냐고 호통을 친다. 온갖 호기(豪氣)와 허세를 부려 장승을 꾸짖고 욕한 것이다. 이 장면은 이제까지 나왔던 강쇠의 여러 가지 나쁜 점들이 쌓여서 급기야 신성 모독의 죄를 범하는 양상을 보여 준다. 건달·오입쟁이의 여러 행태와 질투심·게으름 등의 성격적 결함이 죄를 더하다가 장승을 두고 신성 모독의 죄까지 저지름으로써 죽음을 자초하는 것이다.

강쇠가 장승을 빼어 짊어지고 오니, 옹녀는 나무를 해 온 것으로 알고 수고했다면서 저녁을 차려 준다. 그리고는 마당에 나가 장승이 누워 있는 것을 보고는 깜짝 놀란다. 목신 동증(木神動症), 조왕(竈王) 동증으로 죽게 생겼으니 얼른 도로 가서 제 자리에 세우고 오라 재촉한다. 그러는 옹녀에게 강쇠는 오히려 호통을 치고, 도끼로 장승을 패어 아궁이에 불을 땐다. 그런 다음에, '유정 부부 훨씬 벗고 '사랑가'로 농탕치며 개폐문 전례판을 맛있게 하'고 잔다. 신성 모독의 죄에서 그치지 않고 신령한 나무를 때어 인간의 성적 욕망을 채우는 짓까지 벌인 것이다. 이로써 신성 모독의 죄를 더욱 무겁게 지었다고 할 수 있다.

이제 '이때에 장승 목신 무죄히 강쇠 만나 도끼 아래 조각나고 부엌 속에 잔 재 되니 오죽이 원통켔나.'라는 서술자 논평을 시작으로 함양 장승의 저주와 징벌이 전개된다. 장승은 신이지만 다분히 인간적인 정서에 따라 복수극을 펼친다. 함양 장승이 전국 장승의 으뜸 신인 노량진 대방 장승을 찾아가 호소하자 팔도의 장승들이 모여 의논한다. 그리하여 각자 질병 하나씩을 강쇠 몸에 발라 49일 동안 온갖 병에 시달리다가 험한 꼴로 죽게 만들기로 한다. 이러한 장승 모임을 휩싸고 있는 엄중한 분위기와 분노의 정서는 벌을 받게 될 당사자에게는 극도의 공포와 재앙을 가져올 징조가 된다.

하룻밤을 자고 났으나 아무 일도 없자 강쇠는 더욱 호기를 낸다. 옹녀와 자기의 성기를 들어다보고, "빠끔빠끔하는 것은 조왕 동증 정녕 났제. …… 불끈불끈하는 것은 목신 동증 정녕 났제."라면서 옹녀가 두려워한 동티의 재앙을 조롱한다. 여기에 한술 더 떠서 근방의 장승을 다 빼어 오겠다고 장담을 한다. 그러나 그날 밤 장승들이 그의 몸을 한 번씩 건드리고 감으로써 재앙이 닥친다. 그는 순식간에 온갖 병이 든 산송장이 되어 꼼짝 못하고 누워 있는 신세가 된다.

옹녀는 강쇠가 그렇게 된 모습을 보고 경악한다. 급한 대로 소경을 불러다가 점도 치고 독경도 한다. 어떻게든 고쳐 보려고 의원을 불렀는데, 진맥, 건재, 탕약, 환약, 단방약, 침 등 온갖 수단을 써 보아도 살아날 가망이 없다. 그러는 중에 어쩌다가 잠시 기력을 되찾은 강쇠가 유언을 한다.

"시묘 살아 조석상식(朝夕上食), 삼년상을 지낸 후에 비단 수건 목을 졸라 저승으로 찾아오면 이생에 미진 연분 단현부속(斷絃復續) 되려니와, 내가 지금 죽은 후에 사나이라 명색하고 십 세 전 아이라도 자네 몸에 손대거나 집 근처에 얼른하면 즉각 급살(急殺)할 것이니 부디부디 그리하소."라고 말하는 것이다. 죽는 순간까지도 가부장적 압제의 의식과 아내에 대한 질투심을 드러내며 저주의 말을 퍼부은 것이다. 이렇게 유언을 남기고 나서 그는 장승 죽음을 한다.

이와 같이 작품의 전반부는 옹녀와 강쇠의 결연과 생활의 이야기에 이어서 강쇠의 죄악이 쌓여 마침내 천벌을 받는 이야기로 전개되었다. 서두부터 옹녀의 훼가출송이 나왔는데 전반부의 말미에 강쇠의 장승 동티가 서술됨으로써 죄와 벌의 주제가 작품을 관통하고 있음을 보여 준다. 신적 존재인 장승들의 노여움과 그로 인한 동티의 끔찍한 형상에서 받는 으스스하고 기괴한 느낌이 상당히 강렬하다. 이로 인해 옹녀와 강쇠의 생기발랄한 성행위 장면이나 옹녀의 끈질긴 생활력 같은 면모는 묻혀 버릴 정도이다. 징벌의 주제가 그만큼 강력하게 작용하고 있다고 하겠다.

강쇠가 저주를 하고 죽은 다음에 작품의 후반부 이야기가 펼쳐진다. 이 부분에서도 징벌의 주제는 이어지고 있으나 그보다는 벌받은 자의 억울한 면을 풀어 주는 해원의 주제가 더욱 부각된다. 강쇠가 죽은 후 옹녀는 그의 유언과 삶의 의지 사이에서 잠시 갈등하다가 이내 후자 쪽으로 마음을 정리한다. 곡하고 사잣밥 차리고 초혼하고 '망부사'까지 부르며 죽은 자에 대한 예의를 차린다. 큰길가에 나앉아 사설을 부르는 것은 방 안의 송장을 치기 위해 남자를 유혹하려는 것이자, '담기(膽氣) 있는 남자 만나 가군 치상한 연후에 청춘 수절할 수 없어 그 사람과 부부 되어 백년해로하자'는 의도이다. 이처럼 옹녀의 삶의 의지는 강쇠의 장승 죽음과 같은 극도의 고난이 닥쳐도 꺾이지 않는다.

그런데 옹녀의 이러한 행위와 의지에는 그녀가 애초부터 지녔던 음란함의 성격도 포함되어 있다. 그러기에 긍정적인 면과 함께 죄의 성질도 지닌 것이라서 양가적이라 할 수 있다. 강쇠의 저주가 실현되는 지점이 바로 이 부분이다. 유언으로 한 저주의 말이 남녀 간의 성적 욕망에 대한 징벌의 의미로 작용하는 것이다. 그리하여 길에서 울고 있는 옹녀의 매혹적인 모습에 이끌려 송장을 친 후에 함께 살 욕심으로 중, 초라니, 풍각쟁이 다섯이 차례로 방 안에 들어간다. 그러나 강쇠의 저주대로 그들은 시체를 보자마자 그 자리에서 죽어 버린다. 또 한 번 징벌의 주제가 인물과 사건을 통해 구현되는 양상이다.

강쇠의 죽음을 '장승 죽음'이라고 한 뒤를 이어, 중의 '문안 죽음', 초라니의 '고사 죽음', 풍각쟁이들의 '숨이 딸각, 그만 식고, 다시 치는 소리 없고, 꽉 서 있고, 그만 자진(自盡)' 등으로 표현하였다. 이는 작품 서두에서 옹녀 남편들의 죽음을 '죽고, 튀고, 펴고, 식고, 떨어지고, 돌아가니' 등으로 표현한 것과 일맥상통한다. 옹녀의 음란함에 대한 징벌이 좀 더 구체적인 상황 설정과 묘사를 통해 다시 한 번 이루어진 것이라 하겠다. 이는 청상 살 때문에 남편이 죽었다고 서술한 서두보다는 훨씬 복잡하여 강쇠의 저주, 옹녀의 유혹, 남자들의 정욕과 호기 등을 복합적으로 구성하여 징벌의 의미를 형상화한 것이다. 그리하여 송장 치기의 과제가 장승 동티의 천벌, 강쇠의 저주, 옹녀의 음란함, 남자들의 정욕과 억울한 죽음 등을 모두 진정시켜서 안치해야 하는 일이 되었다.

뎁득이는 '천생 말뚜기 뽄'이라는 소개와 함께 등장한다. 이로써 그가 탈놀음에서 말뚝이가 하는 역할을 하리라는 기대를 하게 된다. 실제로 이후의 서사 전개에서 탈판의 말뚝이가 양반 삼형제를 조롱하고 풍자하듯이 뎁득이가 양반인 움 생원을 담배 준다고 속이고 주저앉혀 자리에서 떨어지지 못하게 만드는 대목이 있다. 이러한 부분적인 면모보다도 강쇠의 죽음 이후 펼쳐지는 중, 초라니, 풍각쟁이패의 놀이와 죽음, 뎁득이 등장 이후의 각설이패, 움 생원, 가리내패(사당패), 옹 좌수, 계대(繼隊)네의 대화와 놀이는 전체가 하나의 판놀음과 같은 양상으로 전개된다. 송장 치기를 목적으로 모인 여러 놀이패와 인물들이 벌이는 한바탕의 연희 무대가 펼쳐지는 것이다.

뎁득이가 송장을 치는 것은 두 번의 과정에 거쳐서 이루어진다. 먼저, 고개를 숙이고 옹녀가 가르치는 대로 갈퀴를 강쇠의 윗눈시울에 걸어 긁는다. 그러나 갈퀴가 빗나가는 바람에 방울눈이 툭 불거져 더 한층 무서운 표정이 된 송장을 보고 놀라 도망간다. 이 대목은 탈판의 취발이가 소무를 끼고 노는 노장에게 덤벼들었다가 면상을 얻어맞고 뒤로 물러나는 장면을 닮아 있다. 다음으로, 옹녀의 간청으로 다시 시도하여 집 뒤로 가 떡메로 뒷벽을 쳐 넘어뜨려 방 안의 송장을 덮치게 한다. 이는 강쇠가 '생문방(生門方) 안(案)을 하고' 죽은 것에 대해 생문을 터서 장사를 치를 수 있게 만든 것이다. 비록 천벌을 받아 죽은 자일지라도 그의 영혼은 저승으로 잘 가도록 길을 터 주어야 한다. 뎁득이는 억울하고 불쌍한 영혼의 막힌 길을 벽을 허물어 열어 주었다.

이렇게 방 안의 송장들을 바닥에서 떨어지게 한 다음, 각설이패 세 명을 불러 시신 여덟 구를 둘씩 나누어 짊어지고 안장하러 간다. 그런데 도중에 앉아 쉬었다가 일어나려고 하니 엉덩이가 땅에 붙었다. 그뿐 아니라 짊어진 송장도 등에 붙어 떨어지지 않는다. 지나가던 움 생원도 앉았다가 붙고, 맵시 있게 노래하던 사당들의 가리내패도 붙고, 고을의 어른인 옹좌수도 붙어 버린다. 구경꾼이 모여든 가운데 계대네가 굿상을 차리고 넋두리 춤을 추며 혼령을 위로하는 노래를 부르자 그제야 떨어진다. 그래도 아직 송장 짐꾼 넷이 떨어지지 않으니 뎁득이가 비는 사설을 한다.

이 세상에 변 서방은 협기 있는 남자로서 술 먹기에 접장이요 화방에 패두시니 간 데마다 이름 있고 사람마다 무서워한다. 꽃 같은 저 미인과 백년을 살쟀더니 이슬 같은 이 목숨이 일조에 돌아가니 원통하고 분한 마음 눈을 감을 수가 없어 뻣뻣 선 장승 송장 …… 여덟 송장 각기 설움 다 원통한 송장이라. 살았을 제 집이 없고 죽은 후에 자식 없어 높은 뫼 깊은 구렁 이리저리 구는 뼈를 묻어 줄 이 뉘 있으며 슬픈 바람 지는 달에 애고애고 우는 혼을 조상할 이 뉘 있으리. 생각하면 허사로다, 심사 부려 쓸 데 있나. 이생 원통 다 버리고 지부명왕 찾아가서 절절이 원정하여 후생의 복을 타서 부귀가에 다시 생겨 평생 행락하게 하면

여덟 구의 송장이 지니고 있는 원통함을 헤아려 주고, 그 영혼이 내세에 복을 받기를 축원한 것이다. 이러한 해원의 사설로써 짐꾼의 등에 붙은 송장들이 떨어져 산에 안장을 할 수 있게 된다.

그런데도 뎁득이가 진 강쇠와 초란이 송장만큼은 떨어지지 않는다. 강쇠가 품은 원통함이 누구보다 깊고 그의 저주에 담긴 옹녀에 대한 미련이 너무나 강하다는 의미일 것이다. 이것을 해결하는 과정이 작품의 결말이 된다. 여기서 작품의 내용 중 가장 기괴하고 엽기적인 장면이 연출된다.

뎁득이 분을 내어 사면을 둘러보니 꼿꼿한 큰 소나무 나란히 두 주(株) 서서 한가운데 빈틈이 사람 하나 가겠거든, 두 주먹을 불끈 쥐고 우르르 달음박질 솔 틈으로 쑥 나가니 짊어진 송장 짐이 우두둑 삼동 나서 위아래 두 도막은 땅에 절퍽 떨어지고 가운데 한 도막은 북통같이 등에 붙어 암만 해도 뗄 수 없다. 요간폭포괘장천(遙看瀑布掛長天) 좋은 절벽 찾아가서 등을 갈기로 드는데 갈이질 사설이 들을 만하여

소나무 사이로 달려가 등에 진 송장을 도막 낸 후, 등에 붙은 가운데 도막을 절벽에 갈면서 노래까지 부른다. 이는 해원의 축사로도 다 풀지 못한 원한을 갈아서 없애는 상징적 행위로 보인다.

이와 같이 징벌의 주제로 〈변강쇠가〉를 살펴보면 작품의 의미가 더욱 뚜렷이 드러난다. 강쇠의 장승 죽음을 경계로 작품은 전·후반부로 나누어지는데, 서두부터 죄와 벌의 주제를 내세우고 후반부에서는 징벌에 더하여 해원의 주제까지 그려 내었다. 음란함, 주색잡기, 질투심, 게으름 등이 죄의 원인이 되고 급기야 신성 모독의 죄를 지어 장승 동티의 천벌을 받는다. 이렇게 죄에 대해 벌을 받은 것이긴 하지만 사회적으로나 운명적으로나 유랑 하층민의 삶에 깃든 원통함은 다른 차원에서 해소될 필요가

있다. 그리하여 해원의 굿놀이가 펼쳐진 것이다. 죄에 대한 징벌로만 끝나지 않고 징벌의 억울한 면을 풀어 주려는 의도가 깔려 있다. 이러한 면에서 이 작품은 기괴하고 으스스한 느낌 너머로 위로와 안도감을 준다. 그만큼 작품이 다룬 주제의 깊이와 공감의 넓이가 심대하다고 하겠다.

5장
용서는 어디로부터?

# 1. 우적가

自矣心米

兒史毛達只將來吞隱

日遠鳥逸□□過出知遣

今吞藪未去遣省如

但非乎隱焉破□主

次弗□史內於都還於尸朗也

此兵物叱沙過乎

好尸曰沙也內乎吞尼

阿耶 唯只伊吾音之叱恨隱

漨陵隱安支尙宅都乎隱以多[1]

『삼국유사』「영재우적(永才遇賊)」에 기록된 〈우적가(遇賊歌)〉의 향찰 원문이다. 원문에 네 글자나 빠져 있어서 의미 맥락을 잡아 향찰을 해독하기가 무척 힘들다. 이러한 난관이 있지만, 필자는 다음과 같이 해석해 보았다.

---

1 일연, 『삼국유사』, 『한국불교전서』 6, 동국대출판부, 1982, 366면.

| 저의 ᄆᅀᆞ미 | 제 마음의 |
| --- | --- |
| 즈ᅀᅵ 모ᄃᆞ기려ᄃᆞᆫ | 모습 구하려거든 |
| 히 멀오 숨온 디나츌 알고 | 해 멀리 숨은 잘못을 알고 |
| 열ᄃᆞᆫ 더믜 가고소다. | 이제는 숲에서 떠나갈 것이다. |
| 다ᄆᆞᆫ 외온ᄋᆞᆫ, 허른 님, | 다만 잘못된 것은, 해치는 님, |
| ᄌᆞ비 업시 드려도 도롤 郞야 | 채비 없이 들여도 돌아갈 승랑(僧郞)이 |
| 이 잠갓사 디나온? | 이 병장기야 지나치런? |
| 됴흘 이사야 드료ᄃᆞ니. | 좋을 것이라야 들이다니. |
| 아야, 오지기 나ᅌᅵᆺ 恨은 | 아아, 오직 나의 한은 |
| 아ᄉᆞᄅᆞᆫ 알히 스집 아모니다. | 아스라한 안식처 아무오이다.² |

〈우적가〉의 배경 기사인 「영재우적」에 작품의 창작 동기와 배경이 기술되어 있다. 영재(永才)가 노년에 지리산으로 은둔하러 가던 중 대현령(大峴嶺)에 이르러 60여 명의 도적을 만났다. 도적들이 해치려 하였으나 그는 전혀 두려워하지 않고 태연하게 칼을 받았다. 도적이 오히려 이상하게 여겨 그의 이름을 물어 보았다. 영재는 시인으로 널리 알려진 터라 이름을 알고 난 도적이 향가를 지어 보라고 하였다. 이에 이 향가를 지어서 불렀다. 그랬더니 도적들이 노래에 감동하여 선물을 주었다. 영재가 그 선물도 사양하니 도적들은 더욱 감동하였다. 그리하여 마침내 모두 칼을 버리고 그의 제자가 되었다. 영재와 도적들은 지리산에 들어가 수도에 정진하

---

2   신재홍, 『향가의 해석』, 집문당, 2000, 313-314면.

였다고 한다.

　이러한 창작 배경을 참조하면, 작자는 작품을 통해 자신을 해치려는 도적들에게 뭔가 전달하려는 뜻을 담았을 것으로 보인다. 도적들은 작자의 의연한 자세와 향가로 표현한 뜻에 감동했기 때문에 도적질을 멈추고 그를 따랐으리라 짐작된다. 따라서 도적에게 위협을 받을 때 작자가 취한 자세와 노래를 통해 전달하고자 한 의미를 고려하여 작품의 의미 맥락을 살펴볼 수 있다. 창작의 정황으로 보아 자신을 해치려는 상대에게 주는 교훈과 용서의 주제를 표현했을 것이라 생각된다.

　제1구(제1~4행)에서 화자는 마음의 참모습을 찾아 잘못을 깨닫고 도적의 소굴을 떠나라고 하였다. 작품 첫머리에서 바로 '제 마음의 / 모습 구하려거든'이라 하여 자기 마음의 참모습, 즉 인간 내면에 있는 참된 본성을 구하라는 말부터 하였다. 강탈과 살인을 일삼아 온 도적에게 인간의 본성이 무엇인지 생각해 보라는 것이다. 그래서 이제까지 한 자신의 행위에 대해 참회하고 마음의 본모습을 회복하라는 말이다. 제6행에서 자신을 '랑'(僧郎)이라 불렀듯이, 영재는 승려의 신분으로 화랑도에 속해 활동한 인물로 보인다. 그러므로 화자가 말한 마음의 본모습이란 불성(佛性)의 의미를 지닌다고 할 수 있다.

　여기서 도적들이 영재를 해치려고 할 때 노래를 지었다는 점도 고려해야 한다. 작품 서두에 나온 화자의 첫마디는 칼날 앞에서도 태연하였던 작자의 자세를 그대로 반영한 것이다. 자신을 해치려는 도적을 보고 두려워하기는커녕 오히려 의연한 자세로 인간다움이 무엇인지 되돌아보라고 훈계를 하였다. 이러한 태도로써 상대를 각성시키는 첫마디를 내었으니,

그 말은 도적들의 마음에 비수처럼 날카롭게 꽂혔을 것이다.

화두(話頭)와도 같은 제1·2행에 이어 제3·4행에서 교훈의 내용을 제시하였다. 도적들은 이제까지 '해 멀리 숨은 잘못'을 저지르며 살아왔다. 광명한 빛에서 멀리 떨어져 어둠 속에 숨어 죄를 지으며 산 것이다. 그들의 소굴인 '숲'에 근거지를 마련하고 길 가는 사람을 위협하여 재물을 강탈하고 때로는 살인을 저질렀다. 이에 화자는 '이제는 숲에서 떠나갈 것이다.'라고 강력히 권고한다. 여태껏 지은 죄를 스스로 참회하고 인간의 참모습을 지닌 사람으로 새롭게 살아가라는 충고이다.

제2구(제5~8행)는 화자가 처한 상황과 자신의 처지를 되돌아보는 내용이다. 제1구에서 상대에게 말한 것에 대해 여기서는 자신을 돌아보며 말한 것이다. 제5행에서 화자는 지금 자기를 '해치는 님'을 향해 그들이 '잘못'을 저지르고 있다고 하였다. 이미 제3행에서 도적들이 했던 지금까지의 행위가 광명의 빛을 등지고 숨은 '디나챺'(지나침을/잘못을)이라고 질타하였다. 이는 그들이 평소에 해 왔던 범죄 행위를 지목한 것이다. 이에 비해 제5행에서 말한 '외온'(왼 것/잘못된 것)은 현재 도적들이 작자를 해치려는 행위를 콕 집어서 잘못이라고 한 것이다. 자기에게 칼을 들이대며 해치려고 하는 지금의 행동이 잘못이라는 지적이다. 이 말에는 도적을 풍자하는 뜻이 들어 있다. 뭔가를 빼앗기 위해 자기를 해치려고 하는데, 그래 보았자 얻을 게 아무것도 없으리라는 의미이다.

이렇게 말하는 이유를 제6행에서 제시하였다. 화자 자신은 '채비 없이 들여도 돌아갈 승랑(僧郎)'이기 때문이다. 화자는 아무 준비 없이 칼을 받아 죽게 되더라도 '돌아갈' 존재이다. 여기서 돌아간다는 말은 왕생(往生)

한다는 의미이다. 깊은 산속에 은둔하여 수도하려는 결심을 하고 지리산으로 가는 중이었다. 그렇게 현세에 대한 미련을 끊어 버렸으니 지금 당장 죽더라도 극락세계에 왕생하면 그만이라는 것이다.

그러므로 도적들이 자기를 해치려고 들이댄 '잠갓'(병장기/날이 있는 물건)을 몸 안에 받아들이는 것쯤이야 아무런 문제도 되지 않는다. 제 몸에 항상 '좋을 것'만 받아들일 수는 없지 않느냐는 것이다. '이 병장기야 지나치련? / 좋을 것이라야 들이다니.'라는 자문자답의 말에 화자의 의연함과 상대에 대한 풍자의 뜻이 잘 드러난다. 이 부분은 영재의 평소 성격이 '골계'(滑稽)적이라고 한 배경 기사의 기록에 들어맞는 모습이다. 도적의 위협 앞에서 그런 것쯤은 아무것도 아니라는 투로 말을 던질 수 있는 유머와 위트를 지닌 인물이다.

이처럼 태연하게 풍자와 골계의 말을 할 수 있는 근본적인 이유는 화자의 극락왕생에 대한 믿음에 있다. 앞에서 보았듯이, 제6행 '채비 없이 들여도 돌아갈 승랑'은 아무런 준비 없이 죽음을 맞는다 해도 극락세계에 환생할 수 있는 승려 낭도라는 말이다. 모든 것에 집착과 욕망을 끊고서 번화한 서라벌을 떠나 궁벽한 지리산 속으로 은둔 수도하러 가는 길이므로 언제 어디서든 왕생할 마음의 준비가 되어 있다. 그러니 지금 창칼을 들고 자기를 해치려 하는 상대는 괜한 짓을 하는 셈이다. 돌이켜 보면, 제1구에서 상대에게 한 훈계는 이와 같은 극락왕생 사상에서 나온 것이다. 극락왕생의 길은 사람이 자신의 참모습, 즉 인간 내면에 있는 불성을 미루어 가서 지고의 세계에 이르는 것이기 때문이다.

제3구(제9·10행)는 제1구의 훈계와 제2구의 의연함에도 불구하고 화자의 마음에 남는 섭섭함을 토로하고 있다. 지금 당장 도적의 칼날에 죽게 되면 지리산에 은둔 수도하러 가는 목적, 즉 극락왕생을 위해 도를 닦겠다던 자신의 뜻을 이룰 수 없게 된다. 이제 곧 죽더라도 극락왕생의 믿음이 실현되는 데는 지장이 없으나, 애초에 지리산에 은둔하려던 뜻이 좌절되는 것만큼은 섭섭하지 않을 수 없다. 그래서 '오직 나-의 한은 / 아스라한 안식처 아무오이다.'라고 하였다.

여기까지 전개된 시상에 비추어 화자가 '한'(恨)을 말한 것이 제1, 2구의 의미와 모순된 듯이 보이기도 한다. 그러나 여기서의 한은 마음속 가득히 오래 묵은 정서로서의 한이 아니라 제2구의 풍자와 골계에 걸맞은 어투로 가볍게 한 말이다. 이 단어보다는 제10행의 '안식처'라는 말에 더욱 무게가 실려 있다. 극락왕생을 위한 은둔과 수도의 장소를 찾아가는 화자의 분명한 목적과 의지가 이 말에 담겨 있기 때문이다. 아마도 도적을 만난 대현령에서 저 멀리 지리산 준령이 아스라이 보였을 것이다. 그쪽을 향하여, 저곳에 가서 왕생 수도의 도량을 열어야 하는데 하는 탄식이 절로 나온 것이다.

화자의 이러한 한탄은 청자인 도적들에게 감동을 주었다. 제3구의 한탄만이 아니라 제1구의 충고와 권유, 제2구의 의연함과 무욕의 자세까지 포함하여 작품이 지닌 깊고 절실한 의미가 그들을 감동시킨 것이다. 도적들은 영재의 향가를 듣고 감동한 나머지 비단 두 단을 주며 보답하고자 하였다. 그러자 영재는, "재물이 지옥의 장본이 된다는 것을 알고 장차 깊은 산중으로 피하여 한평생을 보내려고 하는데 어떻게 감히 그런 것을 받겠소."라고 말하며 받지 않는다. 재물이 지옥으로 가는 근본 이유가 된다고 하여 거절한 것이다. 이 말에서 그가 지옥의 반대편인 극락세계로 가고자 하였음이 뚜렷이 드러난다. 그는 본래 '사물에 얽매이지 않는'(不累於物) 인물이었다. 그러한 성품으로 인해 재물을 받지 않았을 것이고, 나아가 극락왕생의 염원을 품었으니 더욱 더 받을 수 없었을 것이다.

영재의 이러한 대답이 도적들을 또 한 번 감동시켰다. 그리하여 그들은 결국 영재를 겨누었던 창칼을 내려놓고 그와 함께 지리산으로 들어간다. 영재 한 사람이 지닌 극락왕생의 믿음과 의지가 도적들에게 전파하여 이제 극락왕생 신앙의 결사(結社)가 만들어졌다. 영재와 그의 60여 명 제자들이 지리산에 들어가 신앙 결사체를 이루어 왕생 수도의 길을 밟아 나가게 된 것이다.

여기서 작품에 담긴 징벌과 용서의 의미를 생각해 볼 수 있다. 영재가 은둔 수도의 길을 택한 애초의 이유는 무욕(無慾)에 있었다. 평소에도 사물에 얽매이지 않는 성품이었으니 노년에 들어 더욱 절실한 마음으로 세상 모든 것에서 벗어나 극락왕생을 위한 수도의 길을 가고자 한 것이다. 그런데 도중에 도적들을 만나 목숨을 잃을 위기에 처하였다. 영재에게 겨눈 도적의 칼날은 곧 죽음으로 직결되는 위협이었다. 그들은 영재를 만난 지금까지 숲에서 행인들의 길을 막고 갖가지 악행을 저질러 왔다. 작품 속에서 화자는 그들의 행위가 '잘못'임을 분명히 지적하였다. 그러한 범죄는 오랫동안 계속해 온 것인 동시에 지금 영재에게 행하고 있는 것이기도 하다.

이러한 범죄 행위에 대해 영재는 은둔하려는 동기인 무욕의 자세를 취하여 대응한다. 자신은 어느 것도 집착하거나 욕망하지 않는다는 것, 심지어 죽음이 닥치더라도 그것에 초연할 수 있다는 뜻을 지금 자기에게 죄를 짓고 있는 상대에게 보여 주었다. 그리고 무욕의 자세에 토대가 된 사상, 즉 '채비 없이 들여도 돌아갈' 극락왕생의 믿음이 주는 감화력을 전달하였다. 극락왕생을 염원하는 사람에게는 죽음조차도 장애가 되지 못하는데, 지금 도적들이 겨눈 칼날이야 두려워할 이유가 될 수 없는 것이다.

이와 함께 작품의 서두에서 말한 '제 마음의 모습'이 도적들에게 스스로를 반성하도록 하는 계기를 만들었다. 인간은 누구나 불성을 가지고 있어서 마음의 참모습을 찾기만 한다면 이제까지의 악업을 끊고 선업을 행하며 살아갈 수 있다. 작자는 이 사실을 도입부에서 선제적으로 밝히고 나서 작품의 의미를 구성해 나갔다. 작품 첫머리부터 발한 화두 같은 말에 도적들은 곧 스스로를 반성하는 태도를 갖게 되었을 것이다. 그 의미를 작자가 보여 주는 자세와 그가 지닌 사상과 더불어 헤아려 봄으로써 깊은 감동을 느낀 것이다. 이렇게 볼 때, 도적들의 범죄 행위에 대한 작자의 용서는 극락왕생에 대한 믿음과 더불어 인간에게 보편적으로 내재한 불성에 대한 인식에서 나왔다고 할 수 있다.

이렇듯 〈우적가〉에 나타난 화자의 자세와 사상을 살펴보면, 죄를 용서하는 방법이 작품에 드러나 있음을 알 수 있다. 그것은 무욕의 자세와 초월적 신앙, 그리고 불성에 대한 깨달음에 의한 것이다. 세상 어느 것에도 구속되지 않는 마음의 자세는 자기를 죽이려는 자들이나 갑자기 맞이할 죽음조차도 개의치 않는다. 세상 너머에 있는 극락세계를 믿고 지향하는 신앙 역시 자신에게 가해지는 범죄를 아무것 아닌 듯이 받아들일 수 있게 한다. 자기를 해치는 자나 자기 자신이나 공통적으로 불성을 지녔다는 인식은 서로 감화하고 함께 선업을 닦는 바탕을 이룬다. 이러한 자세와 신앙과 인식에 의해 죄를 범하는 상대에 대한 용서의 마음이 나올 수 있었다.

〈우적가〉는 극락왕생에 대한 투철한 믿음을 가진 화자가 자신을 해치는 도적을 의연하게 훈계하는 내용의 작품이다. 작자 영재의 사물에 얽매이지 않는 성격과 위기를 당해서도 의연하게 대처하는 자세는 무욕의 마음과 극락왕생에 대한 믿음에서 기인한다. 결국 영재에게 감화를 받은 도적들이 그의 제자가 되어 극락왕생의 신앙 결사체를 만들어 수도 정진하게 되었다. 죄에 대한 용서의 마음과 자세가 사람들을 감화하였고 그들과 더불어 이 세상을 초월하려는 뜻을 추구하도록 이끈 것이다.

## 2. 바리공주

〈바리공주〉는 죽은 자를 극락세계로 인도하기 위해 베푸는 오구굿이나 지노귀굿에서 불리어 온 무가(巫歌)이다. 문학적으로는 노래의 내용이 한 편의 이야기를 이루기에 서사 무가 또는 구비 서사시라고 하고, 이야기의 주인공이 무속에서 신성시하는 존재여서 무속 신화라고도 하는 장르에 속한다. 이 작품은 오구굿에서 구연되기에 적합한 내용을 지니고 있다. 사건 전개와 주제 구현에서 죽음의 의미와 극락왕생의 소망이 중심을 이루고 있는 것이다. 이러한 내용을 풀어 가는 과정에서 죄와 벌의 문제가 중요하게 다루어지고 용서와 화해의 주제도 나타난다. 여기서는 작품에 전개된 죄와 벌의 이야기를 따라가면서, 용서의 주제가 어떻게 그려지고 있는지에 중점을 두어 살펴보고자 한다.

이본에 따라 줄거리에 조금씩 차이가 있는데, 여기서는 문덕순 구술본[1]을 대상으로 한다. 작품의 줄거리는 다음과 같다.

---

[1] 김태곤 외, 「바리공주」, 『한국의 신화』, 시인사, 1988, 301-324면. 인용할 때는 채록본을 현대어 표기법에 따라 옮기고, 인용 면수의 표시는 생략한다.

삼나라 업비대왕이 길대마마를 중전으로 봉하고 길일을 잡고자 여러 점술가에게 물었다. 내년에 혼인해야 세자를 보리라는 점괘가 나왔으나 이를 무시하고 금년에 혼사를 치렀다. 길대마마가 임신을 하여 점을 보니 딸이라 하였다. 과연 딸이 태어나 달이당씨라 이름 하였다. 다시 잉태하여 또 점친 대로 딸이 나와 별이당씨라 하였다. 세자를 보려는 욕심에 계속해서 네 공주를 더 낳았다. 그런 다음 이번에는 청룡, 황룡이 얽히고 어깨에 일월이 돋는 태몽을 꾸자 세자의 기대가 가장 커서 죄인도 사면하였다. 그랬는데도 점괘대로 일곱째 공주가 태어났다. 화가 난 대왕은 아기 이름을 '바리'로 짓고 옥함에 넣어 강물에 버리게 한다.

이때 석가세존이 타향산 서촌에서 비리공덕 할아비와 할미에게 옥함을 거두어 기르도록 하였다. 왕거미, 불개미, 구렁이가 들어찬 옥함에서 아기를 꺼내 씻기고 기른다. 아기는 능통한 인물로 성장하는데 7, 8세가 되자 자기 부모가 누구냐고 묻는다. 할미가 왕대와 머위나무가 부모라고 대답하니, 그것은 부모가 승하하면 짚는 막대라고 말한다. 15세가 되어 대왕 부모는 죽을병에 걸리는데 그것이 공주의 세숫물에 비쳐 보였다. 대왕은 바리공주를 찾으라는 점괘를 받는다. 또한 꿈에 청의동자가 나타나 하늘이 아는 자손을 버린 죄라고 하면서 회춘을 하려면 개안초, 별이용, 불사약, 약령수(藥靈水)를 구해 먹으라고 알려 준다. 한 신하가 까막까치, 나무, 돌의 인도로 서촌을 찾아가 공주를 만나 신표로 혈연관계를 확인한다. 공주는 필마단기로 궐문에 대령한다. 대왕이 부모 효양(孝養)을 가겠느냐고 물으니 궁궐에서 유복하게 산 여섯 형님은 왜 안 가냐고 따진다. 그래도 열 달 동안 부모 뱃속에 있었던 은혜를 갚기 위해 가겠다고 한다.

바리공주는 비단 창옷과 고의에 패랭이를 쓴 남자의 복장으로 무쇠 신에 무쇠 지팡이를 짚고 떠난다. 도중에 석가세존을 만나 낭화(浪花)와 금 지팡이를 얻고, 여러 지옥을 거쳐 철성(鐵城)에 이른다. 그곳에서 벌받는 죄인들의 극락왕생을 기원해 주고 약수 삼천 리를 건너 무장승을 만난다. 길 값에 나무하기 3년, 삼 값에 불 때기 3년, 물값에 물 긷기 3년, 도합 9년을 지낸다. 또 일곱 아들을 낳아 달라고 하여 천지로 장막 삼아 운우지정을 이루어 아들을 낳는다. 젓가락이 부러지는 꿈을 꾸고 부모의 승하를 예측한 공주는 개안초, 별이용, 약령수를 얻어 무장승과 일곱 아들을 데리고 돌아온다. 도중에 유사강과 황천강을 건너며 공덕을 많이 하여 소원 성취하러 가는 배, 선한 일을 많이 하여 극락왕생하러 가는 배, 악한 일을 많이 하여 화탕지옥·칼산지옥으로 가는 배, 정처 잃고 임자 없이 떠가는 배 등을 만난다. 선삼(先三)하여 가는 배 위에 올라 극락세계로 천도해 준다. 그렇게 지나와 삼나라 상림 뜰에 이른다. 마침 상여가 나가는 것을 보고 멈추게 한 다음 가져온 약들을 써서 대왕 부모를 회생시킨다.

　공주와 함께 궁궐로 돌아온 대왕은 무장승과 일곱 아들을 불러들인다. 그들과 비리공덕 할아비, 할미에게 각각 굿 값을 받아먹게 한다. 바리공주에게도 무당 옷과 도구를 받도록 점지한다.

　작품의 내용을 죄와 용서의 주제에 초점을 맞춰 간략히 정리해 보면 이렇다. '하늘이 아는 자손'을 버린 죄로 대왕 부모가 죽을병에 걸리자, 바리공주가 여러 난관을 뚫고 저승 세계에 이르러 무장승을 만나 일곱 아들을 낳고 약을 얻어 돌아와 부모를 구한다는 것이다. 이는 곧 업비대왕과 길대마마의 죄에 대해 바리공주가 자기희생을 통해 용서하고 구원하는 이야기이다. 부모에게 버림당한 딸이 어떠한 이유와 방법으로 부모를 용서하는지에 대해 살펴봄으로써 작품이 지닌 의미를 음미해 볼 수 있다.

이야기는 업비대왕이 혼인하는 것에서 시작하여 혼인 후 연달아 딸을 낳다가 급기야 일곱째 딸을 버리는 사건으로 발전한다. 이 과정에서 대왕이 한 행동은 하늘이 정한 금기의 위반과 가부장적 욕망의 추구라는, 서로 밀접하게 연관된 두 가지 동기로부터 나왔다. 삼나라의 국왕으로서 왕비를 간택하는 일은 당연한 것이라서 길대 중전마마를 봉한 것까지는 무난하였다. 그런데 혼인식을 올리는 날짜를 잡으면서 일이 빗나간다.

시녀상궁을 보내 천하궁 다지박사, 지하궁 갈이천문, 제석궁 소슬아씨, 명도궁 주역박사의 점괘를 받아온다. 길례를 금년에 하면 일곱 공주를 볼 것이요 명년에 하면 세자 대군을 보리라는 것이다. 이에 대해 대왕은 "문복(問卜)이 용타 한들 제 어찌 알소냐. 일각이 여삼추요 하루가 열흘 같다."라면서 칠석날로 택일하여 혼례를 올린다. 박수와 무당이 알려 준 하늘의 뜻을 거슬러 혼인을 서두른 것이다. 얼른 가정을 이루어 아들을 낳아 대를 잇고자 하는 가부장적 욕망에 의해 하늘의 뜻을 거역하는 행동을 하였다. 이 혼인이 첫 번째 금기의 위반인데 대왕은 그것을 의식하지 못한 채 거듭하여 위반의 행동을 한다.

혼인 후 길대마마가 임신을 하자 대왕은 지밀(至密, 내전)에서 달과 청도화를 보았다는 마마의 태몽을 듣고 점을 쳐 보게 한다. 점술가들이 모두 공주를 보리라고 하였으나 택일할 때와 똑같은 반응을 보이며 출산 준비를 명한다. 열 달이 차서 공주를 낳으니, 대왕은 "공주 낳을 적에 세자인

들 아니 낳을쏘냐."라며 위로한다. 이제 세자 대군을 얻고자 하는 욕망을 노골적으로 드러낸 것이다. 둘째 공주의 탄생도 첫째와 같은 과정으로 진행되어, 별과 홍도화의 태몽-공주를 보리라는 점괘-그에 대한 부정과 세자에의 기대-둘째 공주의 출생이라는 과정을 거친다. 첫째와 둘째 공주는 출생 후 달이당씨·청대공주, 별이당씨·홍대공주라는 이름과 별호가 붙고 그들을 좇으면 왕생 천도(往生薦度)하리라는 기원이 따른다.

이러한 기원의 말은, 바리공주의 이야기에 들어가기 전의 작품 서두에서 무당이 망자의 천도를 노래한 가사를 축약한 것이다. 이는 첫째와 둘째 공주가 왕생 천도의 역할을 일정하게 수행하는 신격임을 보여 준다. 그렇다면 탄생 과정이 생략된 셋째, 넷째, 다섯째, 여섯째 공주도 모두 천도의 역할을 나누어 맡은 신격으로 볼 수 있다. 나중에 바리공주가 궁궐로 돌아왔을 때 이 언니들과 서로 대립하는 관계에 서기도 한다. 하지만 작품 전체로 보아서는 죽은 자의 천도를 바리공주가 주재하고 여섯 공주는 바리의 역할을 일정하게 분담하는 것으로 이해할 수 있다.

일곱째 공주의 탄생은 다른 경우에 비해 태몽이 특이하다.

좀 안에 드는 허리 좀 밖에 나더이다.
대명전 대들보에 청룡 황룡 얼크러져 뵈고
오른손에 보라매 받고 왼손에 백마 받아 뵈고
왼 무릎에는 흑거북 앉아 뵈고 양어깨에는 일월이 돋아 뵈더이다.

인용문의 '좀'은 손으로 쥐는 활의 한가운데 부분인 '줌허리통'을 가리키는 듯하다. 첫 행에서 왕비의 허리통이 불러 오는 모습을 표현한 것으로 보인다. 그 다음 행에서 태몽을 말하였는데, 첫째와 둘째 공주의 태몽에 나온 달과 별, 청색과 홍색 도화에 비해 이번 꿈에 나타난 청룡과 황룡, 보라매, 백마, 흑거북, 해와 달은 상대적으로 남성성의 의미가 큰 상징이라 할 수 있다. 그러니 대왕이 듣고는 이번에야말로 세자 대군을 낳을 징조라고 단정하고 더욱 완강히 점괘를 부정한다. 그리고는 오부에 공문 놓고 사대문에 방을 붙여 중죄인을 사면하는 조치까지 취한다.

그런데 태몽의 상징성은 성적(性的)인 것보다 고귀함과 신성성에 관련된 의미를 지닌다. 청룡·황룡·백마·흑거북·일월로 보면 오방색이 다 나타나 있다. 용·거북, 말, 매·일월로 보면 물(水)·땅(地)·하늘(天)을 포괄한 우주이다. 매와 말로써 하늘을 날고 땅을 달리는 여행자나 구도자의 모습이 그려진다. 일월을 통해서는 시간과 공간을 주관하는 절대적 존재가 예견된다. 이렇게 시공을 주재하는 우주적인 성격의 상징을 대왕은 남성성의 의미로만 해석한 것이다. 그리하여 이번에도 그의 기대와는 어긋나는 결과를 얻는다. 그렇게 피하기를 바랐던 일곱째 공주가 탄생한 것이다.

대왕은 종묘사직, 조정 백관, 일반 백성을 염려하면서 눈물을 흘리고 탄식한다. 그런 다음 "이는 전생에 죄가 남아 옥황상제 일곱 딸 점지하시니 / 나는 서해 용왕에 진상이나 보내리다."라고 말한다. 옥황상제가 딸만 일곱을 점지한 것이 전생의 죄 때문임을 알아차린 데에서 그치지 않고, 마지막에 얻은 딸을 물에 빠뜨려 용왕에게 바치겠다고 선언하였다. 하늘의 뜻을 인지하고도 자신의 고집을 꺾지 않고 끝까지 그것을 위반하는 행동을 하는 것이다. 길대마마가 그의 모진 성품을 원망하고 물에 넣어 죽이기보다는 자식 없는 신하에게 양녀로 주라고 권한다. 그 말도 아랑곳 않고 대왕은 바리공주라는 이름을 지어 준 후 아기를 물속에 버리도록 명한다.

이러한 대왕의 행동은 전생의 죄에 현생의 죄를 더한다는 의미가 있다. 그런데도 그는 전혀 개의치 않는다. 세자 대군을 보리라는 희망이 끝내 허물어져 욕망이 좌절되자 일곱 번째로 태어난 아기를 버림으로써 자신의 운명에 대해 분풀이를 한 모양새이다. 이는 부모 자식 간의 천륜을 저버린 것일뿐더러 가부장적 욕망에 휘둘려 이성을 잃어버린 행위로서 죄가 그만큼 무겁다고 하겠다.

부모와 아기의 생월생시를 써서 두렁이(어린애의 배와 아랫도리를 둘러 가리는 옷) 끝에 매고 옥함에 넣어 자물쇠를 채워서 가져다 버리게 한다. 대세지 고개를 넘어 유사강, 황천강을 건너 애옥(가난에 쪼들려 애씀) 여울 피바다에 던지니 금거북이 받아서 지고 타향산 서촌에 데려다 놓는다. 이러한 기아(棄兒) 화소에서 주목할 점은 첫째, 부모 자식 관계가 아주 끊어지지 않도록 예비한 것, 둘째, 아기가 버려진 곳이 저승의 피바다로 설정된 것, 셋째, 구원의 손길이 금거북에게서 시작되는 것 등이다.

여기서 둘째는 바리공주가 황천강을 건너 애옥 여울 피바다로 상징되는 참혹한 고난과 죽음의 경로를 지나야 하는 운명을 시사한다. 그렇지만 셋째에서는 그러한 죽음의 과정을 거쳐 결국에는 구원을 받을 만한 본성과 운명을 타고났음을 말해 준다. 그리하여 공주 본인이 먼저 여러 존재의 도움을 받아 구원되는 경험을 한다. 그런 후에 첫째에서 마련된 혈연 관계를 토대로 부모를 용서하고 구원해 주는 것이다. 이런 면에서 공주가 버려지는 장면에 죄와 용서의 주제가 압축되어 있다고 할 수 있다.

이제 버려진 공주 바리의 구원과 성장, 부모와 만나는 이야기가 전개된다. 금거북이 데려다 놓은 서촌에 석가세존이 제자들과 함께 가서 옥함을 얻는다. 마침 지나가던 비리공덕 할아비와 할미에게 옥함을 맡기며 하늘이 아는 자손이니 데려다가 기르라고 요청한다. 이름에서도 드러나지만 노인 부부는 여기저기 돌아다니며 빌어먹으면서 공덕을 닦는 것을 업으로 삼은 존재이다. '다리 놓아 만인 공덕 원(院)을 지어 행인 공덕 / 절을 지어 승인(僧人) 공덕 할지라도 / 옷 벗어 대시주와 부엌 공덕이 제일이요 / 젖 없는 자손 젖 먹여 주는 공덕이 제일이라.' 그들이 해 온 공덕을 이제부터는 버려진 아이를 거두어 기르는 데에 집중하게 된다. 노인 부부가 바리공주에게 베푼 공덕은 나중에 공주가 부모를 위해 공덕을 베푸는 것으로 옮아가게 될 터이다. 자기가 받은 공덕의 은혜에 보답하는 방법으로 다른 이에게 공덕을 베풂으로써 용서의 행위가 이루어지는 것이다.

비리공덕 할아비와 할미가 불경을 외어 옥함을 열자 아기의 입에 왕거미, 귀에 불개미가 가득하고, 허리에 구렁이가 감겨 있었다. 옥함 속 아기의 처참한 형상은 애옥 여울 피바다에 빠지는 것으로써 상징된 고통과 죽음의 심상이 구체화된 것이다. 바리공주는 옥함 속에서 죽음의 심연을 건넜다. 하늘이 아는 자손으로 태어났으나 부모의 죄로 인해 죽음의 고통을 겪었다. 그러고서 이제 겨우 구원자를 만나 생명의 길로 나왔다.

바리공주는 성장하면서 상통천문 하달지리하는 능통함을 보인다. 외모, 덕성, 총명 등의 덕목은 언급하지 않고 능통함만 표나게 말한 점에서 공주의 특성을 짐작할 수 있다. 그녀는 현세적, 인간적 덕목보다 초월적,

신적 능력이 강조된 존재인 것이다. 이러한 전제에도 불구하고 7, 8세의 어린아이가 자기 부모가 누구냐고 묻고 찾으려는 것은 지극히 인간적인 욕구이다. 부모에게 버림받았음에도 바리공주는 혈육의 정을 늘 갈망하였던 것이다. 공주가 부모에 대하여 묻자 비리공덕 할아비와 할미는 하늘과 땅이라 했다가 왕대와 머위나무라고 대답한다. 그에 대해 공주는 "천지도 인간 골육 둘손가."라고 반론하고, 왕대와 머위나무는 양전(兩殿)마마가 승하하면 짚을 지팡이라고 말한다.

이렇듯 공주와 두 노인의 문답에서 골육과 죽음의 문제가 초점이 된다. 뒤에서 '양전마마 세숫물에 비추셨네.'라고 하여 대왕 부모가 중병에 걸린 것을 공주가 매일 쓰는 세숫물에 비친 모습으로 미리 아는 장면이 나온다. 이것은 아기가 버려질 때의 생월생시 표지와 더불어 부모와 자식이 서로 헤어져 있어도 혈연관계는 끊어지지 않았음을 의미한다. 대왕 부모와 바리공주 사이의 관계를 통해 그려지는 중심 내용은 골육과 죽음에 대한 것이다. 그리고 이것과 결부하여 죄와 용서의 주제가 다루어진다.

바리공주가 15세 되었을 때 대왕 부모가 중한 병에 걸린다. 혼인날을 정할 때와 태아의 성별을 물을 때 했던 것처럼, 생깁(생초(生綃)), 생진주, 금, 자금 등을 빙물로 삼아 다지박사, 갈이천문, 소슬아씨, 주역박사에게 점을 쳐 보니, 두 사람이 죽을 것이로되 바리공주를 찾아야 한다는 점괘가 나왔다. 절망과 탄식 속에 잠깐 잠이 드니, 청의동자가 나타나 대왕 부모는 한날한시에 풍도성에 가두어질 것인데 하늘이 아는 자손을 버린 죄 때문이라 한다. 그리고 회생하려면 개안초, 별이용, 불사약, 약령수를 먹어야 하는데 그것을 얻기 위해서는 바리공주를 찾으라고 한다.

이 꿈을 통해 업비대왕과 길대마마의 죄와 벌이 무엇인지 뚜렷이 드러난다. 하늘의 뜻을 거역하여 하늘이 아는 자손을 버린 것이 죄이고, 그로 인해 중한 병에 걸렸는데 이제 죽으면 지옥인 풍도성에 갇히게 되리라는 것이다. 이와 함께 구원의 계시도 받는다. 하늘이 내린 벌에서 구원을 받으려면 자신들이 죄를 지은 상대인 바리공주를 찾아와 그녀에게 저승 세계에 있는 약들을 구해 오게 하는 길밖에 없다는 것이다. 이 일을 추진하려면 무엇보다도 죄를 저지른 상대의 용서를 얻는 것에서 시작해야 한다.

대왕의 요청에 한 신하가 나서서 바리공주를 찾아간다. 까막까치, 나무, 돌의 인도로 서촌을 찾아가니 문을 지키던 저승사자들이 가로막는다. 신하가 호소하자 비리공덕 할아비와 할미가 나와 맞는다. 부모와 자식의 생월생시를 맞추어 보고 무명지를 베어 나온 피를 합하여 본 후 바리공주는 "골육이 적실하니 가겠노라."고 응낙한다. 부모로부터 버려진 후 15년이 지난 지금까지 그에게는 골육에 대한 그리움이 사무쳤던 것이다. 그러기에 혈연관계를 확인한 후에 부모에게 간다고 하였다. 이로써 작품에서 부모의 죄를 용서하는 근본적인 이유를 골육 관계라는 점에 두었음을 알 수 있다.

공주는 화려한 가마를 마다하고 한 필의 말을 타고 대궐 문에 와서 대령한다. 그리고는 "풍도를 염하여 속 빈 고양나무 뒤에 버렸던 죄낭여"라고 자신을 지칭한다. 이 구절은 앞서 석가세존이 옥함을 '타향 서촌을 양하여 속 빈 고향나무 뒤로 보낸'의 표현과 거의 같다. '고양/고향나무'(회양목), '염'(念)/'양'(向)의 차이가 있으나, 두 구절의 비교를 통해 바리공주가 길러진 서촌이 풍도와 같은 저승 세계임을 알 수 있다. 또한, 본문에

'죄낭여'로 채록된 말은 '죄(罪) 난 여(女)'로 볼 수 있을 듯하다. 죄를 타고 난 딸이라는 뜻으로 보는 것이다. 이러한 인식은 하늘의 뜻을 거역한 부모의 죄가 자기로부터 말미암음을 공주 스스로 인정한 결과가 아닐까 싶다.

부모와 자식이 감격의 상봉을 한 자리에서 대왕이, "춘삼삭(春三朔)은 어찌 살고 동삼삭은 어찌 살고 / 배고파 어찌 살았느냐?"라고 묻는다. 이에 공주는 "추위도 어렵삽고 더위도 어렵삽고 / 배고파도 어렵삽더이다."라고 대답한다. 생존을 위한 고난의 역정을 압축하여 말한 것이다. 이어서 대왕이 "저 자손아, 부모 효양 가려느냐?"라고 하자, 공주는 "아흔아홉 깁 장 속에 청사 도듬 흑사 이불 / 진주 안석에 귀히 길러진 여섯 형님네 / 어찌 부모 효양 못 가리라 하더이까?"라며 언니들의 무책임과 회피를 질타한다. 언니들이 모두 못 가겠다며 '오뉴월 악머구리 우는 소리'같이 떠들어대니 공주는 다음과 같이 말한다.

    소녀는 부모님 은혜가
    십 삭을 부모님 복중에 있사옵는 고로
    부모 효양 가오리다.

언니들처럼 대궐에서 호의호식하며 부모의 은혜를 입지는 못했으나, 태어날 때 열 달 동안 부모의 뱃속에 있었던 것만도 큰 은혜라고 생각한다. 그 은혜에 보답하기 위해 부모의 병을 고치려고 약을 구하러 저승길을 가겠다고 한다. 자신을 버린 부모의 죄는 자기를 이 세상에 태어나게 해 준 은혜만으로도 용서할 수 있다. 이는 공주가 부모에게서 버려진 채 자라나면서도 늘 골육의 정을 그리워하던 마음에서 우러난 의식이다. 죄와 벌의 문제는 하늘이 맺어 준 부모 자식 관계, 즉 천륜으로써 덮어지고, 죄에 대한 용서와 관계 회복을 통한 화해가 이루어진다.

그런데 이는 바리공주의 마음일 뿐이고, 그 온전한 결실은 부모의 병을 고쳐야 얻을 수 있다. 부모의 병이 낫는다는 것은 하늘의 뜻을 거역한 죄에 대한 하늘의 용서를 받았다는 징표가 되기 때문이다. 부모가 지은 죄를 대신 짊어지고 가는 것이기에 약을 구하러 떠나는 여행은 바리공주에게 또 다른 고난의 길이 된다. 비단 창옷에 비단 고의를 입고 패랭이를 쓰고, 무쇠 장군과 무쇠 질방구리를 지고, 무쇠 신 신고 무쇠 지팡이 짚고 남장을 한 채 떠나는 공주의 모습이 앞으로 겪을 고난의 무게를 보여 준다. 공주는 온 몸을 짓누른 무쇠의 무게를 감당하며 하늘의 뜻을 돌리기 위한 지극정성과 자기희생의 여정을 시작한다.

무쇠 지팡이가 무겁긴 하지만 한 번 두르면 천 리를 가는 신통한 물건이다. 그렇게 삼사천 리를 가서 석가세존을 만난 바리공주는 자신을 조선국 일곱째 대군이라고 소개한다. 이에 세존은 자기는 못 속인다면서 낭화 세 가지와 금 지팡이를 주며 길을 인도한다. 공주는 그것을 가지고 여러 지옥을 지나서 쇠로 된 성인 철성에 이른다. 그곳은 죄인을 다스리는 소리로 요란하였는데, 낭화를 흔들어 성을 무너뜨리고 참혹한 몰골의 죄인들을 구제하여 극락세계로 천도한다.

이러한 천도의 능력은 바리공주에게 부여된 신통력의 핵심으로 이제 첫 시험을 한 것이다. 그녀가 이러한 능력을 지니게 된 것은 서사 전개상 석가세존이 그것을 부여한 덕분이다. 그러나 작품의 의미 구조로 보면 죄인을 대신하여 속죄의 길을 떠난 존재, 즉 속죄양으로서의 치유 능력에 말미암았다고 할 수 있다. 자기가 대신 죄를 짊어질 것이니 죄인들은 죄를 털어버리고 극락으로 가라는 뜻이다. 바리공주의 신격은 이러한 속죄와 치유를 통한 천도의 능력에서 마련되었다.

철성을 지나 약수 삼천 리에 다다라 금 지팡이를 던져 생긴 무지개를 타고 건너갔다. 약수 건너편에서 '키는 하늘에 닿고 눈은 등잔 같고 / 얼굴은 쟁반 같고 발은 석 자 세 치 되는' 무장승을 만난다. 공주는 석가세존에게 한 것처럼 조선국 일곱째 대군이라고 말한다. 무장승이 길과 삼과 물의 값을 내라 하여 나무하기, 불 때기, 물 긷기 각 3년씩 도합 9년 동안 일을 한다. 남장을 한 채로 주인집 머슴살이하듯 무장승에게 매여 시키는 대로 일을 하였다. 이러한 과정을 통해, 부모의 병을 고칠 약의 소재를 알고 있는 무장승을 감복시킬 수 있었다. 공주에게 이 기간은 망자를 저승으로 천도하는 신격을 완성해 가는 인고와 수련의 시간이 되는 것이라고 할 수 있다.

9년을 마치자 무장승은 남장한 공주의 본색이 여자임을 알고 일곱 아들을 낳아 달라고 요구한다. '양전마마 투서(套書, 도장) 끌러 길 아래에 화산(火散, 신단을 꾸몄던 것을 태움)하고 / 천지로 장막 삼고 일월로 등촉 삼고' 두 사람은 운우지정을 이룬다. 그리고 사랑의 결실로 일곱 아들을 낳는다. 대궐을 떠날 때 받은 양전마마의 투서를 태워 버린 것은 부모의 허락 없이 남편을 얻는 것에 대한 죄책감의 표현이라고 생각된다. 나중에 되돌아가 부모의 상여를 대할 때 무장승과 일곱 아들을 감추는 모습에서 이러한 의미를 짐작할 수 있다.

이렇게 일곱 아들을 낳은 후, 꿈에 '금관 저, 신관 저'가 부러져 보여 대왕 부모가 승하하였음을 알고 궁궐로 돌아가려 한다. 그러자 무장승이 여태까지 그곳에서 이용했던 주변 사물인 물, 풀, 나뭇가지가 곧 약령수, 개안초, 별이용이라고 일러 준다. 이는 곧 공주가 9년간 했던 물 긷기, 불 때기, 나무하기의 재료들이기도 하다. 그리고 무장승은 자기와 아들들도 데려가 달라고 부탁한다.

이에 바리공주는 남편과 일곱 아들을 데리고 대세지 고개를 넘고 유사강, 황천강을 건넌다. 그리고 '너여울 피바다'에서 줄줄이 떠오는 배들과 마주친다. 공덕을 많이 하여 극락세계로 소원 성취하러 가는 배가 오고, 뒤이어 선한 일을 많이 해서 왕생 천도하여 가는 배가 온다. 그 뒤에 악한 일을 많이 하여 화탕지옥·칼산지옥으로 가는 배가 오고, 끝으로 정처를 잃고 임자 없이 떠가는 배가 온다. 바리공주는 망자들의 정성을 받아 선삼(문맥상 '세 척의 배에 앞서 가는'의 뜻인 듯)하여 가는 배 위에 올라 왕생 천도를 빌어 준다. 저승에 올 때 철성에서 했던 왕생 천도의 역할을, 이승으로 돌아가는 길에 저승을 향하는 망자들을 위해 다시 베푸는 것이다. 이렇게 이승에서 저승으로, 다시 저승에서 이승으로 오고가는 길에 바리공주는 신적인 능력을 온전히 획득한다. 특히 돌아오는 길에서 한 일로써 그녀의 주된 역할이 저승으로 가는 망자의 왕생 천도임을 분명히 보여 준다.

이승으로 되돌아와 상림 뜰에 다다르니 인산(因山)의 행렬이 나가고 있었다. 일단 무장승과 일곱 아들을 감추고 상여꾼을 물리친 다음, 가져온 약들을 양전마마에게 먹인다. 그러자 양전마마가 잠에서 깨듯이 죽음에서 회생한다. 이처럼 죽은 사람을 살려 내는 능력까지 보여 줌으로써 삶과 죽음, 이승과 저승의 양쪽의 문제를 해결할 수 있음을 선포한 것이다. 이는 부모가 자신을 버린 죄를 하늘을 대신하여 용서하였다는 의미도 아울러 지닌다. 고난과 죽음의 저승길에 지극정성의 자세로 자기희생을 실천함으로써 부모의 죄가 사해지고 천륜을 회복하게 되었다. 바리공주를 통해 용서라는 것이 자기희생의 길이기도 함을 말해 주고 있다.

죽음에서 회생한 업비대왕은 자신을 살려 준 은혜에 대해 보상을 한다. 나라의 반을 줄지, 재산의 반을 줄지 묻자 바리공주는 부모에게 죄를 지었음을 고백한다. 저승길을 다녀오는 동안 부모 허락 없이 혼인한 것을 죄로 인식한 것이다. 대왕은 "그 죄가 네 죄가 아니라 우리 죄라."하고 무장승을 입시하게 하여 부마로 인정하고 일곱 아들도 먹고 살도록 조치한다. 그리하여 무장승은 산신제, 평토제의 제물을, 비리공덕 할아비는 노제, 비리공덕 할미는 새남굿의 별비를, 일곱 아들은 저승의 시왕이 되어 먹고 살도록 점지한다.

바리공주에게는 다음과 같이 무당이 되어 굿을 하여 먹고 살도록 한다.

    절에 가면 수륙제 만반 공양 받으시고
    들로 내리시면 큰머리 단장에 은하몽두리
    넓은 홍띠 입단치마 수저고리 찬란히 입은 후에
    언월도 삼지창과 화화복 쇠줄 쇠방울 쉰 살 부채 손에 쥐고
    쳐다보니 백차일 내려다보니 유(油)차일
    솟을문 대설무 연지왕 나삼과

천 근 대도형 받게 점지하시고

무당의 복색과 도구를 갖추어 주어 무당굿을 하며 먹고 살도록 점지한 것이다. 이렇게 하여 바리공주는 무당의 원조가 되어 이승과 저승을 오가며 얻은 능력으로 망자의 왕생 천도를 비는 일을 맡았다. 인간의 모든 원한을 감싸 주고 모든 죄를 씻어 주는 신격이 된 것이다.[2] 이러한 능력과 신격을 얻는 데에는 지극정성과 자기희생을 바탕으로 부모의 죄를 용서한 일련의 서사를 거쳤던 것이다.

이렇듯 〈바리공주〉는 부모 자식 관계라는 천륜의 관점에서 용서의 의미를 생각해 보게 하는 이야기이다. 하늘의 뜻을 거역하고 자식을 버린 부모의 죄를 용서하는 근본적인 이유는 바리공주 자신을 세상에 태어나게 한 은혜이다. 그리고 죄 지은 부모를 대신하여 저승길의 고난을 스스로 감당함으로써 더 큰 능력을 가지고 신격을 획득하였다. 결국에는 부모를 죽음에서 회생시켜 하늘의 용서를 얻어 내었다. 이와 같은 바리공주의 의식과 행위는 누구나 아들 혹은 딸인 우리에게 자식 된 도리를 일깨워 준다.

서사 무가인 〈바리공주〉는 하나의 신격이 능력을 갖추어 좌정하는 과정을 서술한 신에 관한 이야기이다. 그 속에는 가부장제를 배경으로 죄와 벌의 사건이 펼쳐지고, 나중에는 화해와 용서의 결말에 이르는 인간적인 면모를 담고 있다. 그리하여 인간의 죄와 그로 인한 고난, 나아가 죄에 대한 용서의 과정을 몸소 겪음으로써 신이 되어 죽은 자의 불쌍한 영혼을

---

2   신동흔, 『살아 있는 우리 신화』, 한겨레신문사, 2004, 110면.

좋은 곳으로 천도하는 일을 맡는다. 이렇게 신이면서도 지극히 인간적인 바리공주는 우리의 마음 깊은 곳에 자리한 대모신(大母神)과 같은 존재라 하겠다.

## 3. 창선감의록

〈창선감의록(彰善感義錄)〉은 작자에 대해 이설이 있으나 조성기(趙聖期, 1638-1689)가 지은 것으로 보는 견해가 우세하다. 17세기의 장편 가문 소설로서 그 후에 나오는 같은 유형의 초기 모습을 보이고 있어 소설사적으로 중요한 작품이다. 화씨를 중심으로 윤씨, 남씨, 진씨 가문이 혼인 관계로 연결되고 가문 밖의 인물도 관여하면서 여러 가지 갈등이 발생하여 사건이 전개된다. 여러 갈등 중에서 가문 내의 모자(母子) 갈등과 처첩(妻妾) 갈등이 중심을 이룬다. 여기서는 악인형 인물이 죄를 지은 후 개과천선하는 과정에 초점을 두어 살펴보고자 한다. 이를 통해 죄에 대한 용서의 문제를 생각해 볼 수 있을 것이다.

화욱에게 심씨, 요씨, 정씨의 세 부인이 있는데 장자 화춘은 심씨 소생이고 차자 화진은 정씨 소생이다. 요씨는 딸 빙선을 정씨에게 맡기고 일찍 죽었다. 화춘은 게으르고 어리석고 음탕한 인물인 데 반해, 화진은 효성스럽고 지혜롭고 진중한 인물이다. 그래서 아버지는 장자를 배척하고 차자를 몹시 아꼈다. 이것이 화씨 집안에 분란의 요인이 되어 이후로 크고 작은 사건이 발생한다.

모자 갈등의 발단은 화욱이 후원 상춘정에서 화춘과 화진, 그리고 누이

인 성 부인의 아들 성준에게 시를 짓게 하고 품평한 일이다. 세 사람이 지은 시를 보고 화춘의 것에는 경박하고 음탕한 뜻이 가득하다고 비난하고, 화진의 것은 맑고 굳세어 부귀를 누릴 상이라고 칭찬한다. 그러고는 '우리 집안을 망칠 자는 춘이요, 우리 집안을 일으킬 자는 진이다.'[1]라고 말하면서 화춘을 심하게 꾸짖고 경계한다. 이 일을 화춘에게 전해 들은 심씨는 분노하여 다음과 같이 말한다.

> 상공이 원래 요망한 정씨 년과 간사한 아들 진에게 미혹되어 오래전부터 진헌공과 원소의 마음을 품었으나 기회를 얻지 못하더니 이제 서리를 밟았으니 얼음이 굳어질 때가 닥치리라. 내 차라리 머리를 깨고 죽을지언정 동해왕이 초췌하게 머리 숙이는 꼴은 차마 못 보겠다.

진헌공과 원소는 장자를 폐하고 다른 아들로 후사(後嗣)를 삼은 인물이고, 동해왕은 태자의 자리에서 쫓겨난 광무제의 장자이다. 심씨는 상춘정 사건을 화씨 집안의 대를 잇는 문제가 표면화된 일로 받아들여 아들 화춘의 장자 자리를 빼앗길 수 없다는 의지를 확고히 한 것이다. 이후 심씨와 화춘은 정씨, 화진, 빙선을 더욱 원망하고 미워한다. 화춘에게는 어진 아내 임 소저가 있어 곁에서 행실을 고치라고 간언하였으나 전혀 듣지 않는다.

---

[1] 이지영 옮김, 『창선감의록』, 문학동네, 2010, 293면. 이 책의 주석을 참조하면서 한문 원문을 번역하여 인용하고, 앞으로 면수 표시는 생략한다.

화진과 윤옥화, 남채봉의 혼약을 정한 후에 화욱과 정 부인이 병들어 죽는다. 화진과 빙선은 애통함과 슬픔으로 날을 보냈으나 화춘은 그와는 사뭇 다른 모습을 보인다.

아, 덕이 사람을 감화하는 것은 본래 초나라, 월나라가 따로 없는데 저 화춘이란 자는 무슨 마음인가. 화춘이 아버지를 대신한 이래로 도척처럼 포악하고 방자하여 연약한 누이와 병든 아우를 잡죄는 데 여력을 두지 않았다. 하인들을 매질하여 입을 막고 위세를 부리니 집안사람이 두려워하여 감히 성 부인에게 고하지 못했다.

서술자는 '덕이 사람을 감화함'(德之感人)을 전제로 악인의 전형인 도척을 수식한 말(포려자휴(暴戾恣睢))로써 화춘의 성격과 행동을 표현하였다. 화진의 덕성과 화춘의 악함을 대비한 것이다. 이러한 대비적 구도에 의해 화진이 심각한 고난을 겪더라도 그의 덕화로 인해 주변 사람이 돌보아 구해 주는 이야기와, 화춘의 악함이 심해져 음란하고 간사한 자와 어울리며 집안을 파멸의 위기에 빠뜨리는 이야기의 두 갈래로 사건이 전개된다.

그래도 성 부인이 집안일을 살피고 있는 동안에는 그런대로 지냈으나, 그녀가 잠시 집을 떠났을 때 사고가 터진다. 유모가 빙선에게 고생스럽다며 하소연한 것을 빌미로 삼아 심씨가 장자와 정실을 내쫓으려 모의했다고 벌주고, 이를 말리는 화진에게 화춘을 시켜 매질을 가한 것이다. 아무리 간언해도 어쩔 도리가 없음을 아는 화진은 묵묵히 매를 맞다가 기절한다. 며칠 후 돌아온 성 부인이 사태를 알고 심씨와 화춘을 매섭게 질타하는 것으로 이 일은 일단락된다. 그러나 또 다른 재앙이 싹트고 있었으니, 화춘이 불량배 범한, 장평과 사귀며 얼마 전에 사사로이 만나 푹 빠져 버린 조녀를 어떻게 하면 첩으로 들일까 고민 중이었다.

이어서 여주인공 남채봉이 부모인 남 어사, 한 부인과 이별한 후 고난을 당하고, 윤혁의 양녀가 되어 제남으로 가 윤옥화, 윤여옥, 진채경과 함께 우애와 사랑을 나누는 이야기가 펼쳐진다. 이들의 친밀한 관계는 서로의 인품과 덕성을 알아보고 지기(知己)의 관계로 사귐으로써 얻은 것이다. 이후 그곳에서 흩어져 남채봉과 윤옥화, 진채경이 고난을 겪게 되는데, 멀리 떨어져 있거나 함께 있거나 이들의 우애와 사랑은 고난을 헤쳐 가는 데 큰 힘이 된다. 화진의 인생이 그러하지만 세 여성의 삶도 작품의 주제인 덕이 사람을 감화함, 즉 남채봉에게 어머니 한 부인이 말한 '덕불고필유린(德不孤必有隣)'의 의미를 보여 준다.

삼년상을 마친 화진은 성 부인의 권유로 산동 제남에 가서 혼인하고 윤옥화, 남채봉 두 부인을 소흥의 집으로 데려온다. 두 미인의 용모와 태도를 보자 심씨는 승냥이와 올빼미 같은 마음이 불쑥 솟아 눈꼬리가 찢어지고 얼굴빛이 변하였다. 이듬해 화진이 장원 급제하고 성준, 빙선의 남편 유성양도 급제한다. 성 부인이 남정현 태수가 된 성준을 따라 집을 떠나자 심씨와 화춘은 박힌 가시가 빠진 듯 좋아하며 '상춘정의 원한'을 갚겠다고 벼른다. 화진의 출세를 질투하여 사직하게 한 후 모진 악담과 구박을 해 대고, 화진의 두 부인에게는 온갖 고된 일을 시킨다. 심씨와 화춘이 범한을 빈객으로, 조녀를 첩으로 맞아들이니 집안의 법도가 문란해지고 음란한 소문이 퍼진다.

여기서 악인형 인물은 두 부류로 나누어진다. 심씨와 화춘은 선한 주인공과 혈연관계에 있고 명문거족의 신분을 유지하는 데 반해, 조녀와 범한, 장평은 외부에서 들어온 인물로 출신이 미미하고 부귀한 자에게 기생하는 인물이다. 질투와 사나움은 공통되지만, 어리석음, 경박함, 부화뇌동 등은 전자에, 교활함, 사리사욕, 중상모략 등은 후자에 속하는 악덕이다. 악행이 드러난 후에는 전자가 개과천선을 하고 후자는 가차 없이 처형된다. 이러한 구도에서 짜인 이야기는 한 가문이 외부의 악한 세력에 의해 몰락 위기까지 갔다가 선한 구성원의 노력으로 지위와 명성을 회복하는 줄거리로 전개된다. 이를 용서라는 관점에서 생각한다면, 가문의 몰락을 야기한 구성원에 대해 어떤 주체가 어떤 방식으로 회개시켜 포용하느냐의 문제를 이야기하고 있는 것이라 하겠다.

가문의 몰락에 화춘의 첩 조녀가 중심적인 역할을 한다. 범한과 공모하여 임 소저를 모략해서 쫓아내고 정실의 자리에 오른다. 종부(宗婦)의 지위를 얻자 아둔한 남편을 휘어잡고 집안의 기강을 무너뜨린다. 윤옥화와 남채봉이 시아버지로부터 물려받은 홍옥 팔찌와 청옥 노리개를 요구함으로써 집안에 풍파를 일으킨다. 온화한 윤 부인은 순순히 주지만 곧은 성품의 남 부인은 응하지 않는다. 이에 앙심을 품은 조녀와 범한이 엄숭 세력을 부추겨 화진이 죄인 남 어사의 딸과 혼인했다는 이유로 그의 관작을 박탈하고 남 부인은 첩이 되도록 한다. 조녀는 남채봉을 구박하다 못해 독을 탄 죽을 먹여 죽인다. 다행히도 남채봉은 여승 청원의 도움으로 살아나 촉 땅에 은거한다.

조녀의 요구는 종부로서의 권리를 내세웠다는 점에서 명분이 없지는 않다. 문제는 사사로운 탐욕과 집안을 망치려는 악한 의도에서 나왔다는 데 있다. 중용의 도를 지키는 윤옥화는 그에 응하였고 의롭고 개결(介潔)한 남채봉은 용납하지 않았다. 남채봉은 화진과 마찬가지로 혹독한 시련을 겪는데 그것이 의로운 자가 가야 할 길이다. 서술자는 주변 인물의 입을 통해 화진과 남채봉이 겪는 고난이 인간의 도덕성을 더욱 단련하고 훗날의 영화를 더욱 빛내기 위한 필요조건이라고 여러 번 말하고 있다.

또 다른 변고가 일어나는데 이번에는 자객이 정당(正堂)에 침입하여 심씨 침상 앞에서 시녀 난향을 죽이고 달아난 것이다. 화춘은 남채봉이 화진과 모의하여 심씨를 시해하려는 내용의 조작된 서찰을 증거로 삼아 관부에 신고하고, 화진은 어머니와 형의 과오를 발설할 수 없어 죄를 인정하고 옥에 갇힌다. 지부 최형, 도어사 하춘해가 화진의 인품을 보고 그 억울함을 짐작하여 판결을 미룬다.

이럴 즈음 장평의 꾐에 빠진 화춘이 윤옥화를 엄숭의 아들에게 재취시키려고 한다. 마침 소흥에 들른 윤여옥이 누이 대신 여장을 하고 엄숭 집에 들어가 그의 딸 월화와 인연을 맺는다. 이 부분은 윤옥화의 고난 이야기인데도 윤여옥의 등장으로 유머와 재치가 넘친다. 윤여옥이 조녀의 뺨을 갈기고 엄숭 부자를 농락하는 부분에서는 통쾌함까지 맛볼 수 있다. 그의 활약으로 심씨 시해 미수 사건은 도리어 심씨의 죄상을 드러내는 일이 되고, 화진은 감형되어 성도로 유배 가는 형벌을 받는다.

윤여옥이 옥에서 풀려난 화진을 만나 억울한 일을 겪는다고 위로한다. 이에 대해 화진은, "나는 어머니를 모시지 못했으니 어찌 왕법을 피할 수 있겠나? 이제 마음을 고치고 얼굴을 바꾸려 해도 천지에 용납되지 못할

까 두렵네."라고 대답한다. 어머니를 봉양하지 못하는 처지에 자기가 아닌 다른 사람이 되더라도 세상에서 받아주지 않을 것이라는 한탄이다. 이러한 효성스러움은 윤옥화, 남채봉과 더불어 공통된 자질이다. 심씨의 악행으로 고난을 겪으면서도 이들은 한결같이 부모 형제의 잘못을 덮으려고만 한다.

우리가 처음 왔을 때 시어머니는 자애롭고 인자하여 우리를 박대하지 않으셨는데 근래에 조녀가 헐뜯는 바람에 이 지경이 되었구나. 또한 걱정스런 소식이 한갓 부모 마음을 어지럽히겠기에 알리지 않았다.

홀로 되신 어머니는 인자하고 너그럽고 형은 어질고 도탑습니다. 그런데 집안 운세가 불행하여 요망한 첩이 분란을 일으켰으니 이는 다 소생 부부의 명수가 기박해서입니다.

앞의 것은 윤옥화가 남동생 윤여옥을 만나 하소연하는 말이고, 뒤의 것은 화진이 청성산에 은거한 남 어사 부부를 만나 남채봉과 자신이 당한 일에 대해 해명하는 말이다. 심씨와 화춘의 허물을 감싸는 한편 조녀에게 죄를 뒤집어씌우고 있다. 이것이 작품의 선악 구도에서 악인형 인물이 두 부류로 나누어진 이유를 말해 준다. 몰락한 가문을 회복하기 위해서는 가문의 구성원이 어떻게 해서든지 선한 본성을 회복해야 하는데, 그들이 이미 저지른 죄에 대해 물을 때 그 원인을 가문 밖의 인물에게 돌림으로써 가문 회복의 정당성을 확보할 수 있다. 이 점에서 이 작품은 가문 소설의 기본 이념을 충실히 지키는 초기작으로서의 의의가 있다고 하겠다.

성도로 유배 간 화진은 어머니와 형을 생각하며 하루하루 지낸다. 그의 지극한 효성과 우애로 인해 밥 먹을 때도, 경치를 볼 때도 언제나 어머니와 형을 그리워하는 것이다. 그러던 어느 날 완화계의 정자에 적힌 시에 남 어사의 이름자를 본다. 여러 곳을 수소문한 끝에 청성산에서 화진과 남 어사가 서로 만나 장인 사위 관계임을 알게 된다. 그리고 돌아오는 길에 은 진인에게 병법과 도술을 익힌다.

때마침 서산해가 난을 일으키자 조정에서 화진에게 종군하라는 명을 내린다. 이로써 작품은 전쟁 이야기로 돌입한다. 화진의 지휘 아래 서산해의 군대를 연파하고 안남왕과 협력하여 서산해를 처치함으로써 난을 평정한다. 이렇게 종군하여 공을 이루는 것의 명분이 아래에 나타나 있다.

어머니의 길러 준 은혜를 생각지 않고 형님의 우애하는 정도 모른 채 의리와 인덕을 해치며 윤리와 기강을 범했습니다. 제 평생을 돌아보면 죽어도 남은 죄가 있으니 어찌 하늘이 듣지 못하고 귀신이 알지 못하기를 꾀하겠습니까? 저는 허물을 벗고 형님 홀로 화를 입으니 하늘도 이치도 믿지 못하겠습니다. …… 제 역량이 부족하여 일을 그르치리라 알면서도 감히 분연히 천명을 떨치고 사생결단하여 병난에 참여한 것은, 만에 하나 요행히 작은 공이라도 이루면 조정에서 죄과를 용서하고 고향으로 돌려보내리니, 그때 식구를 이끌고 북을 두들기고 궐문 앞에서 소리쳐 지극한 억울함을 호소하려는 것입니다.

승전을 한 후 집에 보낸 위의 편지에서 화진은 나라에 세운 공으로써 죄를 상쇄하여 가문을 회복하겠다고 하였다. 그의 출세와 입공은 가문 내의 모자, 형제 관계를 인륜에 맞게 회복하기 위한 것이었다.
　편지에서 언급한 화춘의 화(禍)는 이렇게 된 것이었다. 장평의 고자질로 조녀와 범한이 간통한 사실과 그들이 모의하여 화진과 남채봉을 없애려 하였음을 알게 된 화춘은 조녀를 미워하고 구박하였다. 그러자 조녀는 범한과 함께 집안의 재물을 훔쳐 달아났다. 그들이 나간 후 이번에는 장평이 집안을 들락거리며 심씨와 화춘을 꾀어 재물을 축내고 거간 노릇을 한다. 그러다가 범한과 장평을 잡아들이라는 방이 붙자, 장평은 심씨의 시녀 계향을 시켜 등문고를 울리게 하고 자신은 이름을 바꾸어 화춘의 죄상을 기록한 고장(告狀)을 관청에 바쳤다. 형부에서 장평과 계향을 추궁하고 대질한 끝에 화춘을 옥에 가둔다. 전장에서 이 소식을 들은 화진이 형의 억울함을 하소연하고, 그 뜻을 전해 들은 윤여옥이 형부상서를 찾아가 판결을 보류해 달라고 부탁하였다.
　이렇게 형벌을 당하여 옥에 갇힌 다음에야 화춘은 통한하며 스스로를 책망한다.

　내게 아첨하기를 범한, 장평, 조녀만 한 자가 없었고 어머니에게 아양 떨기를 계향, 난향만 한 자가 없었다. 그런데 범가 놈은 조녀를 끼고 도망했고 장가 놈은 내 죄악을 드러내었다. 계향은 어머니를 수렁에 밀어 넣었으니 난향이 살아 있다면 흉계를 꾸미지 않을 줄 어찌 알리오. 내가 어둡고 불초하여 이런 놈들에 빠져 거룩한 아우와 어진 아내가 원한을 품고 처소를 잃게 하였다. 내 죄는 죽어 마땅하나 훗날 구천에서 무슨 면목으로 화진과 임씨를 보리오.

심씨 역시 화춘이 벌받는 것을 보고 자신의 잘못을 뉘우친다.

내가 진이를 박대함은 선공(先公)의 편애가 너무 기울었고 상춘정의 일이 뼛속에 사무친 까닭이다. 십여 년간 진의 지극 정성은 한결같아서 끝내 탓하고 원망하는 기색을 보이지 않았으니 이야말로 참된 효자다. 선공이 그 기량을 기대하여 편애한 것은 실로 이 때문이다. 이제 내가 한 일은 나날이 부서지고 진의 원통함이 나날이 드러나니, 천도는 속일 수 없구나. 또 내가 선친과 이별한 이래 한 번도 꿈에 보지 못했는데 근자에 자주 꿈을 꾸니, 선친이 온화하게 웃는 얼굴로 은근히 말하기를, "처음에 악했다가 나중에 선한 것이 처음에 선했다가 나중에 악한 것보다 낫다. 이제 어여쁜 손주와 그 며느리들을 자네에게 맡기니 오래오래 늦복을 누리고 자중자애하거라."하니, 내가 깨어나면 땀이 나 이마를 적셨다. 아아, 내 평생의 수많은 일이 죄가 아님이 없으니 자결하여 천지에 사죄함이 마땅하나, 내가 죽고 나면 진이의 효성에 보답할 수 없기에 가만히 구차한 목숨을 참아서 효자의 마음을 위로하리라.

두 사람은 지난 날 저지른 죄에 대해 후회하고 자책하는 한편, 화진의 효성을 진심으로 이해하고 수용한다. 이러한 참회는 말뿐 아니라 행동과 모습으로도 나타났다. 화춘은 감옥에서 자다 말고 화진을 부르짖어 칼을 쓴 목 줄기로 눈물이 흘렀고, 심씨는 머리가 다 희어지고 눈언저리는 메

말랐으며 때 묻은 옷에 먼지 낀 머리 모양을 하고 지냈다.

　이러한 자책과 참회 이후에는 악행을 저질렀던 그들이 화진을 비롯한 선인형 인물들과 어떻게 화해하는지가 그려진다. 이 화해의 과정은 두 사람과 나머지 인물 간의 인륜 관계를 올바르게 재정립하여 훼손된 가문의 사회적 지위와 명망을 복구하는 길이다. 이러는 중에 선악에 대한 유교적 이념이 적용되어 작품의 주제가 선명히 드러난다.

　앞에서 인용한 화진의 편지를 보고 심씨가 자책하며 뉘우치는 모습을 옆에서 지켜본 빙선은 심씨의 잘못이 아니라 모함과 참소의 말을 곧이곧대로 들어서 실수한 것이라고 위로한다. 화진, 윤옥화가 심씨를 옹호하고 조녀에게 죄를 돌린 것과 같은 태도이다. 이에 대해 심씨는 자기의 잘못과 악행을 감추어 주려는 말일 뿐 진정으로 하는 말이 아니라며, "평생 저지른 악행이 참소를 곧이들은 탓이라서 스스로 본심이 아니라고 여긴다면 이는 겉만 바꾸고 마음은 고치지 않은 것이다."라고 한다. 이 말은 개과천선에도 일정한 단계가 있다는 점을 알려 준다. 곧, 겉모습을 고치는 것과 속마음을 고치는 것의 두 단계이다. 타인에게 보이는 모습과 태도를 바꾸는 것으로는 충분치 않고 본인 내면의 본심을 바꾸어야 한다는 것이다.

　이에 따라 본심을 고치는 것이 중요한 과제로 대두한다. 이것은 선인형 인물들이 심씨와 화춘의 죄를 덮고 허물을 감추는 방식으로 이룰 수 없고, 악에 빠져들었던 당사자의 참된 회개와 선을 위하는 진정한 의지가 선행되어야 해결이 가능하다. 이에 악인이 회개하는 계기와 개과천선의 과정을 사건 전개 속에서 살펴볼 수 있다.

먼저, 심씨와 화춘의 회개는 그들의 죄가 세상에 알려지고 화춘이 형벌을 받는 것이 계기가 되었다. 그전에 장평이 조녀의 악행을 알려 주었을 때에도 화춘은 그녀를 미워하고 타박만 했지 자신을 돌아보고 참회하는 모습은 보이지 않았다. 그러다가 조녀 등의 악행에 부화뇌동한 자신의 잘못이 만천하에 드러나 벌을 받고 옥에 갇히자 그때서야 회개하기 시작한다. 심씨도 조녀와 범한이 도망가고 화춘이 포졸에게 잡혀가는 것을 목격한 후에야 통탄하면서 후회한다. 이렇듯 심씨와 화춘의 회개는 감추어졌던 죄악이 세상에 드러나고, 중세 체제를 유지하는 강상 윤리의 법에 의해 벌을 받는 것이 계기가 되었다. 외적인 충격에 의해 내면의 선한 본성이 일깨워진 것이다. 이는 본인의 회개와 참회로부터 죄에 대한 용서가 시작될 수 있음을 말해 준다.

다음으로, 형벌의 고난을 거치면서 참회하는 모습을 보인다. 화춘의 경우 감옥에서 눈물을 흘리며 화진을 부르짖는 것이 그러한 과정을 대변해 준다. 이는 화진이 억울하고 부당한 대로 고난을 겪음으로써 인격을 단련하고 도덕성을 완성해 가는 것과 병행하는 양상이다. 화진이 고난을 통해 선을 완성하는 것과 나란히 화춘이 고난을 통해 악을 이기고 선으로 돌아가는 것이다. 이러한 전개는 인간의 삶에서 고난의 경험이 갖는 도덕적 가치에 큰 의미를 부여한 것이라 하겠다.

그리고 화진 등 선인형 인물들의 조력과 응원이 결정적인 계기로 작용하였다. 집안에서 매질을 당하고, 참소로 인해 구금되고, 변방에 유배당하는 등의 고난 속에도 화진은 언제나 어머니와 형을 생각하며 효성과 우애의 진심을 잃지 않았다. 그들의 악행을 어떻게든지 감싸는 한편 자신이 벌받는 것을 기꺼이 받아들였다. 윤옥화, 남채봉도 친정 부모에게 효도하고 형제 자매간 우애로 교제했던 태도를 견지하여 시어머니와 시아주버니의 악행을 묵묵히 감내하며 다른 사람에게 그 잘못을 드러내지 않았다. 빙선 역시 그렇게 구박을 받으면서도 어머니와 오빠를 원망하지 않았고, 나중에 참회하는 심씨 곁을 지키며 전쟁터에 나간 화진이 돌아오기를 기다렸다. 어떠한 경우라도 선한 본성을 잃지 않고 일관되게 선행을 한 이들의 감화력이 심씨와 화춘의 개과천선에 결정적 역할을 한 것이다.

이와 같은 회개의 계기, 개과천선의 과정, 선인형 인물의 조력과 감화 등의 사건 전개 속에 유교적 이념이 담겨 있다.

아, 사람이 궁하면 본성으로 돌아가나니, 이들 모자가 곤액(困厄)이 아니라면 어찌 이렇게 될 수 있겠는가.

심하구나, 진이와 너희가 제 잘못이라 하니 늙은 시어미가 더욱 몸 둘 곳 없구나. 그렇지만 성인도 사람이 잘못을 고치면 허여하였으니, 너희 부부의 남은 덕에 힘입어 거의 죄를 면하고 여생을 보낸 후 땅에 묻힐 수 있겠다.

이 사람에게 인성의 본래 선함이 있었기에 이렇게 된 것이다.

화진이 이룬 공업(功業)으로 화춘이 풀려나 심씨와 상봉했을 때, 윤·남 두 며느리가 집으로 돌아왔을 때, 성 부인이 심씨의 편지를 받았을 때 각각 서술자 또는 등장인물이 한 말이다. 여기에 '사람이 궁하면 본성으로 돌아간다.'(人窮反本), '성인도 사람이 잘못을 고치면 허여하였다.'(聖人許人改過), '인성의 본래 선함.'(人性之本善)' 등 주자, 공자, 맹자 등 유교 성현의 교훈이 인용되었다. 성선설에 기초한 극기복례와 개과천선의 윤리적 가치를 사건 전개로써 보여 주었음을 분명히 한 것이다.

이처럼 심씨와 화춘의 개과천선이 악인형 인물의 사건 전개에 중심을 이루고 있다. 그런데 또 다른 악인형 인물이 벌이는 사건들이 보조적인 흐름을 이루면서 결말부에 이른다. 범한은 화씨 집에서 도망쳐 심씨 시해 사건의 자객인 누급과 함께 하남부에서 2년을 살았다. 법망이 점점 좁혀 오자 이곳저곳을 전전하다가 태원부에 머물렀다. 그때 화진이 개선한다는 말을 듣고 누급을 협박해 그를 죽이려 하였다. 그러자 누급은 오히려 범한의 목을 베어 관청에 바쳤다. 그들과 함께 있던 조녀도 잡혀 북경으로 압송된다. 그리고 이미 갇혀 있던 장평과 함께 도성의 저잣거리에서 처형당한다.

처형 직전에 심씨가 조녀의 죄목(罪目)을 들어 꾸짖자 조녀가 대꾸하는 장면이 나온다. 여기서 악인형 인물 간의 관계가 집약적으로 나타난다.

네게 다섯 가지 큰 죄가 있다. 너는 요사한 용모에 음란하게 화장하고 담장 아래 오가며 눈길로 돋우고 마음으로 불러내 내 아들을 비례(非禮)에 빠지게 하였으니, 죄 하나이다. 정실을 질투하여 그녀가 저주했다고 모함하였으니, 죄 둘이다. 정당(正堂)의 명이라고 지어내 숙녀를 독으로 해치고 거적에 말아 강에 던졌으니, 죄 셋이다. 음흉한 문객과 짜고 칼이 정당에 미치게 하고 한림을 큰 화에 밀어뜨렸으니, 죄 넷이다. 재물을 다 훔쳐 밤에 간부와 도주하였으니, 죄 다섯이다. 네가 이 다섯 가지 큰 죄를 짓고도 감히 토막 내는 형벌을 면하겠느냐?

심 부인은 나를 책망할 수 없소. 부인 아들이 예의를 알았다면 내가 음란하게 돋우더라도 저가 담장을 넘어왔겠소? 부인이 어질고 밝아 참소를 용납하지 않았다면 내 어찌 임씨를 모함하였겠소? 부인이 진실로 남 부인이 숙녀임을 알았다면 어찌하여 손수 때리고 바깥 행랑에 가두었소? 부인이 한림 부부를 친자식처럼 사랑하여 간격이 없었다면 내게 해치려는 마음이 있다 해도 어떻게 이간할 수 있었겠소? 부인 아들이 단정한 친구를 취하고 내외를 엄히 분별했다면 내 누구를 좇아 달아났겠소? 빈 구멍에 바람 들고 썩은 고기에 벌레 생기나니, 부인 집안이 어지럽지 않은데 나 홀로 감히 어지럽혔을까.

심씨가 말한 다섯 가지의 죄목은 조녀가 실제로 행하였던 악행들이다. 그로 인해 분란이 심하게 일어나 집안이 파멸의 위기까지 간 것은 분명한 사실이다. 그런데 이에 대한 조녀의 항변은 그러한 분란의 원인 제공자가 심씨라는 점을 분명히 한 것이다. 심씨가 명철하고 공평했다면 자기가 아무리 모함을 해도 넘어가지 않았을 것이라고 하였다. 이 역시 엄연한 사실이기에 심씨로서는 조녀에게 한바탕 망신을 당한 꼴이 되었다. 그렇지만 심씨가 이미 개과천선을 했으므로 이러한 망신은 가벼운 웃음거리로 여겨 넘어간다. 가슴 아픈 지적이긴 하나 심씨는 괜한 짓을 했다고 하면서 후회하는 선에서 그친다.

이로써 악인형 인물의 두 부류가 지니는 서사적 역할이 분명해진다. 가문의 흥망에 요체가 되는 예의와 윤리가 어떻게 무너지는지를 가문 구성원인 심씨와 화춘을 통해 보여 주면서, 그들의 악행을 조장하고 사주하는 역할은 가문 외적 인물인 조녀, 범한, 장평이 맡아서 하는 방식으로 서사화한 것이다. 그러기에 심씨와 화춘이 중심이 되어 작품의 윤리적 주제를 역으로 나타내는 반면, 조녀 등은 인간 본성의 문제를 드러내는 역할에서 배제된 채 악행의 조장과 최종적인 파멸이라는 도구적 역할만 수행하도록 했을 따름이다. 그들은 처음부터 끝까지 악인일 뿐 개과천선의 여지가 아예 없는 인물이다. 이렇게 보면, 작품의 윤리적 주제라는 것이 중세 사회의 계층적 한계를 지닌 채 형상화되었다고 하겠다.

〈창선감의록〉은 가문의 장자 계승권과 관련하여 장자가 어리석고 차자가 현명한 경우에 가문의 흥망이 어떻게 되는지를 주요 문제로 다룬 초기 가문 소설이다. 가문을 망치는 악인형 인물을 선인형 인물의 감화를 통해 개과천선시킴으로써 가문의 위기를 극복하는 과정이 그려졌다. 선인형 인물들은 인간 본성의 선함을 굳게 믿고 일관되게 선행을 하였고, 그들이 행한 덕이 주변 사람을 감화하고 나아가 악인을 회개하도록 이끌었다. 그와 함께 악인형 인물은 외적인 충격과 내면의 참회를 통해 점차 선한 본성을 되찾게 되었다. 이로써 악인에 대한 용서는 본인의 참회와 회개에 더하여 선인의 감화력이 필요하다는 점을 보여 준 것이다. 이렇듯이 작품은 효성과 우애의 일관된 실천을 통한 덕의 감화에 중점을 두고 용서의 문제를 다룬 중세 윤리 소설이라 하겠다.

## 4. 박문수와 돈 많은 백정

경북 영덕군 창수면에서 채록된 〈박문수와 돈 많은 백정〉은 〈박문수 설화〉의 여러 유형 가운데 백성의 어려움을 해결해 주는 내용의 작품 중 하나이다. 박문수((朴文秀, 1691-1756)는 영조대의 실존 인물이지만 훌륭한 암행어사로 이름이 나서 그와 관련된 설화가 전국적으로 분포한다. 이 설화도 그중의 한 편인데, 천민인 백정이 속량(贖良)되어 고향을 떠나 타지에 살면서 양반 행세를 하는 모습에서 신분제의 동요라는 조선 후기 사회 현상을 보여 주는 작품으로 거론되었다. 여기서는 작품이 죄와 벌의 문제를 다루면서도 죄인을 용서하는 주제를 부각하고 있는 점에 주목하여 살펴보기로 한다.

작품의 줄거리는 다음과 같다.[1]

경상도 진주에 박씨 성의 부자 백정이 살았다. 고을 이방(吏房)이 국고를 횡령하여 쓰고 갚을 길이 없어 그에게 부탁하자 백정이 흔쾌히 갚아 주었다.

---

1 조동일·임재해 채록, 「박문수와 돈 많은 백정」, 『한국구비문학대계』 7-6 경상북도 영덕군 편(1), 한국정신문화연구원, 재판: 2002. 225-233면. 앞으로 인용 면수의 표시는 생략한다.

신구(新舊) 수령이 갈리는 때에 이방이 힘을 써서 백정을 속량하고 좌수 벼슬을 시켰다. 신관 사또가 내려와 그 일에 대해 질책하니 백정이 진주를 떠나 충청도 옥천으로 이사를 했다. 그곳 사람들과 두텁게 교제하면서 박문수가 자기 조카라고 말하고 다녔다.

모심기 때가 되어 박문수가 그곳에 와서 암행하던 중 그런 소문을 듣고 박씨 집을 찾아갔다. 사람들이 많이 모여 있고 대접도 잘해 주어 그 집에서 하룻밤 묵었다. 슬쩍 마패를 보이자 주인은 전후 사정을 다 말하고 백정을 면하려고 그랬다며 용서를 빌었다. 박문수는 주인과 짜고 며칠 뒤에 고을 원을 데리고 그 집을 다시 찾아갔다. 주인은 천연스럽게 박문수를 조카로 대하고 박문수도 주인을 당숙으로 높여 주었다. 그렇게 하고 돌아온 후 박문수의 집에는 매번 재물이 들어왔다.

박문수 동생이 이를 보고 청백리(淸白吏)인 형이 남몰래 토색한 것이 아니냐며 따지니 박문수가 사정을 말해 주었다. 동생은 형이 말리는 것도 뿌리치고 박 좌수 집을 찾아가 동구에서부터 호령을 하며 들어갔다. 주인은 그 자리에 모인 사람들에게 병 든 조카가 왔다고 하고는 그를 고방(庫房)에 가둔다. 사나흘 아무것도 주지 않자 박문수 동생이 살려 달라고 애걸한다. 주인이 그제야 그를 풀어 주고 대접을 잘하여 보낸다. 박문수 동생은 집에 돌아와 형을 보고 괜히 갔다고 후회한다.

이 설화는 흥부와 놀부 이야기처럼 모방의 형식으로 이루어져 있다. 박씨 백정과 관계되어 박문수가 겪은 일을 그의 동생이 다시 겪는데 그 내용은 상반된다. 박문수는 사태를 긍정적으로 이끌고 그의 동생은 부정적으로 이끄는 것이다. 이러한 모방담에는 선과 악, 지혜와 어리석음, 관용과 배척 등의 이원적 가치가 충돌하는 양상을 보인다. 대개 앞의 것이 뒤의 것을 누르고 승리하는 결과를 낳는다.

작품은 처음부터 죄와 벌의 문제가 제기되어 마지막까지 이어진다. 그런데 사건이 진행되면서 죄에 대한 징벌보다는 용서의 주제가 강조된 점이 특징이다. 그리고 용서를 하는 기준이 죄지은 당사자인 백정의 인물됨으로 되어 있는 것도 주목된다. 친족을 사칭한 백정의 죄가 그의 인품과 덕망 덕분에 박문수에게 용서를 받는 것이다. 이러한 면에서 이 이야기는 용서의 윤리와 미학을 지녔다고 할 수 있다.

사건은 경상도 진주 고을의 이방으로부터 발단하였다. 이방이 국고를 '들어쓰고'(횡령하여 쓰고) 갚을 길이 없어 '목숨이 떨어질 판이라. 암만 생각해야 구체(區處, 변통할 길)가 없어 가주' 결국 백정을 찾아간다. 어떻게 왔느냐는 물음에 '내가 사모(事貌) 약하(若何, 여하간) 하고 국고를 써 가주고 갚을 길이 없어 가주, 내 목심이 오늘만 내일 하니 내 목심 좀 껀제(건져) 줄 수 있일런가?'라며 간곡히 부탁한다. 백정은 단번에 '되지요.' 하고 선뜻 돈을 내주어 갚도록 하였다.

이렇게 발단이 되는 사건부터 죄와 속죄(贖罪)의 문제가 얽혀 있다. 이방의 죄를 백정이 속죄해 주는 구도인 것이다. 이는 뒤에 오는 사건에서 백정의 죄를 박문수가 용서해 주는 구도로 확대 재생산된다. 그리고 여기에 보은(報恩)의 주제가 더해진다. 백정의 도움으로 속죄된 이방은 자신의 힘을 최대한 쓸 수 있는 기회인 신구 수령 교체기에 백정을 천민 신분에서 해방하여 좌수 벼슬을 시켜 양반이 되게 해 준다. 이것 역시 뒤에 가서 박문수의 용서를 받은 백정이 수시로 돈 바리를 그의 집으로 올려 보내는 것에서 되풀이되어 나타난다. 죄와 속죄, 그리고 보은의 주제가 이방과 백정의 관계에서 백정과 박문수의 관계로 전이되어 사건이 발전해 가는 것이다.

신관 사또는 백정에게 좌수를 시킨 일로 이방을 호되게 나무란다. 일이 되어 가는 형편을 살피던 백정은 진주를 떠나 충청도 옥천으로 이사를 간다. 이 대목에서 구연자는 '백정이 생각해 보이, 인끔(인금. 사람의 가치나 인격적인 됨됨이)은 인끔이여, 도저히 거기서는 살 수 없다. 할 도리가 없다.'라고 하여 백정의 인금을 높이 평가하고 있다. 인금은 '인'(人)과 '금'(시세나 흥정에 따라 결정되는 물건의 값)이 결합된 말이니 두 말뜻을 합치면 '사람값' 또는 '값있는 사람'의 의미이다. 설화의 구연자와 청중들은 판단력, 지혜, 도량, 인격 등을 포괄하는 이 단어를 여러 번 사용하여 백정의 사람됨을 칭찬하고 있다. 그리하여 백정의 인금은 작품에서 사건을 추동하는 힘으로 작용할 뿐 아니라 주제인 죄와 용서의 문제를 풀어 나가는 데에 기준이 된다.

옥천으로 이사한 백정은 읍내에서 떨어진 곳에 집과 장원을 마련하여 '문호를 채린다.' 그가 문호, 즉 가문의 지위와 격식을 갖추고자 한 것은 진주에서 받은 좌수 벼슬로써 이미 양반이 되었으니 그것을 바탕으로 버젓하게 양반으로 살아가기 위해서이다. 집과 장원을 장만한 것 외에는 다른 어떤 것도 자랑하지 않고 오직 "박문수가 내 종질(從姪)"이라는 말만 퍼뜨린다. 이에 대해 구연자는 '박문수가 종질이면 그 양반은 더 물을 거도 없지. 어차(어차피) 가지(可知)지.'라고 하여 백정이 박문수를 자기 조카라고 내세운 이유를 분명히 한다. 서울의 명문가 출신으로 지금은 암행어사를 하는 박문수의 친척이니 백정은 어엿한 양반이 되기 때문이다. 백정으로서는 이렇게 말하여 온전한 양반으로서 행세하고자 한 것이다. 그러나 실제로 이것은 성만 같은 백정이 박문수 친척이라고 사칭한 범죄 행위에 해당한다.

그런데 백정은 박문수가 조카라는 말을 퍼뜨리는 한편, 양반으로 행세하는 배경을 든든히 해 두었다. '부자라 놓이께네 그 인끔이 있어 놓이께네. 교제를 잘해 가주고 잘해 가주고 나날이 모예 가주고 오면 후대(厚待)를 하고설라 좋은 친구들 모예 가주고 논다. 날매둑(날마다) 노지.'처럼, 부와 인금을 바탕으로 사람과 교제하고 좋은 친구를 많이 만들어 집에 모여 날마다 노는 것이다. 백정은 양반 행세를 하면서 주변 사람에게 인심을 베풀고 덕을 쌓는 일을 주로 하였다. 그러니 부자에다가 인격도 갖춘 덕망 높은 양반으로 동네에서 인정을 받은 것이다. 이렇게 조성해 놓은 인간관계와 덕망이 후에 박문수가 들이닥쳤을 때 백정이 그에게 대응하는 데 든든한 배경이 되어 주었다.

모내기 때가 되어 어사 박문수가 민간에 작폐가 없는지 암행하며 살피다가 이 고을에 이르렀다. 사람들이 모를 심으며 서로 떠드는 중에 자신의 오촌 당숙이 산다는 말을 듣는다. 그 말을 하는 이에게 가서 넌지시 그 집이 어딘지 물으니 저 너머라고 한다. 마음속으로는 '어느 눔이 날 팔아대고 내 오촌질 하는고?'라고 괘씸하게 여겼으나 겉으로 전혀 내색하지 않고 '그래 듣기만 그래 하고' 자리를 뜬다. 이러한 대목에서 박문수의 참을성 있고 신중한 태도가 나타난다.

여기저기 다닌 후에 박문수가 백정의 집을 찾아간다.

거 머 계랄(계란) 겉은 탕건을 해 씨고 그 사랑아 보이, 한다 한 노성한 이가 많이 모예 가주고 가위 잔치하는 껄이(같이) 있는데. 후대, 걸보시(거지)라도 드가먼 그 집이 후대는 후대를 해. 그 축담에 턱 걸치앉이이께 요기(療飢)를, 요기 상을 들오는데 요기를 잘 채체(차려) 조. 내력은 알 수가 있나. 대접은 잘 하고. 머 걸보시라고 박대하는 일은 없고. '우쩐 일이고?' 싶어 의심이 자꾸 난다 말이라.

이 부분에서 나중에 박문수가 백정을 용서하는 이유의 일단이 나타나 있다. 앞에서 살펴본 주변 사람과의 돈독한 사귐과 함께, 어려운 이에 대한 후대와 대접이 백정이 평소에 취한 삶의 자세이다. 이를 지켜본 박문수로서는 애초의 생각과 달리 자기를 조카라고 사칭한 인물이 나쁜 동기로 그런 것이 아닐 수도 있다는 생각이 든다. 그가 죄를 지은 데에는 뭔가 곡절이 있음직하다고 여기는 것이다. 박문수의 사태 파악과 인간에 대한 이해가 신중하고 깊이 있음을 말해 주고 있다.

그 집에서 하룻밤 자고 가겠다고 하니 주인은, '쇠(쉬어) 가주 가먼 좋다고. 아이, 여 쇠 가주 가라고' 한다. 이 말에서도 주인의 넉넉한 인심이 전해진다. 저녁상이 들어왔을 때 박문수는 '마패를 삐죽이 내빘다.' 이 장면에서 청중이 '마패는 왜 내비노?'라고 묻자, 구연자는 '인제 모리이께네(모르니까). 누긴동 모리이 행동을 어에 하는고 볼라고.'라고 대답한다. 이 말처럼 박문수는 줄곧 의아하게 생각하던 바를 직접 알아보려고 슬며시 마패를 꺼내 보인 것이다. 자기 집안을 사칭하고 양반 행세를 한 사람인데 훌륭한 성품에 높은 덕망을 얻은 것이 납득하기 어려우므로 그의 본색이 어떠한지 알고자 한 것이다.

마패를 본 주인은 즉시 담 밑에 거적을 깔고 살려 달라고 애원한다. 구연자는 이때 주인의 심리를 표현하여 '죽었다 말이다. 죽었그덩.'이라 했는데, 이는 작품의 서두에서 이방의 절박한 심정과 겹쳐지는 진술이다. 죽을죄를 지은 이방이 백정에게 구원을 청했듯이, 지금 백정이 석고대죄하고 박문수에게 목숨을 구하고 있다. 이는 죄인 이방 대 구원자 백정의 관계를 죄인 백정 대 구원자 박문수의 관계로 전이한 양상이다. 이 관계를 백정의 입장에서 정리한다면, 자기가 이방을 구한 것처럼 박문수가 자신을 구해 줄 것을 빌었다고 할 수 있다. 그것의 실현 가능성은 박문수가 이방을 구한 백정만큼의 도량과 인품을 갖춘 인물인가, 그리고 백정의 인간됨과 사정에 대한 이해심이 어느 정도인가 하는 데 달려 있을 것이다.

박문수는 살려 달라는 주인을 진정시키고 솔직하게 말하라고 한다. 주인은 그간의 일을 이실직고하면서 이렇게 말한다.

진주 백정입니다. 백정인데. …… 행세를 할 수 없어. 내 성이 박갑니다. 제 성이 박갑니다. 우예 백정이나 면할라고 이 곤(곳)에 왔입니다. 암꾸도(아무 것도) 자랑할 거는 없고 박 어사가 박 어사라 그게 대면, 제 성이 박갑니다, 그거밖에는 모립니다. 그래 가주고 백정이나 면할라고, 그래 팔아대고 그랬입니다.

부자인데도 신분이 천해서 행세하지 못하는 것이 원통하여 백정을 면하기 위해 같은 성씨를 이끌어다가 이름을 팔았다는 것이다. 양반 신분을 갖더라도 자랑할 것이 아무것도 없어 오직 어사 박문수와 동성(同姓)인 것만 말하고 다녔다고 하였다. 이러한 주인의 이실직고는 진정성과 겸손함, 그리고 절박함이 전해진다.

주인의 뜻을 이해하고 받아들인 박문수는 조금도 어렵게 생각하지 말라고 그를 다독인다. 그리고 나중에 다시 올 테니 자기를 대할 때 기색을 달리하지 말라고 귀띔해 준다. 이와 같은 박문수의 용서는 주인을 대면하여 얻은 이해와 함께 청중의 말처럼 '박 어사 훌륭한 분'이기에 가능하였다. 박문수는 사람됨을 투시하는 눈으로 주인의 인금을 알아보았고, 부자면서도 신분적 제약에 억눌린 삶을 살아온 주인을 동정하였다. 그러한 안목과 이해심, 배려와 동정심으로써 주인의 죄를 용서한 것이다.

박문수의 용서는 단순히 속죄하는 데 그치지 않고 주인의 신분을 온전하게 만들어 주는 데까지 나아간다. 며칠 후 고을 원을 데리고 그의 집을 찾아가 동네 사람이 모여 구경하는 가운데 그가 하고 다닌 말이 사실임을 확인해 준다. 이미 박문수에게 귀띔을 받은 주인은 주위 사람에게 "내가 여 앉아 들으이, 내 당질이 나섰다 그디. 이 머 어디를 돌아댕기다가 날 찾아보로 오는 겔세."라고 말한다. 박문수가 들어와 인사하니, "그래 니 저 내 여거 앉아 들이이, 질(길) 나섰다는 이얘기는 내가 대강 들었다마는, 그래 무사이 댕겠나?"라고 말을 건넨다. 이에 박문수는 "무사이 댕깄입니다. 아재도 그 머 다 편안하시이꺼?"라고 대답한다. 그리하여 주인은 이제 박 어사의 당숙임이 확인되었고 그에 따라 박 좌수의 양반 신분도 공인받았다. 여러 사람이 보는 앞에서 이와 같이 말하고 행동하는 주인에 대해 청중은 그의 '인끔'과 '인물', 그리고 '천연'함에 대해 칭탄을 아끼지 않는다.

이제 이야기는 박문수 동생과 박 좌수 사이에 벌어진 일로 넘어간다. 박문수 동생은 형이 사는 본가에 난데없는 돈바리가 자꾸 들어오는 것에 대해 이상하게 여긴다. 옥천 박 좌수가 보은의 뜻으로 보낸 선물이 동생에게 의심을 샀던 것이다. 동생은 청백리인 형이 이름만 그럴 뿐 어디 가서 토색질을 했다고 생각한다. 그래서 형에게 가서, "형님이를 국가에서 내세울 때에 청백리, 탐관오리 조사하라고 내보냈지, 어디가 남우(남의) 저 토색을 해 가주고, 우리가 그 돈 아이면 못 사니껴? 어디 그따우 짓이나 하고 댕기니껴? 그런 법이가 어디 있니껴?"라며 대든다.

박문수를 비난하는 동생의 이 말에는 정부의 관리들에 대한 일반 백성의 기대가 담겨 있다. 백성을 토색하지 않는 청렴한 관리를 바라는 것이다. 그와 함께 이 말은 동생의 성격을 드러내 준다. 그는 백면서생으로서 지닐 법한 정의감은 있으나 사태 파악에 어두운 인물이다. 박문수에게서 자초지종을 듣고 돈바리가 들어오는 연유를 알고 나자, '속이 좀 비좁든 모양'의 동생은 당장에 가서 백정의 "목을 빼 놀 챔이라고" 하며 집을 나선다. 구연자의 표현에 따르면 그는 이해심과 포용력이 부족한 사람이기도 하다. 박문수가 "안 댈께세, 안 댈께세. 그래지 말게."라고 말렸으나 동생은 아랑곳 않고 옥천으로 간다. 이해력 있는 박문수는 박 좌수의 인금과 처신을 알아보았기 때문에 동생의 성격이나 태도로 보아 도저히 당해 낼 수 없다는 점을 간파했던 것이다.

동생이 박 좌수 집에 들어가는 자세부터가 박문수와는 정반대였다. 마을 동구에서부터 "이놈 저 박 좌수란 놈이 어는 놈이고!"라고 동네방네 떠들어대며 들어가니, 박 좌수에게 자기의 정체를 미리 알려 준 꼴이 되었다. 사태를 바로 파악한 박 좌수는 천연스럽게 지난번 왔던 조카의 동생인데 만성 질환을 앓는다고 주위 사람에게 말한다. 그러고는 하인을 시켜 동생을 고방에 가두게 한다. 박 좌수가 말하는 그 병은, "어떤 째는(적에는) 시시로 곤췔(고칠) 때도 있고, 병 곤치니 잘 맥에(먹여) 놀라치면 저 병이 나고, 장(長, 오랫동안) 글타고."하는 병이다. 잘 먹으면 병이 들고 굶으면 병이 낫는다는 것이다. 이러한 논리로써 동생을 고방에 가두어 사나흘을 굶긴다.

여기서 흥미로운 것은 박 좌수가 동네 사람이나 박문수에게 잘 먹여 대접한 것이 박문수 동생을 다스리는 수단이 되었다는 점이다. 사람을 대접하는 일은 부자인 박 좌수가 사람들로부터 후덕하다고 인정받는 생활 자세의 하나였다. 박문수가 왔을 때도 우선 잘 대접해 주었다. 그로써 박문수는 그가 어떤 사람인지 궁금하게 여겨 면밀히 살펴보게 되었다. 넌지시 마패를 보여 주인의 실토를 받아 낸 후에는 오히려 그의 사회적 지위를 확고하게 해 주었다. 이렇게 박문수의 배려로 일이 일단락된 것을 동생이 와서 원점으로 되돌리려 한 것이다. 박 좌수로서는 결코 당하고만 있을 수 없는 노릇이었다.

동생을 병자로 몰아간 데는 나름대로 합리적인 판단이 작용하였다. 일이 이미 정리된 상태, 곧 백정에서 양반으로 신분 상승을 한 것이 정상이라면, 동생이 하는 말과 행동은 병에 해당한다. 새롭게 정립된 질서에 대해 구질서는 적폐이자 해악인 셈이다. 그리하여 동생에게 만성 질환이 있다고 단정하여 치료의 명분을 세운다. 그런 다음 박 좌수가 평소에 하던 후대 대신에 가두고 굶기는 것으로써 동생을 제압하였다. 인물됨이 남다른 박 좌수로서는 그다운 제압의 수단을 쓴 것이다.

며칠 굶겨 놓으니 동생은 "아이구 아재요, 날 살리 주소."라고 애걸한다. 청중은 이 대목에서 통쾌하게 웃는다. 죽지 않을 만큼 굶긴 후에 동생을 끌어낸다. 박 좌수가 "니는 왜 장 안 곤채고 그 병이 그러노? 니 왜 그래니?"라고 하자, 동생은 "인지(이제)는 괜찮으이도."라며 항복을 선언한다. 그런 후에야 비로소 좋은 약도 주고 좋은 음식도 주어 차차 건강을 회복하도록 돕는다. 병든 동생을 정상으로 돌아오게 하는 데에 박 좌수가 평소에 남을 잘 대접한 방식을 쓴 것이다. 이제 동생도 박문수와 마찬가지로 박 좌수를 당숙으로 인정할 수밖에 없게 되었다. 동생은 박 좌수를 원래 신분인 백정으로 되돌리고 자기 집안을 사칭한 죄를 묻고자 했으나 결과적으로 그의 사회적 지위를 더욱 확고히 해 주었다. 이러한 결과가 박 좌수의 인금, 사람됨에서 나왔음은 물론이다. 이야기를 마치면서 구연자는 '암 천연하게 해야지. 사람은 인끔을 괄시 못한다. 국량(局量)만 크면 댄다고.'라고 결론짓는다.

이처럼 〈박문수와 돈 많은 백정〉은 신분제 사회의 동요라는 문제와 함께 죄와 속죄, 보은과 용서의 주제를 흥미롭게 전개한 이야기이다. 이 설화의 향유자는 백정이 양반으로 신분 상승을 한 이유를 그의 인금에서 찾고 있다. 조선 후기 신분 변동의 사회적 현상이 배후에서 작용하였겠으나, 그보다도 한 인간의 인격과 도량이 양반이라는 신분 이상의 가치를 지녔다는 인식을 바탕으로 한 작품이다. 그리하여 인간적 품성과 덕망이 양반 사칭의 죄를 용서하는 이유가 되었다.

이와 함께 박문수가 백정의 현실적 처지와 절박한 소망을 이해하고 배려한 점도 중요하다. 백정의 인격과 삶에 대한 이해는 양반과 천민의 현격한 신분 차이를 넘어서 인간으로서 두 사람이 서로 소통하는 관계를 맺도록 하였다. 이러한 이해와 배려 또한 죄를 용서하는 전제 조건이 되었다. 이 같은 용서의 주제로 인해 이 설화는 인간미 넘치는 작품으로서 흐뭇한 미소를 머금게 한다.

## 5. 은애전

〈은애전(銀愛傳)〉은 이덕무(李德懋, 1741-1793)가 지은 전(傳) 작품이다. 정조대(正祖代) 전라도 강진에서 일어났던 살인 사건의 전말을 기술했으므로 역사적 사건의 기록이다. 그런데 범인인 김은애(金銀愛)를 주인공으로 사건 발생의 동기와 경과를 재구성하여 인물 전으로 만들었다. 실제 사건을 기록하려는 의도에서 쓰인 것이긴 하나 가해자 은애와 피해자 안씨 노파(安嫗)의 인물 형상이 뚜렷하고 사건이 극적으로 구성되어 있다. 그리하여 잘 지어진 한문 단편 소설의 하나로 보아도 되는 작품이다. 국왕 정조가 죄인 은애를 사면하는 것으로 사건이 종결되기에 이 작품은 용서의 주제를 나타내고 있다. 이에 범죄-징벌-사면으로 전개된 사건의 추이를 따라가며 작품의 의미를 살펴보고자 한다.

작품의 줄거리는 비교적 단순하다.[1] 강진의 양갓집 처녀 은애가 퇴기(退妓) 안씨 노파의 무고와 모함을 견디다 못해 부엌칼로 그녀를 잔혹

---

[1] 이가원 교주, 「은애전」, 『이조한문소설선』, 교문사, 1984. 268-280면;박지원 외, 이민수 역, 「은애전」, 『호질·양반전·허생전 외』, 1991, 115-126면. 한문 번역문은 수정하여 인용하고, 면수 표시는 생략한다.

게 죽였다. 지방관이 죄인의 공초를 받고 정상을 참작하여 공모자 색출을 핑계로 처벌을 늦추었다. 나라에 큰 경사가 있어 사형수를 사면할 때 정조가 은애를 살려 주라는 비답을 내렸다. 여기까지가 작품의 중심 내용이다. 그런데 정조의 비답 중에 신여척(申汝倜) 사면의 건도 언급되었으므로 그 사건을 덧붙여 기술하였다. 장흥에 사는 김순창이 병든 아우 순남에게 곡식을 훔쳤다는 죄를 덮어씌워 농기구로 그를 때렸다. 이 소문을 들은 신여척이 그 집에 가서 의리로 타일렀으나 오히려 순창이 발로 차니 이에 맞받아 차 그를 죽였다. 정조가 옥안을 살펴보고 여척을 풀어 주었다. 두 사건의 기술 뒤에 은애와 여척을 사면한 정조의 성덕을 찬양하는 말로 작품은 마무리된다.

서술자는 김은애 사건에 대해 시작부터 평가의 시각을 드러낸다. 서두에 은애를 소개하면서 '성은 김씨로 강진현 탑동리에 사는 양갓집 딸이다.'라고 한 반면, 안씨 노파에 대해서는 '퇴물 기생인데 마음씨가 험악하고 말이 황당하여 구설이 많을뿐더러 옴이 온몸에 번져 가려움을 이기지 못해서 마음에 병이 발작하면 더욱이 말을 삼가지 못했다.'라고 하였다. 이로써 양가 규수와 퇴물 기생이라는 두 인물의 신분적 차이에 주의하게 하였고, 노파의 성격 및 신체적 결함으로 인한 악한 인간성을 두드러지게 표현하였다.

사건은 평소에 은애네 집에서 곡식 등을 꾸어 가던 노파가 몇 차례 거절당한 것을 빌미로 해칠 마음을 품는 것에서 발단한다. 앞에 제시한 성격적 결함으로 인해 그녀가 악한 마음을 품는 것이 자연스럽게 연결되도록 한 것이다. 이제 노파가 얼마나 주도면밀하게 은애를 무함하는지가 간략하고도 분명하게 그려진다. 시누이의 손자인 어린 총각 최정련에게 남녀가 성교하는 방법을 가르쳐 주고, 은애와 사사로이 사랑하고 있다는 소문을 내도록 꾄다. 그런 다음, 두 사람을 중매하려고 자기 집에서 만나게 했더니 그것이 발각되어 은애가 담 넘어 달아났다는 소문을 낸다.

이러한 노파의 무함으로 인해 은애는 혼삿길이 막혔다. 그러나 다행히 사정을 잘 아는 동네 사람 김양준에게 시집갈 수 있었다. 시집을 갔는데도 소문은 더욱 극성스러워졌고 노파가 여기에 불을 붙였다. 애초 두 사람을 중매할 때 옴 병의 약값을 받기로 했는데 은애가 다른 데 시집가는 바람에 정련이 약속을 지키지 않아 자신의 병이 심해졌다는 말을 퍼뜨린 것이다. 이 소문에 마을 사람들은 놀랐지만 서로 눈짓 손짓하며 쉬쉬할 뿐이었다.

안씨 노파의 은애에 대한 무함은 농촌 공동체를 배경으로 하고 있다. 신분이 낮은 그녀이지만 말을 꾸미고 함부로 해 대는 데에는 마을 사람 누구도 당해 내지 못했다. 노파의 남편이 은애와 정련의 집안은 신분의 차가 크니까 중매 중에 도망갔다는 뻔한 거짓말을 하지 말라고 꾸짖었으나 소용이 없었다. 가히 거짓말로 한 마을을 휘어잡은 폭군 같은 인물이라고 하겠다. 그러니 밖에서 볼 때 그 마을은 무고와 모함에 의해 진실이 가려지고, 그로 인해 희생되는 구성원에 대해 속수무책인 병든 공동체다. 거짓 소문을 퍼뜨린 노파의 악행도 문제지만 그에 대해 아무런 제재와 규율이 없는 공동체도 큰 문제인 것이다. 이러한 의식이 서술자가 사건을 기술하면서 마을 사람의 반응을 빠뜨리지 않고 기록한 이유일 터이다.

2년 남짓 이렇게 당하기만 한 은애가 어렵사리 시집까지 갔는데 약값을 약속했었다는 말까지 들리자 결국 노파를 죽이기로 결심한다. 서술자는 은애의 평소 성격을 '강독(剛毒)', 즉 굳세고 독하다고 표현하였는데, 그녀의 결심에는 이러한 성격적인 요인도 크게 작용하였다. 국왕의 비답에서도 지적되었듯이, 조선 후기에 정조(貞操)를 더럽혔다는 모함을 당한 여자는 대개 자살을 함으로써 자신의 결백을 목숨과 바꾸는 경로를 밟았다. 이러한 극단적인 행위를 해야 사회의 주목을 끌고 사실 관계가 밝혀져 열녀로 칭송받고 널리 표창될 수 있었다.

그러나 은애는 그것과는 다른 길을 간다. 열녀가 되는 것도 장하긴 하지만 그녀가 줄곧 당했던 수치와 고통, 그에 따른 원한과 분노를 씻어 버리는 일이 더욱 가치 있다고 판단한 것이다. 여기서 작품은 열녀전(烈女傳)과는 다른 의협전(義俠傳)의 성격을 갖는 쪽으로 나아간다. 거짓과 불의로 인해 고통을 당한 인물이 불의를 응징하고 정의를 바로 세우는 이야기가 되는 것이다.

은애의 살인 장면은 사실적으로 그려져 있어 끔찍한 느낌을 준다. 약값을 약속했다가 어그러졌다는 소문을 들은 바로 다음 날, 은애는 부엌칼을 들고 혼자 있는 노파의 침실로 들이닥친다. 준엄하게 노파를 꾸짖고 칼로 그 목을 찌른다. 섬약한 은애를 얕잡아 보고 찌를 테면 찔러 보라던 노파는 처음 칼에 맞고 저항했으나 두 번째 찔리고는 쓰러진다. 은애는 그 옆에 쭈그려 앉은 채 도합 열여덟 번이나 노파의 몸을 난자하였다. 꾸짖고 찌르고, 버티고 막고 쓰러지고, 마구 찌르고 하는 두 인물의 행동이 선명하게 그려졌다. 찌른 자리를 하나하나 기록한 것에서 보듯이 이 장면은 죄인이 진술한 공초와 관원이 조사한 내용을 작자가 정리하여 기술하였을 것이다. 그런데 작품에서 서술자는 쓰러진 노파의 몸 여기저기를 찌르고 또 찌르는 은애의 행동에 초점을 두었다. 그럼으로써 그녀의 내면에 쌓인 원한과 분노가 폭발하는 모습을 표현하고자 한 것이다.

그렇게 노파를 살해한 후 최정련까지 죽이려고 가다가 길에서 그의 어머니를 만나 눈물로 말리는 통에 발길을 돌린다. 정련의 어머니도 은애의 행동이 그럴 만한 이유가 있음을 잘 알고 있었기에 아들 목숨을 살려 달라고 읍소한 것이다. 이 장면을 통해 서술자는 마을 사람들이 은애에 관한 소문이 무고라는 사실을 알고도 묵묵히 있었다는 점을 표현하고자 한 것으로 보인다.

이 사건은 이정(里正)에 의해 현감에게 보고되었고 현감은 노파의 시신을 검시하는 한편, 은애를 붙잡아 형틀을 갖추고 엄하게 심문하였다. 은애는 살인죄로 죽을 줄 알면서도 노파를 살해할 수밖에 없었다고 말한다. 그리고 모함 죄를 물어 노파는 제 손으로 죽였으니 관가에서 최정련을 잡아다 때려 죽여 달라고 당당하게 청한다. 현감은 온통 붉은 피로 물든 적삼과 치마를 보고 모골이 송연하면서도 장하게 여겼다. 은애의 살인 행위로 남은 피 묻은 치마저고리가 범죄의 증거인 동시에 의협적인 행동의 표징이 된 것이다.

은애를 장하게 생각한 사람은 현감만이 아닐 것이다. 그녀를 아내로 맞이한 김양준, 험담을 막으려 한 안씨 노파의 남편, 은애 앞에 읍소한 최정련의 어머니 같은 이들은 은애가 무함을 당해 고통받는 사실을 익히 알고 있었다. 살인은 가장 무거운 죄이지만 죄인의 정상(情狀)은 충분히 이해할 만하였다. 그러기에 현감은 은애를 풀어 주려는 마음을 가졌던 것이다. 그러나 죄가 무겁기에 형벌을 가하지 않을 수 없어서 관찰사에게 보고하였다. 관찰사도 현감의 뜻에 공감하여 공모자를 색출한다는 명목으로 죄인의 심문 기간을 늘리면서 처벌을 미루고, 최정련의 죄는 불문에 부쳤다.

이 사건은 1789년 윤 2월에 일어났는데 이듬해 6월 원자(후에 순조) 탄생을 계기로 사면령을 내릴 때 정조가 죄인 은애를 살려 주는 것으로 결말이 난다. 작품의 문면으로만 보면 정조의 사면은 현감과 관찰사의 뜻을 인정한 결과라고 할 수 있다. 그들은 살인을 저지른 중죄인 은애의 범행 동기가 이해가 되고 그 행동에 의협적인 면이 있음을 인정하였다. 그래서 살인죄에 상당하는 형벌을 주어야 할 것을 자꾸 미루어 같은 진술을 9번이나 받을 만큼 심문 기일을 끌어 왔던 것이다. 국왕에게 올라온 옥안의 내용은 자못 '부드럽고 완곡하다'(微婉)고 표현한 데에서 지방관들의 생각이 최종 판결자에게도 전달되었음을 짐작할 수 있다.

정조는 일단 조정의 대신들에게 의논하도록 하였다. 채제공(蔡濟恭, 1720-1799)은 은애의 정상은 이해되지만 그래도 살인죄를 용서할 수 없다는 의견을 올린다. 이 사건을 판결하는 데에 조정에서 깊이 고민한 흔적을 드러낸 부분이다. 채제공의 반대에도 불구하고 정조는 은애의 사면을 결정한다. 판결의 요청에 대한 비답은 다음과 같다.

> 정결한 여자(貞女)가 음란하다는 모함을 입게 되면 천하에 지극히 원통할 것이다. 무릇 은애의 정결로써 한번 죽는 것은 어려운 일이 아니었다. 그러나 그냥 죽기만 하면 아는 사람이 없을까 염려하여 칼을 끼고 원수를 죽여

마을 사람들로 하여금 자신은 더러움이 없고 저 노파는 진실로 살을 오려 내야 함을 확연히 알게 하였다. …… 은애는 억지로 원통함을 참았다가 시집 간 다음에야 바야흐로 원수를 갚았으니 더욱 어려운 일이다. 은애를 풀어 주지 않는다면 무엇으로 풍속의 교화를 세울 수 있으랴. 특별히 그의 죽음을 용서한다. 지난번 장흥 신여척을 놓아 준 것도 대개 윤상(倫常)을 두텁게 하고 기절(氣節)을 무겁게 여긴 데서 나왔으니 이제 은애를 풀어 줌도 이와 같은 뜻이다.

은애를 절개가 굳고 행실이 깨끗한 여자로 평가하고 수치와 원한을 씻기 위해 자살이 아닌 복수를 택했다는 점을 부각하였다. 복수의 행위는 당사자가 속한 공동체를 향하여 은애와 노파 어느 쪽이 정당한지를 공표한 것으로 간주되었다. 마을 공동체의 일을 넓히면 국가 공동체로 나아가게 되므로 한 마을의 질서를 확립하는 것은 국가의 기강과 규율을 수립하는 기초가 될 것이다. 그러므로 은애의 죽을죄를 용서하는 것은 풍속의 교화라는 명분을 온 나라에 선포하는 일이 된다.

풍속 교화의 명분은 인륜의 떳떳한 도리인 윤상을 돈독하게 하고, 기개와 절조, 즉 기절을 중히 여기는 뜻이다. 윤상이 부자, 부부 관계와 같은 인륜에 관계된다면, 기절은 사회의 공익을 위해 정의를 세우는 것과 연관된다. 김은애와 신여척은 살인의 죄를 범한 중죄인이다. 그렇긴 하지만 그들은 국가의 질서와 규율을 확립하는 데 필요한 공동체적 이념을 실천한 인물로도 볼 수 있다. 왕은 후자의 면을 인정하여 사면을 한 것이다.

정조의 비답에 이어 신여척 사건의 개요가 기술되었다. 앞에서 소개한 것처럼 병든 동생을 때려 거의 죽게 만든 형을 동네 친구가 타이르다가 살인까지 간 사건이다. 김순창의 행동을 보고 전후담이 타일렀는데도 안 듣자 신여척에게 말했고 여척이 순창의 집으로 달려가 다시 훈계한 것이었다. 형제 사이는 가난한 살림도 서로 나누어 줄 수 있는 것이고, 자식을 낳아 준 부모를 생각하면 서로 사이좋게 살아야 한다. 그런데도 두 되의 밀이 없어졌다고 병든 동생을 의심하여 절굿공이로 때렸으니 이는 짐승의 짓을 했다는 것이다.

이러한 여척의 말을 듣고도 순창은 제 동생을 제가 때린 것인데 왜 간섭하느냐면서 도리어 그를 발로 찼다. 그러자 화가 난 여척이 맞받아 순창의 배를 발로 차니 순창이 쓰러져 엉금거리며 기었다. 아마도 타격을 받아 장이 파열되어서 그랬을 것이다. 그렇게 여척에게 채인 다음 날 순창은 죽고 말았다. 이 사건은 김은애 사건이 일어난 지 5개월이 지난 1789년 7월에 발생하였다.

김은애와 신여척 사건의 경과와 정조의 사면까지 기술한 다음, 작품의 마지막에 서술자의 찬(贊)이 붙어 있다. 사건에 대한 총평인 동시에 국왕 정조에 대한 찬양의 글이다.

아아, 슬프다. 만일 은애와 여척이 밝은 임금을 만나지 못하여 거듭해서 심문받다가 하루아침에 슬그머니 사형을 당했다면 한 남자, 한 여자가 원통함을 씻지 못하고 의리를 펴지 못할 것이요 장차 남을 참소하는 자가 두려워할 것이 없고 우애하지 않는 자가 잇달아 나타나는 것을 보게 되리라. 그러므로 은애를 풀어 주어 신하 된 자의 충성을 권하고 여척을 놓아 주어 아들 된 자의 효도를 힘쓰게 하니 이는 왜 그런가. 충신은 제 몸을 깨끗이 하고 효자는 아우에게 우애하기 때문이다. 충효가 일어남으로써 밝은 임금의 교화가 널리 행해질 것이다.

은애와 여척의 사면은 국가의 충효 이념을 선양하기 위한 정조의 결단이라고 평가하였다. 은애는 정결함을 지키기 위해, 여척은 형제간 우애를 설득하다가 살인을 저질렀다. 두 사람이 살인까지 하게 된 동기는 나라에서 충신과 효자를 권장하는 이념에 부합한다. 은애와 같은 사람은 자기 몸을 깨끗이 지켜 나라에 충성하고, 여척 같은 사람은 형제끼리 우애함으로써 부모에게 효도한다. 두 사람의 살인 동기에 충효 이념의 작동 원리가 들어 있음을 인정하여 그들이 저지른 살인죄를 용서한 것이다.

여기서 용서의 근거와 논리가 국가의 지배 이념을 실현하기 위해 마련된 것임이 드러난다. 마을 단위에서 안씨 노파나 김순창의 행동을 내버려 두었다가는 공동체의 질서가 파탄날 것이다. 단위를 국가로 확대하였을 때는 한 나라의 기틀이 흔들릴 위험성이 있다. 그리하여 대의에 입각하여 죄인을 사면하였다. 살인이라는 최악의 죄를 범했을지라도 그 동기가 국가의 지배 이념에 부합한 것이므로 국왕으로서는 사면의 명분으로 내세울 만하였다.

이러한 결말까지 읽고 나서 돌이켜 생각하면, 국왕의 성덕과 충효 이념의 선양이라는 사면의 논리에도 불구하고 피해자들의 항변이 궁금해진다. 체제 유지와 지배 이념의 확립을 위해 살인죄가 용서를 받는 대신 개인의 사정이 무시된 면이 있기 때문이다. 이 사건에 대한 현감, 관찰사,

국왕 등 지배층의 시각에는 신분적 차별 의식과 편견이 들어 있다. 기생이었기에 음란한 풍조를 조장하고, 기생이었기에 주도면밀하게 일을 꾸미고, 기생이었기에 스스럼없이 무함을 하고, 기생이었기에 헛소문을 퍼뜨려 한 마을을 들었다 놓았다 한다는 의식이 깔려 있는 것이다.

여기에 안씨 노파가 앓던 옴 병도 편견을 조장한 한 원인이 되었다. 그녀는 옴에 걸려 피부에 비듬이나 물집, 고름 등이 잡혀 온몸이 간지러운데, 긁으면 긁을수록 더욱 고통스럽고 지저분해지는 모습의 인물이다. 옴은 전염병의 일종이므로 주변 사람들이 접촉하기를 꺼려한다. 신분적, 신체적 결함이 있는 그녀로서는 마을에서 자신의 존재를 드러내기 위해서라도 거친 말과 맹랑한 소문을 내고 다녔을 수 있다. 그러다가 그 대상을 은애로 초점화하여 집중 공격을 해 댔을 것이다.

아무 흠결도 없는 규수를 무고하고 모함한 것, 규수가 시집간 후에도 끈질기게 그렇게 한 것은 분명 용서받지 못할 죄이다. 그런데 그것이 살인의 문제에 가 닿으면 좀 더 신중한 판단이 요구된다. 살인 외에도 문제 해결의 방도가 있을 법한데 은애는 그 방법을 택한 것이다. 여척의 경우는 애초 살인의 의도는 없었으므로 과실 치사로써 감형될 가능성이 있으나, 은애는 살인 의도를 분명히 하고 실제 살인을 저지른 점에서 죄의 경중이 다르다. 그녀의 살인 행위는 당대 사회 체제상 무고한 일을 당한 사람은 어디에도 호소할 곳이 없기에 최종적으로 선택된 것이라 생각된다. 따라서 그녀의 단독 범행 자체가 당시 사회 체제의 모순과 불합리를 드러낸다고 할 수 있다.

안씨 노파의 죽음은 은애의 결연한 의지와 의협적인 행동에 의한 결과이다. 하지만 다른 한편으로는 사회적 편견과 따돌림에서 살아남으려는 나름의 노력이 지나쳐 악행으로 치달려 간 결과라고도 할 수 있다. 은애의 살인죄에 대해서는 용서가 베풀어진 데 반해, 노파의 죽음에 깃든 원한은 도외시되었다. 국왕의 큰 은혜라고 칭송한 작품의 결론에 안심할 수 없는 것은, 아무래도 노파의 죽음에는 변명의 여지가 있다고 생각되기 때문이다. 은애의 의협적인 행동에 대한 용서와 더불어, 죽임을 당한 노파를 위해 진혼의 말 한마디는 했어야 하지 않을까 싶은 것이다.

# 참고 문헌

강한영 교주,「변강쇠가」,『신재효 판소리사설집』, 교문사, 1984.

구자균 교주,『춘향전』, 교문사, 1984.

국립국어원,『표준국어대사전』(인터넷사이트).

권영철 편,「여자탄식가」,『규방가사-신변탄식류』, 효성여대출판부, 1985.

김만중 원작, 김병국 교주·역,『구운몽』, 서울대출판문화원, 2009.

김병연, 황병국 옮김,『김삿갓 시집』, 범우사, 1987.

김성배 외 편,「북천가」,『주해 가사문학전집』, 집문당, 1981.

김시습, 이지하 옮김,「남염부주지」,『금오신화』, 민음사, 2009.

김태곤 외,「바리공주」,『한국의 신화』, 시인사, 1988.

김태준 역주,『흥부전/변강쇠가』, 고려대 민족문화연구소, 1995.

단국대 율곡기념 도서관,「여자탄식가」,『한국가사자료집성』3, 태학사, 1997.

박병채,『고려가요어석연구』, 선명문화사, 1968.

박지원 외, 이민수 역,「은애전」,『호질·양반전·허생전 외』, 범우사, 1991.

성현 외,『악학궤범』, 영인본; 대제각, 1988.

송성욱 풀어 옮김, 백범영 그림,『춘향전』, 민음사, 2011.

신동흔,『살아 있는 우리 신화』, 한겨레신문사, 2004.

신병주,「역사에서 길을 찾다(32)-조선시대 화폐 이야기」,『세계일보』, 2009. 2. 17.

신재홍,「북천가의 풍류와 체면」,『한국고전시가작품론2』, 집문당, 1992.

_____, 「숙향전의 미적 특질」, 『고전 소설과 삶의 문제』, 역락, 2012.

_____, 「이상곡의 분절과 해석」, 『향가의 연구』, 집문당, 2017.

_____, 「정과정의 시적 문맥과 정서」, 『한국시가연구』 50, 한국시가학회, 2020.

_____, 『향가의 해석』, 집문당, 2000.

신해진, 「장화홍련전」, 『조선후기 가정소설선』, 월인, 2000.

심재완 편저, 『교본 역대시조전서』, 세종문화사, 1972.

염은열, 『유배, 그 무섭고도 특별한 여행』, 꽃핀자리, 2015.

유몽인 지음, 신익철 외 옮김, 『어우야담』, 돌베개, 2006.

이가원 교주, 「은애전」, 『이조한문소설선』, 교문사, 1984.

이우성·임형택 역편, 「옥갑야화」, 『이조한문단편집』 하, 일조각, 1978.

이윤석 외 교주, 「만언사」, 『금방울전·김원전·적성의전·만언사』, 경인문화사, 2006.

이재식 편, 「만언스」, 『유배가사』, 시간의 물레, 2008.

_____, 「북천가」, 『유배가사』, 시간의 물레, 2008.

이지영 옮김, 『창선감의록』, 문학동네, 2010.

일연, 『삼국유사』, 『한국불교전서』 6, 동국대출판부, 1982.

임방 저, 정환국 역, 『천예록』, 성균관대출판부, 2005.

임종욱, 『중국역대 인명사전』, 이회문화사, 2010.

작자 미상, 「숙향전」, 『한국고대소설총서』 1, 이화여대 한국문화연구원, 1958.

_____, 「이상곡」, 『악장가사』, 한국학문헌연구소, 1973.

정병설, 「군산월의 애원」, 『나는 기생이다』, 문학동네, 2007.

정충권, 『흥부전 연구』, 월인, 2003.

조동일·임재해 채록,「박문수와 돈 많은 백정」,『한국구비문학대계』7-6 경상북도 영덕군 편(1), 한국정신문화연구원, 재판; 2002.

최강현 편,「만언사」,『기행가사 자료 선집』1, 국학자료원, 1996.

_____,「북천가」,『기행가사 자료 선집』1, 국학자료원, 1996.

최정여 외 편,「여자탄식가」,『규방가사』Ⅰ, 한국정신문화연구원, 1979.

황패강 역주,『숙향전·숙영낭자전·옥단춘전』, 고려대 민족문화연구소, 1993.